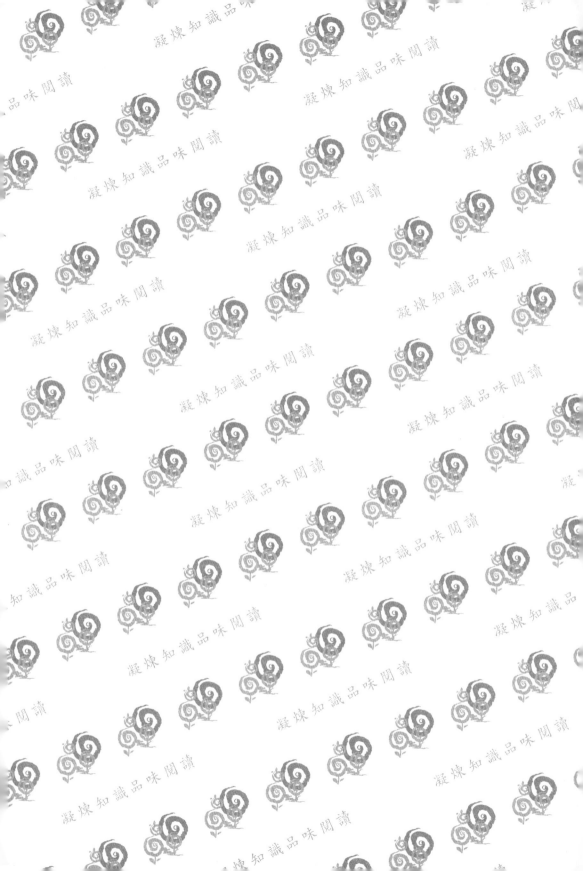

臺灣地區近五十年來
哲學學門之「清代哲學」
重要研究成果

張麗珠——著

五南圖書出版公司 印行

前言

　　二十世紀初，清王朝覆亡後，二十世紀前半葉研究清代學術思想的代表性成績，主要是梁啟超寫於1920年的《清代學術概論》，和寫於1923-1925年，由上海民智書局於1929年、中華書局於1936年發行單行本的《中國近三百年學術史》，以及錢穆於1937年由上海商務印書館出版書名相同的《中國近三百年學術史》。二十世紀後半葉來臺的初期，臺灣地區清代哲學研究仍多根基於上述著作之基礎上。儘管梁、錢二人看待清學的切入點不同、書寫內容互有詳略、人物評價有時大相逕庭，但他們有一共同特質，即都未能肯定清代思想的高度——梁著認爲清學「乃研究法的運動，非主義的運動」，他看重清人方法論突破舊局之成就，書中頗爲稱述清儒整理舊學的總成績，他看清學顯然重考據而輕思想，此自不待言。而錢穆所著，雖然被認爲比較能夠重視清學之思想性，但其實他是從理學後裔的角度，以能否發揚理學作爲思想判準，並不是對清儒所建立的、突破傳統思想窠臼的義理轉型肯定，他對乾嘉學術有「以古書爲消遣神明之林囿」之譏，未能肯定清儒立足在此考據基礎上所建構的、突顯價值經驗面而呈現經驗取向的新義理學。因此臺灣二十世紀後半葉前期的清代哲學研究，除了對晚明遺老顧、黃、王三人有聚焦性的研究外，其他領域幾乎一片荒蕪。七〇年代以後，余英時如曙光般地，對清代思想提出了強調儒學內在理路演進的突破性解釋，其後學界陸續重新審視清學之思想性。不過臺灣學界真正出現系統性闡釋清儒義理的學術專著，已是二十世紀進入二十一世紀初相當晚近了。因此本報告所梳理的臺灣地區從西元1949年到2000年清代哲學研究成果，正是學界從過去普遍蔑視否定清代思想、到逐漸正視清代思想，但尚未有足夠系統性研究與專著論述出現的居間轉折階段。

　　至於所謂臺灣地區研究成果，係指在前述時間範圍內，其專書著

作於臺灣初版,或在臺灣學界發行的學報期刊發表論文,而且作者必須是定居,或曾長期居住臺灣的學者。如此一來,遂有許多具備新材料、新觀點的傑出研究,雖然曾在臺灣重要學術會議或期刊上發表成果,但因作者定居國外或大陸而被迫放棄。譬如來自美國的程一凡嘗在「近世中國經世思想研討會」發表〈顧炎武的私利觀〉一文,他以突破臺灣學界的嶄新看法詮釋顧炎武之於私利運用,揭櫫顧氏〈郡縣論〉要求將私利制度化,以達到政府廣耕積利和造就良吏之目的,如此以私利為骨髓而寓專制精神於其中的新郡縣制和私利觀,迥異乎臺灣習熟的理學視角之於私利「痛加刮磨」,惟在上述篩選標準下只能被割愛。又如胡適《戴東原的哲學》一書,雖於1963年由臺灣商務印書館在臺北印行臺一版,但因該著1927年已於上海初版,所以也都不在本報告的涵蓋範疇內。再者,來自校園,數量極其龐大的博碩士論文,限於篇幅,也僅能擇要著錄其篇名而未能加以述評。

　　是以本報告重點式蒐集了自從國民政府來臺到二十世紀結束,約五十年間臺灣學者對於清代哲學的專書暨論文研究成果,依「清代哲學史」之脈絡,涵蓋思想通論、主題論述和各家分論在內,分別進行成果之整理與述評。本報告並將有關清代思想研究成果分為:一、清代思想總論;二、新舊典範同時紛呈的清初思想界;三、乾嘉學術之高峰發展暨乾嘉新義理學;四、清中葉以迄於晚清的經世思潮、今文經與諸子學復興等階段,以勾勒清代思想發展之全貌及其學術特色。職是之故,以下有必要先對清代思想發展為一概述,以使讀者瞭然於本報告在擇取作為被研究對象的清儒時所採取的標準。

CONTENTS
目　錄

前言　　　　　　　　　　　　　　　　　　　　　　　　(3)

壹　導論
　一、新舊典範紛呈的清初思想界　　　　　　　　　　　002
　二、乾嘉學術之高峰發展與乾嘉新義理學　　　　　　　008
　三、清中世迄於晚清的經世思潮、今文經學和諸子學復興　014

貳　臺灣地區近五十年來哲學學門之「清代哲學」重要研
　　究成果述評
　一、清代思想總論　　　　　　　　　　　　　　　　　023
　二、新舊典範同時紛呈的清初思想界　　　　　　　　　033
　三、乾嘉學術之高峰發展暨乾嘉新義理學　　　　　　　113
　四、清中葉以迄於晚清的經世思潮、今文經與諸子學復興　168

壹

導論

　　過去學界對於清代哲學往往從負面角度切入，一般論者多認爲考據學是清學的高峰發展，而考據學是以方法論取勝，內涵鮮少思想性的。考據學亦向被視爲是繼先秦子學、兩漢經學、魏晉玄學、隋唐佛學、宋明理學以後，清學在二千多年學術發展史上的代表典範。此一認識固是不錯，但如此聚焦考據學的看法，在反映清代方法論具有突破過去成就的佳績之餘，卻也導致清人突破傳統舊思維而趨近現代性的義理學成就被掩沒。尤其清代緊接在義理學高度發展的宋明理學之後，考據學卻另闢蹊徑，截然不同於道德學與形上學模式，義理學也不再主盟學壇，這就難免予人以儒學從高度思想發展的階段轉入缺乏思想性的清學之直接聯想了。再加上明清易鼎以及清末的反清革命、後來國民政府播遷臺灣等政治性因素，臺灣學界對清代思想往往摻雜了「非學術性」因素的批判與思考，更加深了對清代思想的負面認識。

　　歸納造成學界長期以來對清代思想未能正確或深入認識的原因，主要有二：一是「非學術性」因素的干擾；二是視宋明理學之「道德形上學」爲儒學唯一義理形態的成見。前者譬如反清復明、華夷之辨、對清末淪爲次殖民地之不滿，以及革命派「驅除韃虜、恢復中華」之反清意識等，不過當歷史給出了足夠的時間距離後，學界已較能客觀公允地重新評價清代思想了。至於後者，則除了外在的歷史與客觀因素外，還必須突破儒學所長期形塑的、發揚價值的形上面與超越性之意識形態，譬如「重義輕利」、「諱言利」等傳統思維模式。是以要能正確理解並接受清代思想，還需要一番思想形態的轉換並持開放性的態度。倘能撇開對清學的不客觀認識，將便可以睹見清代哲學在我國思想史上實具有衡

接新舊傳統的重要價值與意義。

在清代二百六十八年的帝制王朝中，就大體而言，其思想發展主要呈現了下列階段之不同樣貌：清初新舊典範同時並呈，是為典範交替暨學術奠基的階段；乾嘉時期則除了考據學出現高峰發展外，另外還有締造清人義理學高度成就的「乾嘉新義理學」新思想典範暨理論建構；中葉以降則因國勢日衰，於是強調「援經議政」和「變革」思想的今文經結合了經世思潮在晚清蔚起。再者，打破儒家思想獨尊態勢的諸子學亦於斯興盛，也有一番盛況。以下即針對清代各階段之思想發展及重要各家略事闡述，以為本報告進行資料蒐集時依據標準的說明。

一、新舊典範紛呈的清初思想界

清初學界頗呈現出爛漫紛呈的多元化發展學術態勢。由明入清，不但政治上歷經動盪局面，對儒者而言，諸如華夷之辨、亡國反思、學風空疏、道德及社會風氣敗壞等思考，也在在劇烈衝擊儒者的心靈。是以鼎革之初，儒者所關懷的議題，其重心一方面落在對宋明理學如何評價、總結？或如何賡續其生命、延續其發展的問題上，並展現「由王返朱」、「王學修正派」兩方面趨向：⑴繼明季顧憲成、高攀龍之提倡「由王返朱」，清儒亦主張向朱學回歸，譬如張履祥、呂留良、陸世儀以及代表清廷官方哲學立場的陸隴其、李光地等館閣理學派。⑵王學修正派之代表儒者如北學孫奇逢、南學黃宗羲與關學李顒等之於王學理論修正，他們多強調與經世實務相結合，而以「明體、達用」之踐履篤實，導正空疏學風。此皆針對理學舊典範而發。然在另一方面，則亦有清儒揚棄理學舊典範，而紛紛從事於開創新學風，並可以又分就兩端言之：⑴在義理思想上，有部分清儒試圖擺脫舊矩範，譬如陳確、唐甄、顏元、朱舜水等人的實學思想所呈現之新思想典範曙光。⑵在主流學術形態上，有部分清儒邁向經典考證之考據學新典範，譬如開辨偽之風的黃宗羲《易學象數論》、黃宗炎《圖學辨惑》、毛奇齡《河圖洛書原

舜編》和《太極圖說遺議》、陳確《大學辨》、閻若璩《尚書古文疏證》……，他們以傑出的群經辨偽成就，成爲後來蓬勃發展的考據學典範之先聲。此皆清代學術之新典範開闢，涵蓋了義理學範疇之「新思想典範」和後來成爲學術主流的考據學「新學術典範」兩方面，不過後者並不在本研究計畫「清代哲學」的考察範圍象中。

(一)「尊朱闢王」的官學立場與朱學發展

　　清初首倡向朱學回歸的學者是張履祥。他先師事蕺山，講「慎獨」、「誠意」之學，明亡經反思後，遂脫離王學矩範而轉向朱學，自朱子《近思錄》入手，轉爲「格物窮理」之學，並猛烈攻訐王學。其曰「姚江以異端害正道，正有朱紫苗莠之別，其弊至於蕩滅禮教，今日之禍，益其烈也。」張履祥之學深刻影響及早歲曾參與抗清、晚歲爲辭山林隱逸之薦而削髮爲僧、極具民族之義的呂留良。呂留良亦大張朱學旗幟，他批評陽明良知說極力，嘗曰「今日闢邪，當先正姚江之非。」故他以發明程朱義理爲己任，而與浙東黃宗羲之王學派有若雙峰峙立。而康熙也在三藩亂平、臺灣回歸以後，開始調整文化政策，以彰明朱學作爲官學之一貫立場，他深信朱子爲孔孟正傳，「集大成而繼千百年絕傳之學，開愚蒙而立億萬世一定之規。」他並曾與王學學者崔蔚林就朱、王論「格物」與「誠意」問題展開辯論：康熙反對王學之「心、意、知、物」皆「至善無惡」立場，主張「意是心之所發，有善有惡，若不用存誠工夫，豈能一蹴而至？」後來此議題更演爲清廷「真／僞」理學之辨，且藉以對「假道學」進行懲處。康熙五十一年又欲宣躋朱子於孔廟「四配」之次，在李光地的勸阻下，才以朱子退居「十哲」之末，但仍使朱子凌駕於所有漢唐以下儒者而躋身孔廟正殿。此後清廷「尊朱」的學術文化政策，即透過御纂諸經、日講解義、圖書官修等途徑次第實現，並且歷康、雍、乾三世而皆一貫。

　　清初尊朱的著名學者，首推「江東二陸」的陸世儀、陸隴其，李元

度《國朝先正事略》稱「本朝諸儒恪守程朱家法者，推二陸爲正宗。」
而康熙末之朱學領袖李光地，亦清初朱學之中堅。陸世儀最重要的代表
著作爲《思辨錄》。陸世儀尊朱，素不喜王學，但他不爭門戶，能平心
以論，其曰「鵝湖之會，朱陸異同之辨，古今聚訟，不必更揚其波。」
他也肯定陽明「致良知」之功可以入聖，只是他極反對打破「敬」字，
認爲如此便是壞了良知，曰「『居敬窮理』四字是學者學聖人第一工
夫，徹上徹下，徹首徹尾，總只此四字。四個字是『居敬窮理』，一個
字是『敬』。」陸隴其則以其「洙泗干城」、「程朱嫡派」的強烈尊朱
立場，儼然程朱護教、一代理學之正統宗師。雍正初，陸隴其獲得了清
代第一個從祀孔廟的理學名臣寵遇，高宗時又加表彰，且親撰碑文，賜
諡追贈。《四庫提要》紀昀等亦稱「隴其傳朱子之學，爲國朝醇儒第
一。」備極榮寵。陸隴其嚴辨門戶，他指王學「異端」正是造成宗社丘
墟之罪首，曰「明之天下，不亡於寇盜，不亡於朋黨，而亡於學術。學
術之壞，所以釀成寇盜、朋黨之禍也。」直以教弛俗敗、宗社覆亡之大
罪歸諸王學流行，至謂「繼孔子而明六藝者，朱子也。非孔子之道者皆
當絕，則非朱子之道者皆當絕。」因陸隴其在清初批判王學最力，故他
被奉爲清初朱學之正宗。

　　李光地曾奉敕編纂《朱子全書》、《性理精義》、《御纂周易折
中》等代表清廷官方哲學範式的典籍。李光地是從一開始的康熙與之志
趣未合，到後來深孚康熙之心的館閣理學名臣，康熙後來說「知光地
者，莫若朕；知朕者，亦莫若光地。」李光地之於學，深好易學，尤精
於易，所纂《御纂周易折中》薈萃自漢至明諸儒之說，凡三百餘家，
「易之道於是大備」！而《御纂周易折中》所代表的，是從宋明以來直
到清初，可以被視爲「宋易」延續發展期的清初易學思想，其有別於後
來清代易學主流的、以漢儒經注作爲詮釋經典基礎的「漢易」階段。後
者先緣清初黃宗羲《易學象數論》等一系列圖書辨僞學而展開，以證據
確鑿的方式摧陷廓清了易之道家、道教色彩，對於周敦頤、邵雍的圖書

象數說展開強烈抨擊，導致朱熹易學權威地位動搖。不過《御纂周易折中》在清代易學發展史上，仍有其不容抹煞之代表性一席地位。

(二)清初之經世學風與王學修正派

在清廷樹立起程朱權威的文教路線後，清初王學一系如何在「空談誤國」之主流輿論劣勢下，賡續其學術生命與發展？——清初朱學挾朝廷獨尊之官學優勢，但卻在清廷突出倫理名教之道德教條下，走上日益僵化之途。反之，當王學學者在面對學界以及館閣理學派鋪天蓋地、紛至沓來的抨擊時，遂也同時激起了其於王學之捍衛與修正，譬如時稱「三大儒」的孫奇逢、黃宗羲、李顒。故就學術理論而言，從順治到康熙初葉的三、四十年間，能夠在學術內容上有所開拓，或突破舊規模而主持學壇風會的，依舊是王學系大儒。

入清，北方學界受孫奇逢影響很深，他廣交南北學術俊彥，儼然中原學術重鎮。時儒如湯斌、崔蔚林等皆出其門下；當世名儒黃宗羲、顧炎武、傅山、張爾歧等也都推尊之；即顏元、李塨的「習行經濟」之學，亦不無受他的影響、啟發——雖然顏元後來又對北學進行根本改造，形成了非朱非王，亦非孫奇逢北學的「習行經濟」之學，但「顏元尊禮奇逢，則始終如一。」孫奇逢著有《四書近指》、《理學宗傳》、《夏峰集》等，他以《周易》「元、亨、利、貞」之循環軌跡對理學進行總結，曰「『元』其周子，『亨』其程、張，『利』其朱子，孰爲今日之『貞』乎？」「由濂洛而來，且五百有餘歲矣，則姚江豈非紫陽之『貞』乎？」「接周子之統者，非姚江其誰與歸？」孫奇逢以宋明整個理學範疇爲其視野，未津津於門戶之分，他從理學長期發展各有階段的角度來看待周、張、程、朱與陽明理學，故孫奇逢雖然學出王學，不啻陸王心學干城，但他非抱殘守闕之輩，他努力地爲王學找尋新出路。他在肯定王學是儒學正統之同時，亦能正視王學所面臨的學術危機，所以能夠會通朱王，以朱補王地超脫門戶之見。在其會通朱、王學術的努力

中，他首先揭示「躬行實踐」之爲學正道與方向，對王學之末流空談有補偏救廢的正面意義。

黃宗羲爲明清之際著名的王學修正者，他師事蕺山劉宗周。蕺山之學由陽明轉手，另立誠意、慎獨之教，蓋因王學末流之弊反激而起也。梨洲之編纂《明儒學案》，近承蕺山，遠宗陽明，但是他說「心無本體，工夫所至，即其本體。」將心學一派所強調的「本體」，扭轉到重實踐的「工夫」之上。又說「讀書不多，無以證斯理之變化；多而不求於心，則爲俗學。」一則開重視知識之時代新趨，以矯束書不觀、游談無根的王學流弊；一則仍然歸宿、收攝於一心，不失心學之傳統舊貫。此外他又重視當身近代之史，不但成爲一代文獻學者，且爲浙東史學開啟先路，下開萬斯大、萬斯同兄弟經史之學、全祖望的史學等。要之，梨洲以其博大的爲學領域與務實學風，在突破王學藩籬的同時，也爲清代學術開闢了新蹊徑。

至於昌明關學的李顒，他亦重氣節、恪守遺民矩矱，甘於澹泊、不仕清廷，晚年爲辭博學鴻儒之薦，力脫文網，竟至荆扉反鎖，不復與人相接。其一生志存經世，以「倡道救世」爲追求，將原本詞章記誦成風的關學，導向「明體適用」之新途。其學立足在王學之上，但是會通朱陸，針對明清更迭的歷史反思，他提出以「禮義廉恥之大閑」爲強調的「悔過自新」說，又將「悔過自新」說與經世實學結合，而提出了強調「體、用全學」的「明體適用」爲學主張。在明清講求實學的風氣中，其學亦有開風氣之作用，而與顧炎武要求「崇實致用」，並倡爲「明道、救世」的務實學風亦皆同趨，也與唐甄、顏元等人講求實用之學而不廢武事同風。故李顒之學乃立足在動盪的社會現實上，而合德業與功業爲一體，是爲恢復儒學經世傳統的王學修正派。

㈢新思想典範之初露曙光

明清之際思想紛陳，鼎革之初的上層士大夫哲學和庶民思想之間，

尤其具有極大的歧異性，對上層知識分子而言，愈是世亂，愈要堅持氣節操守，故清初上層精英儒者多措意於儒家道統傳承、夷夏之防、義利之辨等原則性問題，如顧炎武之論廉恥、朝廷館閣理學派之由王返朱、民間王學之於王學理論修正等。但是庶民思想在歷經王朝末期變相發達的商業繁榮——由於末世官僚腐敗與社會亂象而蓬勃滋生的商業發達情形，譬如農民在無力負載稅賦下，或投獻土地給地主而自居佃農，或棄地逃亡而棄農從商，而也有儒者因絕意仕途遂棄儒從商、士商漸趨合流等社會現象，在在皆使得社會經濟出現資本主義因素萌芽現象，因此市民階級崛起、市民文藝興盛、商業活動極其蓬勃——則此際真正能夠反映社會與庶民心理的，不是檯面上的上層精英思想，不是如理學強調「理／欲」之辨、「存理滅欲」的上層精英思想和道德形上學，而是如《金瓶梅》、《三言》、《二拍》、《今古奇觀》等所流露的庶民意識，一種突出升斗小民關懷現實、社會心理的思想形態。

所以明清間的士人哲學與庶民思想間有相當落差，學界主流思想並不能代表下層百姓心理，反倒是一些遠離了學術主流，遠離了政治角力場，或在當時未受上層知識分子重視，或鄉居野處而未能產生重要影響力的邊緣士人，他們更能深入民情地反映社會真實思想。是以譬如陳確「治生論」所強調的「天理正從人欲中見」、「治生尤重於讀書」；唐甄所呼籲的平等思想、啟蒙精神；顏元主張實用、實功的「習行經濟」之學，乃至後來雖然考據學極為著名，但義理思想卻不被時儒接受的戴震「通情遂欲」等新義理觀。他們的思想著力點已不再是為流行於上層知識精英間的理學思想做理論修正，他們提出了諸多迥異於儒者從士人觀點出發，而一向被忽略的庶民觀點。他們的思想雖未能引起上層士人廣泛的注意，但是社會思想與庶民觀點並不是由知識分子上對下地、片面而單向加以領導的。反之，能夠代表當代思想的哲學，必是能夠反映真實社會，是社會中最後被提煉出來的芸芸眾生心理之理論結晶。故清初陳確、唐甄、顏元等強調經世實學的儒者，他們重視實在界的現實生

活，強調道德價值的經驗面，不但堪稱清代義理學轉型的先導人物，並以其能夠反映多數人心理，為社會思想之真實寫照而彌足珍貴。

　　清初近百年，對清代學術而言，是極為重要的新舊典範交替時期，是從宋明理學轉進所謂「清學」的過渡時期。對於清初近百年的學術發展，當審視者拋開了政治與情感背負，不再採取「失序」狀態的理解與責言，而自一種新舊典範交替的同時紛呈角度加以審視，則將睹見此時實是學術史極其精彩的一頁，此時實是百家爭鳴而燦爛紛呈的。

二、乾嘉學術之高峰發展與乾嘉新義理學

　　乾嘉學術之發展高峰，可以藉由吳、皖、揚、浙等派之發展線索而得其梗概：⑴專標漢幟而由惠棟集大成的吳派，有惠有聲、惠周惕、惠士奇以及弟子沈彤、江聲、余蕭客等最為著名，汪中、江藩、劉台拱治學亦皆源於此。吳派主要成就在於經學考據，乃以「古訓釋經」之「漢學解經」進路說經。⑵浙派則如黃宗羲、邵廷采、邵晉涵、全祖望、萬斯大、萬斯同、章學誠等人屬之，主要成就在於史學撰述及史學理論，惟黃宗羲、萬氏兄弟等亦兼重考據。⑶以戴震為首的皖派，又可以分就建立訓詁學系統理論、新義理學建構兩方面言之——戴震係當世的考據大家，傳人有金榜、任大椿、盧文弨、孔廣森、段玉裁、王念孫、王引之等最為著名。但他重視考據學是為了探求《六經》遺文中的典章制度，以復見聖人之心與制禮之意。他認為藏諸典章制度中的「禮意」才是聖人藉乎禮制以顯的理義，而欲求聖賢之道於遺經，則「非從事於字義、制度、名物，無由以通其語言」，故又必先通過經學考據，始能藉故訓以闡明理義，是以其學術目標非僅止於《六經》聖道，而是遵循「古經→賢人聖人之理義→我心所同然」之「明道」階徑，以為義理探索之軌跡。至其義理新說，則是要建立起「非形上學」模式而強調道德創造性的思想體系，以別於理學的「形上學」架構，揚州學派最能發揚光大之。⑷乾嘉學術除後人所稱道的惠棟吳派、戴震皖派外，還有

師儒蔚起的揚州學派，亦是鼎足的另一重要支派，且戴震新義理學在清代的最大繼承者，正在揚州學派。揚州學派之碩學宏才如汪中、江藩、焦循、阮元、王念孫、王引之父子、劉寶楠等，都是當世極負盛名的學者，客寓揚州而有「一代禮宗」之稱的淩廷堪，也向被視為揚州學派；其中焦循、阮元、淩廷堪等，即是清儒繼承並發揚戴震新義理觀最有功的人物。不過在上述諸多乾嘉名儒中，本報告僅涉「清代哲學」相關對象部分。

　　乾嘉學術作為清學的高峰發展，其重要成就除學界所熟知的「乾嘉考據學」以外，事實上還包括由戴震集大成的「乾嘉新義理學」，只是在考據學光芒的遮掩下，以及在儒者思維難以突破儒學長期形塑的既有義理模式下，「乾嘉新義理學」歷經了長時期被忽略，或未被正確認識的冷淡對待。在清廷「尊朱」的官方哲學，以及儒者「六經尊服鄭，百行法程朱」之於「尊漢」抱持「經學、理學分趨」的立場下，不僅時儒不解戴震所建構的新義理學，而偏言其考據成就，即其繼承者也主要從事語言和文獻學的研究，對於戴震的義理思想並未繼承，故梁啟超言戴震弟子「未可云能傳東原學也」。戴震的新義理學甚至被時儒譏為「可以無作」，且「群惜其有用精神耗於無用之地。」實則戴震立足在明代中葉以來逐漸鵲起的氣本思想上，又與清初顏元、陳確等同持以氣論性的自然人性論；尤其具有突破性地，是他對於道德實踐之工夫論等，要求一種必須能夠以客觀途徑加以驗證的經驗取向──此即清儒「崇實黜虛」中心意識在義理學的具體實踐，故他強調必須以經驗界獲得具體實現的「善」，作為道德檢驗的標準，這才是道德實踐的終極完成。故戴震等人所建構的新義理學，從宇宙本體論、人性論到工夫論，要皆一貫地以「性善→善」之經驗實踐，作為理論建構的重心。整體說來，就是以一種「經驗取向」的理論建構，替換理學「形上取向」的「道德形上學」模式。

　　是故「乾嘉新義理學」不僅止於對宇宙本體和萬物本原問題，強

調其一氣聚散、神化流行，也不僅是對於氣質之「善」的肯定，而是對於實在界的一切經驗形器，包括以「情性」為出發的人生情欲追求等「經驗面價值」，也都抱持肯定其合理存在的重視態度。所以從戴震到焦循、凌廷堪、阮元等乾嘉新義理學者，他們都將涵養道德的重心，落在經驗實踐的工夫論上，要求實在界的客觀與具體事為。至於對經驗行為的道德規範，則他們亦突出「以禮節之」、「以學養智」、「以情絜情」等客觀規範，以期道德主體之自我價值與道德價值和諧一致，而非「存理滅欲」地一味壓抑情欲、貶抑情性，反致脫離現實與「假道學」的實踐困境。這正是清儒對於明以來的蹈空學風，以及面對儒學「客觀化困境」之難以有效化成理性社會的時代課題，所提出的義理改革與對治之道，亦清代義理學最重要且最突出的成就。

　　乾嘉學術之專精、博通，除早期以開闢榛莽之姿導揚先路的惠、戴等大家外，其後揚州學者如焦、阮、凌等人亦有極大的助瀾之功，逮及晚清，揚州學派勢猶未已，故能一波未平一波起，蔚為清學之高峰成就。揚州學風主要以其博通、創新精神而能光大乾嘉學術，張舜徽嘗論「無吳、皖之專精，則清學不能盛；無揚州之通學，則清學不能大。」認為吳學最專，徽學最精，揚州之學最通。學界亦普遍認為揚州學派能繼承乾嘉吳、皖所擅場的考據學，並以其能創、能通之精神獨步清代學壇。

　　故總結「乾嘉學術」在理學形上學式微的學術背景下，其所突出於清代學術史暨我國儒學史的特殊性，主要為：1.考據學「新學術典範」對理學「舊學術典範」的取代。2.乾嘉新義理學「新思想典範」對理學「舊思想典範」的取代。是故乾嘉學術對形上學根本形態的轉換，除了表現在「儒學→經學→經典→考據」之考據學興盛外，在義理形態上也有新典範出現。不過清代新義理學之突破理學藩籬，或清代新思想典範之成立，需是在清儒已經樹立起「實證」方法論的考據學大纛後，清儒綰合義理學和考據學，故其義理學立足在考據基礎上，而表現出兼具實證和現實雙重意義的「崇實」趨向，並自形上視域轉移重心到經驗視

域，至此，真正代表清儒「由考據進求義理」之結合清人考據特長的新思想典範始得成立。故清代思想既非如梁啟超《清代學術概論》所言：「清代學派之運動，乃『研究法的運動』，非『主義的運動』。」不承認清代思想有高度性，也非如錢穆《中國近三百年學術史》強調清儒能繼承發展理學理論的切入角度。雖然清初孫奇逢、李顒、黃宗羲等人以經世實務修正王學理論，確能在「由王返朱」的官學立場外，表現民間王學之蓬勃態勢，但論及清代新思想典範暨清代思想特色，則需是既能展現清人考據特長，又能在精神上樹異於長期形上學模式者，始足以膺之。是以乾嘉新義理學不僅從根基處撼動並抽換了理學的核心價值，跳脫了長期以來理學對價值內具心中的證體關懷、形上面價值強調，復以其對「實在界」的實事、實功強調，以及對「不害義」的一己私利和情欲追求肯定，而得以順利銜接二十世紀重視功利主義、個人主義與自由主義的現代化思維。所以「乾嘉新義理學」才是清代哲學能夠折衝傳統意識形態和現代化思維的過渡性思想，其在儒學現代化進程中扮演著理論轉型的重要推手角色。

要之，從「明清氣學」到「清代新義理學」等，是繼「宋明理學」之後，學界所逐漸形成的大趨勢與新趨向。「宋明理學」和「明清氣學」對「理型世界／生活世界」各有畸輕畸重，前者強調形而上，將謹嚴德性從流俗慣行中脫穎而出，後者重視現實生活。但是新義理典範之確立，則必須等到「乾嘉新義理學」之以實在界作爲視域和論域，全面樹立起「崇實黜虛」的「經驗取向」義理大纛。一方面以經驗途徑和「實證」方法論，取代理學的形上思辨，另方面也以道德的「經驗面價值」、「實用」強調，抽換掉理學核心思想對超越的「形上面價值」強調──既樹異於理學，也突破明清「氣本論」的宇宙論視野，而涵蓋人性論、工夫論在內，集大成地建立起和理學「形上取向」模式相埒的義理新構，才能算是成立。

惟對於宋明清近千年的學術嬗變，過去學者多受制於宋明理學→

清代考據學的「學術典範」轉移，而以義理學高度發展的理學→思想晦暗的考據學來理解明清思想演進，實則這樣的觀察，對於清代思想並不相應。就學界主流形態之「學術典範」言，清學固然由考據學領軍，但在義理學已經不再如宋明理學位居學術主流地位的清代，就不能將「學術典範」和學術範疇中的「義理學典範」或「思想典範」直接畫上等號。考據學和義理學儘管有其內在連繫，畢竟範疇不同，檯面上主流的考據學並不能代表檯面下非主流的義理學，清代經史考據學的成果並不能代表清代的思想成就與內涵。是故考據學對理學之主流地位取代，是屬於「學術典範」轉移，以戴震為主的「乾嘉新義理學」之以「非形上學」模式並峙於「宋明理學」，才是思想範疇的「義理學典範」轉移，只是兩種轉移的起點都是「宋明理學」，以致過去學界籠統地以為清代思想特徵就是「理學」被「考據學」取代，清儒乃以訓詁為哲學。這樣誤認的結果，導致學界普遍以為清代再無哲學思想、「義理學」可言。實則除了作為「學術典範」的宋明理學被考據學取代，作為「義理學典範」的宋明理學也同樣被「乾嘉新義理學」抽換核心價值。是以在考據學最興盛的乾嘉時期，清代仍有不同於理學類型的新義理學發展。因此欲探討清代思想，必須回到義理學範疇，而戴震所領軍的「乾嘉新義理學」，才是代表了清人結合考據特長並另闢蹊徑的清代新義理學。

　　清代新義理學具有居間銜接傳統與現代思想的重要價值，晚清是儒學融入世界性現代化進程的窗口，但是儒學的現代轉化並非無條件走向西方之發展模式，一個國家的現代化，本土因素與外來因素都會產生一定的影響力，其中本土模式尤其反映這個國家所獨具的歷史背景。在西方實證主義尚未東漸的十八世紀，當我們回溯清代義理思想時，發現儒學其實早已開始了思想轉型的自我轉化——轉型的契機可以上溯到明清氣論的發展，而且從十九世紀後期儒學融入早期現代化進程的思想內涵來看，十八世紀的「乾嘉新義理學」已經逐漸和現代化思潮同轍趨向了。其預先廓清儒學部分保守守舊，甚至與現代化思考矛盾衝突的舊

觀念，使儒學能在現代化進程中順利接軌現實主義、功利主義、自由
主義、個人主義……等現代化思維。在1905年創立國學保存會及出版
《國粹叢書》的晚清國粹運動中，乾嘉新義理學對於人性所抱持的自然
主義觀點以及對於傳統理欲對立觀的突破等，都受到學界看重並發揚，
胡適《戴東原的哲學》可爲代表。

　　因此清代義理學轉型在儒學史上具有重要的思想轉型意義，儒學
之現代化，其中具有匪由外力的「莫或使之」自我發展規律，而「乾嘉
新義理學」則可以被視爲儒學現代化的思想轉型源頭，是爲儒學近現代
思想特質中具有形塑力量的本土因子。如此一來，則學界所普遍存在的
「西學外鑠」說，咸認爲儒學現代化是由於西學和西力強行介入而被迫
啟動，就可以以學理上的證據做部分修正了。雖然我們亦不能否認，倘
使從整體性變遷高度來看中國的現代化轉型，是必須結合政制、經濟、
社會等各方面條件來說的，就此而言，中國確實相當程度向西方學習。
但是若從現代化進程最深層的「思想轉型」層面來看，則其源遠流長，
而可以在西方挾科技優勢衝撞儒學傳統的外來因素以外，另外抉發出屬
於本土性的儒學「自變革」因子。是以在某個程度上力求突破西方近代
史觀對於中國歷史研究的長期支配，試圖從儒學傳統中找尋屬於自我
轉化的演進線索，應該是可能並且合理的。而且從這樣的歷史結果回
溯──但並非從「目的論」的角度出發看「乾嘉新義理學」，則上述源
自對儒學「文化認同」與「本根意識」的修正性說法，或許可以部分消
解從理學立場出發而對清代思想失望的學者若干遺憾。

　　是故儒學思想之轉進現代化，是先從儒學內部發生自我轉化的義
理轉型開始的。此一轉型的契機是由明清氣學所開啟的，爾後清儒遂以
「實在界」作爲視域與論域，以殊異於理學形上取向的經驗面價值作爲
歸趨，並由戴震集大成地建立起和理學架構迥異的新義理架構。此一義
理新構體現了清人「崇實黜虛」的學術性格，看重現象界的經驗事實，
正視人情並強調通情遂欲、義利合趨等新義理觀。再爾後才是緊接著的

十九世紀末西學東傳，比較謹嚴意義的實證哲學被引進中土，儒學並逐漸融入與之合流，至此，一條中西哲學交融的大道被打開來了。因此我們可以說，儒學之融入世界性現代化潮流，以「乾嘉新義理學」為主軸的「清代新義理學」已經為之預先鋪好前導理論了。也因此「清代新義理學」不能被從賡續「宋明氣學」舊說，或「宋明理學」修正性理論的學說蛻變角度看待，那是一種和理學模式截然不同的新義理形態。

三、清中世迄於晚清的經世思潮、今文經學和諸子學復興

　　就清代之經學發展而言，清儒表現了「回歸經典」和「尊漢抑宋」的學術特色，乾嘉時期尤為突出經典實證與章句訓詁的東漢考據門徑，逮及清中葉以降，因為社會問題漸次浮現，於是經世思潮又起，取證經典亦逐出現從重實證方法論的訓詁章句，轉向到突出西漢今文經講微言大義的趨勢。自莊存與、莊述祖、劉逢祿、宋翔鳳以下，今文經蔚為晚清學術的主流，而清代公羊學之復興，係以常州微言派居主流，孔廣森之考證經傳注疏以及揚州學者凌曙、陳立從禮制角度作疏注等，皆備一席之位，影響力不及微言派。另外，諸子學在晚清亦有一番盛況，為先秦以後學術史上僅見，繼乾嘉揚州學派汪中墨學之後，如魏源《老子本義》，孫詒讓《墨子閒詁》，王先謙《荀子集解》、《莊子集解》，俞樾《諸子平議》……等，並皆佼然傑出者。

(一)結合經世思潮的晚清今文學復興

　　清中世以迄於晚清，經世思潮再起 —— 晚清經世思潮頗不同於清初，清初偏重建設理想社會，清中葉後十九世紀的嘉道經世思潮，則主要突出社會變革的主題要求，其經世改革係以挽救清朝日益嚴重的社會危機為目標。因此落實具體改革的經世實學，才是嘉道時期的經世訴求與核心思想。

　　晚清今文學興盛，溯自常州學者莊存與，其《春秋正辭》主要取《公羊》以發揮微言大義。其從子莊述祖又言《左氏》不傳《春秋》，並提出劉歆「逞臆虛造」之說。其外孫劉逢祿則有《左氏春秋考證》，亦謂《左氏》乃史，是記事；非《春秋》經傳，不是解經之書，其解經者係劉歆所竄入。至於龔自珍、魏源等也都不信古文，龔自珍有《左氏決疣》，魏源則攻擊《毛傳》、〈詩序〉以及馬、鄭《尚書》，並正式以《公羊》之義闡《詩》、《書》二經，成《詩古微》與《書古微》。此外邵懿辰亦辨《禮》三十九篇為劉歆所偽造，又斥《周官》而著《禮經通論》，群經今文說出焉。故梁啟超言「自劉書出而《左傳》真偽成問題，自魏書出而《毛詩》真偽成問題，自邵書出而《逸禮》真偽成問題。」因此清代中晚期在具有明顯改革意識的常州學派發揚下，公羊學長期因「援經議政」而「多非常異議可怪之論」，導致「自魏晉以還，莫敢道焉」的沉寂、寖衰，終獲一掃而蔚為興盛。

　　以學術主流發展而言，雖然此時已過了名物訓詁如日中天的乾嘉考據全盛時期，對於考據學末流的不滿聲音也迭有之，今文學家更力圖扭轉漢學瑣碎考辨的學風，但今文學者其實未必排斥古文，也多並未放棄考證方法論。當考證法被學者擴大運用並提高高度到「方法論」層次時，則考證法已是一種學術共法，而不再是單純地以考證古籍為目的了。此時便能有超越考據視野之其他範疇成就出現，例如「乾嘉新義理學」之結合考據學與義理學，借重「由詞通道」之方法論，以為建構新義理體系之理論基礎。晚清今文之興盛也是借徑考證法，以考證證成其所意欲建構的思想理論，故龔自珍、康有為等人都借託經義以譏切時政。是故晚清突出經世改革的西漢今文經傳統，其具體實踐今文經結合「經術」與「治術」之經世思想，實亦不脫乾嘉學術「訓詁明，而後義理明」的指導理論。晚清今文學和乾嘉考據學間，呈現著連續性而非對立或斷裂性的學術發展。

　　清代強調公羊學的今文經復興固然溯自莊存與，但清代公羊學又

有位居主流，主要發明經義並闡揚「何休學」的常州微言派，強調推闡《春秋》在經文外的孔子微言大義，以及如孔廣森通過訓詁考證以疏注《公羊傳》傳文本旨，和凌曙、陳立等主要考證禮制而「就禮制以言義理」等別調。莊存與《春秋正辭》強調《春秋》是孔子筆削之書，約文以示義者，是為萬世制法的經世之書，非記事之史——《春秋》既非記事之史，自然就不必為經中史事一一索引，而是要探求微言大義，故使《春秋》由史學性格轉向義理性格。他並持信董仲舒藉《春秋繁露》以發揮《公羊傳》的「大一統」、「通三統」、「張三世」之義，即孔子《春秋》之微言大義所繫——董仲舒所建立的公羊學思想體系，主要即徐彥疏何休《春秋公羊解詁》所言「存三統／張三世／異內外」之「新周，故宋，以《春秋》當新王／所見異辭，所聞異辭，所傳聞異辭／內其國而外諸夏，內諸夏而外夷狄」等「三科九旨」。何休所倡論的「三世」說，從總結以往歷史的高度講「變」，從具體的歷史問題中概括出歷史發展由低而高的進化史觀，體現了公羊家強調變動的歷史觀，是為公羊學之基本論調，並為清代公羊家所借以宣傳歷史變易，政治上亦應實行改制之基礎。

在晚清今文學興盛暨今古文之爭中，相較於被奉為清代今文學開山而兼採古文的莊存與而言，其外孫——常州公羊學中堅的劉逢祿和宋翔鳳等，更是掀起晚清思想界今、古文之爭的重要關鍵。劉逢祿雖亦兼擅今、古，但他明顯立足在公羊學上，且大張其軍地主張惟公羊學得孔子真傳。他批評《周禮》是「戰國陰謀瀆亂不驗之書」，又切斷《左傳》與《春秋》的關聯，以《左傳》為記事之史，同時又攻擊《穀梁傳》，撰有《箴膏肓評》和《穀梁廢疾申何》，欲以公羊學取代自許慎、鄭玄以來的古文解經傳統，以樹立公羊學為孔子《春秋》正傳的地位，是以常州學派成為影響清中葉以後學風從「訓詁考據→經學經世」的重要樞紐。尤有甚者，劉、宋等不僅以「《春秋》王魯」之微言大義說《春秋》，更推此微言以及於《六經》，使《六經》一皆成為「為萬世立

法」者。劉逢祿復藉由「薪蒸說」，以建立孔子據《春秋》為後世制法之說，曰「《春秋》者，火也；魯與天王諸侯皆薪蒸之屬，可以宣火之明，而無與於火之德也。」他以《春秋》為孔子寄託「王心」之作，非真正之魯史，徹底推翻了《春秋》的史書性質，因此晚清不僅出現群經「公羊化」的現象，《春秋》亦成為《六經》之中心。故劉逢祿《論語述何》貫通公羊學與《論語》，宋翔鳳《論語說義》亦發揮董子的公羊學精神，並皆大力推擴微言以及於其他儒家經典，力使「三統」、「三世」說成為群經正解。然而微言一派持論《春秋》是為後世制法之作，是「明義」而非「記事」之書，亦嚴重打擊了《春秋》的信史性。其「莊列寓言」化《六經》所有典章、制度、輿地、人物的解經法，更開啟古史辨運動顧頡剛等人視上古史為戰國至秦漢間學者偽造的疑古精神，造成對上古史的全面破壞。

　　至於嘉道以降，崛起於道咸的龔自珍、魏源，他們處在清中葉後，王朝逐漸向近代過渡，而由盛轉衰，內憂外患開始相逼而來的轉變時期。他們承此今文學風，以公羊思想結合了政治改革，漸開以公羊學支持變法的先聲，並影響及光緒間的廖平、康有為。龔自珍敏感地察覺所謂嘉道「治世」下的真相，實是「衰世」面相以及「亂世」危機。魏源則亦親見各地在亂後災荒遍地、饑民流離的慘狀，故潛心經世之學，嘗編輯《皇朝經世文編》，並在鴉片戰爭失敗後，撰作《海國圖志》、《聖武記》，而提出「師夷長技以制夷」的改革思想──由於龔、魏站在歷史的變動時點上，他們發揚儒學經世精神並結合公羊議政傳統的改革理論，對於沉睡中的國人頗具撼動性，使得自從康熙中葉以後沉寂已久的經世思潮再度崛起，此一經世思潮並在鴉片戰爭前後趨於高漲。因此梁啟超將維新思想的萌蘗，溯自龔、魏，他們可以被視為變動時代中的前驅代表性思想，欲進論晚清思想之「變」，宜自龔、魏談起。

　　自鴉片戰爭到清廷被推翻約七十年的晚清時期，前後歷經了洋務運動、維新思潮和革命推翻等階段。繼龔自珍〈明良論〉四篇之呼籲

「更法」後，面對1840年鴉片戰爭以及《南京條約》之民族屈辱，雖有徐繼畬《瀛寰志略》呼應林則徐、魏源開眼看世界的經世主張，但直到二十年後，咸豐十年（1860年）英法再度聯軍，文宗北走熱河、北京陷落、圓明園被焚，始有同治間展開的自強運動。洋務運動主要突出「師夷智以造砲製船」，指導思想爲「中體西用」，最早是由馮桂芬所提出，其《校邠廬抗議》有言「以中國之倫常名教爲原本，輔以諸國富強之術。」其後對此「中學爲體，西學爲用」思想，則張之洞最樂道之。然而歷三十年經營之自強運動卻禁不起1894年甲午戰爭考驗，甲午戰爭喪師敗績證明了洋務運動的徹底失敗，至此，國人終於從儒家綱常倫理爲「體」的長夢中驚醒，一舉突破了「中體西用」之以「體／用」模式界定的中西文化觀。「中體西用」之理論形式，一開始係被藉以調和中西文化衝突，其「西學爲用」的革新主張與開闊視野，對長期自居「天朝上國」而以儒學作爲唯一體系的國人而言，在意識形態上打開了一個突破傳統禁錮的缺口。同時「中學爲體」還可以作爲對付頑固派「用夷變夏」指責的盾牌，但是當變革思想風行以後，則「中學爲體」亦被頑固派借爲對付維新變法和革命思想的理論武器，成爲在「採西學」過程中用以維護帝制傳統的口實，一道難以跨越的障礙門檻。

是故真要說到國人在現代化進程中突破對西方技術性的表相學習，而深入到根本性思想變革的層次，所謂「技進於道」的文化轉型，是從「吾國四千餘年大夢之喚醒」的甲午敗戰開始。當國人在面對黃海大東溝一戰，北洋水師全軍覆沒於「彈丸島夷」的「蕞爾小國」日本時，「上自朝廷，下至人士，紛紛言變法」，至謂「孔孟復生，不能不變法而治。」是以康有爲主張「全變則強，小變仍亡」，譚嗣同亦言「器既變，道安得獨不變」？——而當康有爲在面對不得不疾加變革的敗壞政局時，他就是立足在常州今文學之基礎上，吸收古文家譏以離奇無稽，公羊家卻倚爲依據，譬如劉逢祿《春秋公羊何氏釋例》闡發變易進化歷史哲學的「張三世」和突出治國之道在「窮則必變」的「通三統」，以

及「紺周王魯」、「受命改制」等義理，復繼承魏源等人之學術成果，以作爲變法理論之內在哲學基礎，而成爲晚清今文學之集大成者。要之，何休「三統」、「三世」說對歷史本質的哲理概括，啟發了清代中葉以降的經世思潮。十九世紀強調社會變革、批判時政、鼓吹革新制度等經世思潮，正是以今文經學之復興爲其義理根據的。而十八世紀的常州今文學也就是通過龔自珍、魏源等人之批判性與改革性，得以和十九世紀康有爲、梁啟超等人之經世學說，建立起直接連繫關係的。

公羊學的精髓在於「變」，以變易的觀點來看社會制度之種種演變。當康有爲站在動盪時代的歷史時點上，意欲透過變法改制以救亡圖存，更欲援引西學以改造傳統儒學，則公羊變易精神正可以提供變法維新最大的支持力量暨經典依據。所以康有爲接受了廖平「尊今抑古」的觀點，爲尋求晚清君主立憲之歷史根據，而拋棄早年所持論的古文經立場，改持以「三世」思想爲核心的孔子「改制受命」說，視孔子爲「制法之王」，改採「孔子黜夏，存周，以《春秋》當新王，變法改制」的西漢今文經立場，以打擊「恪守祖訓」的古文經及守舊派。是以身爲變法維新的主導者，康有爲正是通過公羊學而集晚清政潮與思潮領導者於一身的。康有爲一方面以《新學僞經考》倡論祖宗舊法皆劉歆爲奪政權而僞造，非孔聖本旨，疾呼「劉歆之僞不黜，孔子之道不著」，以推翻千年來的古文經與舊法傳統，爲政制改革而製造輿論。另方面則他亦以《孔子改制考》託命聖賢地援引儒學以爲奧援，他藉孔子「改制」之說以證明「歷時變革」本即聖學傳統暨孔子思想精粹，並批判自從劉歆僞古文經興起後，公羊學廢、改制義湮、三世說微，太平之治與大同之樂遂闇昧不明。二書一主破、一主立，既辨古學之僞，復藉孔子改制以宣傳變法之合法性。此外，康有爲亦援引西學，以「君主→立憲→民主」比附「據亂世→升平世→太平世」，使得「立憲」制成爲「升平世」之相對應政制，以作爲變法的理論依據。如此一來，通過康有爲對傳統經典的創造性詮釋，儒學一貫維護尊卑貴賤等級倫理的立場，就被徹底轉

變成爲追求自由、平等與民權的君主立憲之擁護者，儒學也成爲變法主張的合法性歷史依據了。

(二)晚清諸子學之復興

　　自先秦諸子百家爭鳴以及漢武獨尊儒術、罷黜各家後，諸子學歷經了長期寖衰的局面，逮及清中葉以後，始在儒者認爲子書具有證經作用下，出現諸子學復興的趨勢。於時學者大抵以考據方法論結合輯佚、校勘、辨僞，甚至會通佛、道思想，或進行子書文獻真僞辨析，或發揮經世致用理想，晚清尤多對於子書義理價值重估者，故梁啟超《中國近三百年學術史》稱以「晚清『先秦諸子學之復活』」，諸子學亦爲晚清重要的學術潮流之一。清初雖然也有王夫之、傅山的諸子研究，但畢竟少數，逮及乾嘉始有遍及諸子的訓詁校勘之作。至於學界所稱晚清諸子學興盛，主要係著眼於晚清儒者對於諸子義理價值重估並持肯定態度，尤其對諸子的總結性校釋、集解、集注等，如《老子本義》、《荀子集解》、《莊子集解》、《莊子集釋》、《韓非子集解》、《墨子閒詁》……等，都在晚清完成，其規模遠甚於乾嘉時期之以零星篇章爲主。惟不容否認地，晚清諸子學係立基在乾嘉諸子學基礎上，乾嘉時期以校勘訓釋爲主的諸子學研究具有先導之功。

　　比較乾嘉和晚經諸子學的不同，可以發現乾嘉儒者之看重子學係出於「尊經」心理，此時子學被看重的作用主要在於「以子證經」，是從經學角度出發的，並非對於子學自身價值之肯定。但是到了晚清，則儒者對於諸子的態度，已經轉變爲較能肯定多元思想性，而著重對諸子義理之闡發了。雖然晚清提倡諸子學也有部分原因是出自儒者抱持的「西學中源」理念，認爲西學源出諸子說，如俞樾之讚美孫詒讓《墨子閒詁》，即著眼於《墨子》擅長器械製造，又善用兵之道，故肯定孫書之作。但不論是重估諸子義理價值，或持「西學中源」之理念，要之，晚清對諸子學的價值肯定已經擺脫經學附庸的地位與出發了，經學不再

是儒學中獨尊的思想系統，在後來古史辨運動的疑經聲中，甚至還出現「信諸子、不信經典」的情形，因此晚清能有較多對於諸子完整性集結校注的鉅著出現。而自乾嘉到晚清的清代諸子學發展，是一個連續性的進程，清儒之治子學者，幾乎都經由先治經學，再治子學的進路，是故立足在乾嘉經學考證基礎上，子學名家也都具備精湛的經學考據基礎，而晚清諸子學亦終被推向歷史高峰，同時並可以見晚清學術之整合特質。

另外，居士佛學在清末民初也頗為聲勢壯大 —— 章太炎嘗欲以居士主導亞洲佛教聯合，蓋以沙門有宗派而易生門戶之見，居士則無宗派爭執且學術較深 —— 是為晚清思想界的一道伏流。其關鍵人物楊文會著有以佛解莊的《南華經發隱》，他試圖透過會通儒、釋、道三家，以建立佛教新理論來改造時代，頗具一時之影響力，如譚嗣同《仁學》、章太炎《齊物論釋》，甚至民初熊十力《新唯識論》等，皆受其影響。而極受今文家推崇的龔自珍也嘗受佛學於彭紹升，晚年並受菩薩戒，魏源亦然，晚清今文學家亦多兼治佛學，故梁啟超《清代學術概論》言「晚清所謂新學家者，殆無一不與佛學有關係。」清末康有為陳義頗高而具有烏托邦色彩的《大同書》之「去九界」，即以去國界、去級界、去種界、去形界、去家界、去產界、去亂界、去類界、去苦界之佛家式世界觀作為政治上宣傳「平等」觀念所依附。康有為並自佛教的「出家」進言「去家」，希望藉由消滅家族制度擺脫傳統桎梏，以達到人類公產、無家無國等界限的公平社會。譚嗣同則兼包中西、並蓄儒佛地發揮《大同書》之自由平等思想，他激烈地意欲衝破傳統網羅，尖銳地對峙名教束縛，勇敢地挑戰君主制度，又以精神性的心、仁、愛來包涵全世界宗教心，「會通世界聖哲之心法」，希望以仁心挽劫、救中國、度眾生，並曰「非慈悲則無以造之，故慈悲為心力之實體。」梁啟超則極力鼓吹應用佛教，強調佛教信仰是智信，而非迷信，他以推重佛教菩薩入世、救世、忘我、無畏怖、平等的優點，作為達到群治的精神手段，期藉佛教以改造社會的實用性目的濃厚。

　　至於強調「始則轉俗成真，終乃迴真向俗」經世理念的章太炎及其《齊物論釋》，更是深具佛教色彩。作為理想的「真」的層次，他「求是」地期藉由重釋諸子學以反思自身文化，他以佛教「排遣名相」的辯證法結合莊子的「齊物」思想，並融合高蹈太虛的〈五無論〉：無政府、無聚落、無人類、無眾生（有情世間）、無世界（器世間），以及〈無政府主義序〉、〈四惑論〉之批判公理、進化、唯物和自然，終至發展成為虛無主義。其「俱分進化論」之「善惡並進」、「苦樂俱演」說，則能破除當時風靡的進化論之「盡美醇善」幻象，突出「一往平等」之否定所有是非、優劣、文野之見，是為二十世紀極少數中國思想家而可與西方思想交流對話，並對之非難、反省的批判理論。而當落到現實致用的「俗」的層面時，則他一方面極力提倡佛教救國，強調只有佛教能「上不失真，下有益於生民道德」，因此他用宗教發起信心來改善國民道德，另方面也用國粹主義來激勵種性，增進愛國熱腸。是故通過觀察康、譚、梁、章等人面對動亂且交織著矛盾的晚清社會所共同表現的佛教化傾向，晚清思想界借重佛教以安止人心的另一個思想面向亦顯然浮現。

　　思想發展是與時俱進的，一個時代的倫理觀必然地和社會腳步有一定程度的合拍。在中國所特有的藉由經典以呈現──從「經典詮釋→哲學建構」的思想史脈絡中，作為一位儒學的現（當）代詮釋者，必然地要設法將傳統哲學自固有文本中做合理解放，而無法完全任由舊典範的「抽象的普遍性」倫理思考主導。是以各代儒者均是面對時代課題，各自提出「返本」於儒家經典的自我詮釋，即「開新」是也，而新時代思想與倫理觀也就是在此不斷開放的過程中被逐步建構的。雖然當碰觸到對舊典範的權威性挑戰時，尖銳的對立與衝突也在所難免，所以清代不免有「漢宋之爭」，今日也有「新儒家」一系對清代思想之不滿，惟儒學之亙古恆存、兼容並蓄，永遠充滿活力而革故鼎新、與時俱進地反映出時代新精神，也就在此展現。

貳

臺灣地區近五十年來哲學學門之「清代哲學」重要研究成果述評

　　針對臺灣地區近五十年來涉論清代哲學之相關研究成果，本研究報告依：1.清初思想界，2.乾嘉學術，3.清中世以迄於晚清等階段劃分，分成「思想通論」與「各家分論」兩部分予以述要並析評。針對思想家，本報告略依被研究對象思想屬性近似者比附論列，但或因思想家之思想複雜性，有時難以定於一尊，是以除思想明確同趨者外，凡於未能明確劃歸思想類別者，則概依其生年先後為序。譬如顧炎武既是清初批判理學並轉向經學的代表人物，但其理學批判主要係針對王學而發，是以在思想立場上，又被認為是偏多朱子思想者，若此之類，本報告皆依其生年論列。而針對學術研究成果，則本報告不分專書或期刊論文，概依出版先後為序，以呈現學術的原創性與積累之功，但若是同一作者而有數文先後發表，則依其眾作之最早發表者為序。以下先列敘清代思想總論，再依清初、乾嘉時期、清中葉以迄於晚清為序加以論列。

一、清代思想總論

　　該部所涉，為總論清代思想發展，或採取俯視視角以及歸納清代思想現象等，而不可明確區分其時間斷限者。

林尹

〈清代學術思想史引言〉，《師大學報》第7期，1962.6，頁101-110。

　　是文論清代思想變遷的原因，主要採取梁啟超《清代學術概論》的

「理學反動」說，而亦將之歸納為對宋明理學的反動、政治勢力的影響與歐西文化之輸入等。作者認為清初學術饒富科學精神，且無一不為明學之反動，清晰反映出臺灣學界早期清代思想研究受梁啟超影響之一斑。文中，作者並指出清代學者的治學方針在「徵實」，精神為「勤勉」，學術派別則可以分成經學正統派，如吳、皖；經學別派，如閻若璩、胡渭、毛奇齡、姚際恆；史學派，如浙東史學家；理學派，如孫奇逢、李顒；實踐派，如顏李學派；歷算派，如王錫闡、梅文鼎；今文學派，如莊存與、劉逢祿與龔自珍、魏源等。作者還認為，我國學術思想自秦漢以降日趨衰落，至清代則忽放光明，既一掃已往空談講學之弊，復以科學精神啟兩千年來未發之旨，與後人以無窮之智識，其見顯別於後來流行的新儒家之論。

余英時

〈從宋明儒學的發展論清代思想史 —— 宋明儒學中智識主義的傳統〉，《歷史與思想》，臺北：聯經出版社，1976，頁87-119。
〈清代思想史的一個新解釋〉，《歷史與思想》，頁121-156。
〈略論清代儒學的新動向 —— 論「戴震與章學誠」自序〉，《歷史與思想》，頁157-165。

　　此數文是臺灣學界極負聲名之作，所論在梁啟超長期執學界牛耳之以「方法論的革命」看清學而未能肯定其思想性的說法外，另以儒學的「內在理路」說補充了對清學思想性的看法。作者反對治中國哲學史或思想史的人所往往流露的，把宋明理學視為傳統儒家精神最高發展階段的偏見，亦反對把辨析心性理氣視為儒學的主要內涵。主張對儒學採取廣闊而動態的看法，強調思想的積極作用不能被輕易抹煞，認為思想的能動性影響學術是極明顯的事實。故謂清學「不能是宋明儒學的反命題」，考證方法和反理學並無必然關係，因此探討清學必須追溯宋明遠源，「反滿並不足以

解釋經學考證的興起和理學的衰落。」是以作者對清學之興起，另主儒學內在理路演變的「智識主義」獲得發展之說。

　　作者著名的論點，是從思想史的「尊德性」與「道問學」思考出發，認為理學的朱陸異同具有「智識主義」和「反智識主義」的對立性。南宋到明代，是儒學處於「尊德性」的歷史階段，清代則是「道問學」的當運階段，其間的演變線索，則作者論以：由於明代儒學偏重象山「尊德性」一面，反智識主義占了上風，幾乎籠罩全部的明代思想史，從明到清，則儒學發展最重要的內在線索是羅欽順所說的義理必須「取證於經典」，作者即以此一線索連繫了考據學和理學的義理關係。因此作者解釋清學之興起，謂為明代儒學在反智識主義發展到最高峰時向智識主義轉變的一種表示，此時儒學從心性辯論轉移戰場到經學考證，故使得明中葉以後已經萌芽的智識主義和考證學從伏流轉為主流，進而主盟學界。雖然作者並不認為朱陸異同可以簡化成智識主義和反智識主義的對壘，但他確實認為清代考據學的興盛，是宋明以來儒學中不絕如縷的智識主義得到發展的機會。以此，其言清代思想史的中心意識，就是儒家智識主義的興起與發展，「道問學」的興起，就是清初儒學的新動向。

陸寶千

《清代思想史》，臺北：廣文書局，1978。

　　作者堪稱臺灣清代思想史研究的拓荒者，是著先自明清之際顧炎武、黃宗羲、王夫之、顏元、唐甄等諸子的經世思想談起，涵蓋他們對理想政府的設計及其重商思想等。然後述論朱學雖是康熙時代之學術重心，但其時乃以抨擊王學為尊朱表現，理論水準並不高，如張烈的《王學質疑》可為代表，之後再依序展開對「考據治經」的清代經學、乾隆時代在考據全盛期而能夠破儒釋藩籬的士林佛學、中葉以後忽放異彩的清代公羊學演變、經世為志的嘉道史學以及晚清理學，譬如持正統理學家之圖強論的倭

仁、以經世實例稱的劉蓉、以洋務思想稱的郭嵩燾、展現理學家新方向的曾國藩等人之探討。書末並附錄〈近代平民社會中之價值觀念〉，檢討儒、釋、道三家價值觀念對近代漢族社會底層的平民階層之思想影響，論及平民階層具有譬如知足、和諧、命定、畏法、重農、治家、公平……等思想。是著在梁啟超《清代學術概論》之外，頗以詳密的原典論證而提供部分理論補充。

何佑森

〈清代漢宋之爭平議〉，《文史哲學報》第27期，1978.12，頁97-113。
〈清代經世思潮〉，《漢學研究》第13卷第1期，1995.6，頁1-14。
（皆收入氏著：《清代學術思潮》，臺北：臺大出版中心，2009.4，頁147-162、131-146。）

　　何佑森（1931-2008）曾經師事錢穆，並於臺灣大學長期教授「中國近三百年學術史」課程達數十年之久，他亦是開啟並奠定臺灣學界研究清代學術思想風氣之人，清代學術思想研究亦是他一生最大學術成就所在。其遺著《儒學與思想》和《清代學術思潮》二書（副書名《何佑森先生學術論文集》上、下冊），係由弟子纂輯其所發表論文，如顧亭林、黃梨洲、王船山、顏習齋、李恕谷、錢大昕……等人之思想研究暨若干清學論見而成。

　　〈清代漢宋之爭平議〉對於漢學、宋學頗致調停之意。文論凡不讀宋五子書而批評宋學，與不讀學海堂經解而批評清代漢學者，皆非也。作者並肯定清代漢學家之道德踐履，而強調道德與知識不可分途。作者又論學問有虛、實問題，然不僅焦循強調「證之以實，而運之以虛」，曾國藩亦認為惠戴的「實事求是」即朱子的「即物窮理」。且虛實乃是相對待，宋儒教人讀書窮理，而「讀書」是實，「窮理」是虛，清儒教人實事求是，而「實事」是實，「求是」是虛。再者，朱子小學是為修身之本，龔自珍

亦以為訓詁小學與仁孝之行為一事，認為從事訓詁小學者皆當以道德實踐為第一要務，故謂清儒如段玉裁、龔自珍、魏源等稱述朱子小學者，其立言之意皆在補救近儒小學或漢人小學之偏弊。要之，作者該文持論漢學、宋學不可偏廢，可以互相補裨。

〈清代經世思潮〉主要是以「經世、事功、功利、義理」等儒學基本概念作為論述主軸，並綰合尊德性與道問學、倫理與經世的關係。文論明清經世文編中皆收有與道德相關的理學家文章、與掌故相關的史學家文章，可見理學、史學、經學之不可分。又論經世可以分為「學」與「治」兩部分，「學編」重在儒家之學，「治編」則重在制度改革。再者，從《明經世文編》到清初「經世之學」，作者突出經世思想之結合倫理與經濟，並謂清代經世思想具有民族意識的華夷之辨、反禮教與反理學（如戴震、譚嗣同）之思想特色，清初學者正是通過對《明經世文編》之倫理與政治觀檢討，發展成為經世思想的。至於尊德性與道問學的關係，則作者以龔自珍之兼重體與用、質與文，以及「經世倫理」中倫理和經世之不可偏廢，以說明「尊德性」乃作為「倫理」根基，其不可或缺。

王家儉

〈清代漢宋之爭的再檢討——試論漢學派的目的與極限〉，《中央研究院國際漢學會議論文集——歷史考古學組》（上冊），1981.10，頁517-531。

該文沿用學界慣用說法，將清代漢、宋學的關係分成：1.清初順、康、雍年間的「漢宋不分」時期；2.清中葉乾、嘉年間的「漢宋對立」時期；3.清末道、咸以降的「漢宋調和」時期。文論清代漢學的興盛，實與清廷對學術的稽古右文態度超軼前代有關，對於過去學者過於重視政治因素，如文字獄影響等，有所辨正。不過當作者論及清代漢學家對宋學家的攻擊時，則未能區分諸多原屬於不同層面的「漢宋之爭」現象，譬如作者所列舉「惠棟、王念孫不讀漢唐以下之書」，於此係就漢宋學「經說經

注」層面之說解殊異而言。其言戴震「駁斥宋儒理欲二元之說」，是指義理學之殊見而言；至謂「汪中不喜宋儒性命之說」，亦屬「義理趨向」之立場殊異；而云「朱筠說經宗漢儒」，又是「經說經注」層面，然朱筠另在義理學層面實是極為推崇程朱理學的。再如所言「阮元輯《皇清經解》不收宋學之作」，亦當指「經說經注」之殊異，至於所謂清末「漢宋調和」，則是表述清末兼有考據學和義理學兩種不同的學術形態而言，文中頗多類此夾纏現象。

孫劍秋

〈清代漢學形成原因綜論〉，《第二屆清代學術研討會論文集》，1991.11，頁21-39。（文收《清代學術論叢》第一輯，臺北：文津出版社，2001.10，頁103-131。）

是文先釋名，蓋作者對清代學術的代表名稱，學界或稱考證學、考據學、徵實學、乾嘉學、樸學、漢學等名目眾多的現象，認為有統一之必要，並且主張稱之以「漢學」。然後作者對於漢學形成原因加以綜述，主要是分析歸納學界眾說，間或出以己意，計有：前輩大儒的示範、崇古復古的傾向、通經致用的轉化、儒學發展之必然、明末王學之反動、文字獄箝制思想、統治者昌明學術、政治上穩定統一、經濟上繁榮發展、藏刻書風氣大盛、大型類書的編纂、西方科學的導入等。結語處，則作者略說清代漢學並未脫離傳統哲理思想，其於舊文化的整理之功，正為日後更深入、更縝密的哲理思想奠基，同時認為他們也未脫離對國家、社會、人民的關懷。

丘為君

〈清代思想史「研究典範」的形成、特質與義涵〉，《清華學報》第24卷第4期，1994.12，頁451-494。

　　該文文內所羅列的研究成果雖涉梁啟超、錢穆與余英時等二十世紀人物，但就其內容言，主要採取清代思想史的視角，針對清學形成的原因加以探討，故本報告列論於此。

　　該文詳盡且深入地回顧、析論二十世紀在清代思想史研究上堪稱「典範」的三種研究成果，即梁啟超與胡適的「理學反動說」、錢穆的「每轉益進說」、余英時的「內在理路說」。文論梁啟超「理學反動說」主張清學是以「經驗」為前提的經學考證活動對「非經驗」玄學傳統之批判。他以「反動」為思想進程的動力，「復古」為手段，「解放」則為目的，而提出強調「興衰發展說」的「復古解放四期說」，以揚棄其師康有為具有神祕主義的「三世進化觀」。胡適則在「科學主義」的光照下，突出「經驗科學主義」，他將清代考據學和現代西方科學連繫起來，又將實證主義引進清代思想史研究，嘗試扭轉學界對考據學「支離破碎」的負面看法，並相對批判了理學缺乏他所崇拜的科學精神。另外，錢穆則自「救亡意識」的「文化民族主義」出發，具有「反清」傾向和以「民族文化本位」批判「文化帝國主義」的「反帝」特質，他以在原有基礎上累積能量的「轉進」、而非「反動」作為思想進程的動力，以「繼承—發展史觀」反擊了梁啟超「修正史觀」下尊漢貶宋的「理學反動說」，頗站在宋明理學立場，為理學辯護，故謂清學不能是「進考據、退義理」的「排他主義」，而是「盡羅眾有」地立足在舊有基礎上。至於余英時，則他以「內在理路說」批判了涵蓋「政治外緣說」和「經濟外緣說」兩大類的「反滿說」、「反理學說」、「方法論運動說」和「市民階級說」。他另以相應於「反智／主智」衝突的「尊德性／道問學」作為線索條理，認為清學正是儒家「智識主義」得到實踐機會而由伏流轉為主流的發展，故清代學術思想進程的動力是「辯證」而非「反動」。文中，作者復舉證說明此三說對於後來學術研究的影響力，以證論其皆可以被視為「研究典範」。作者同時指出「研究典範」之形成與時代思潮具有相關性，如「理學反動說」建構在充滿實證主義氣息的年代，「每轉益進說」出現在民族主義高漲的

時代，「內在理路說」則是在詮釋學流行的時候被提出，故時代思潮的改變關係著「研究典範」之變遷。

張麗珠

(1) 論文

〈清代學術對宋明義理的突破〉，《故宮學術季刊》第13卷第3期，1996，頁131-149。

〈清代學術中的「學」、「思」之辨〉，《漢學研究》第14卷第1期，1996.6，頁53-75。

〈清代考據學為什麼興起〉，《故宮學術季刊》第15卷第1期，1997，頁109-139。

〈「漢宋之爭」難以調和的根本歧見〉，中研院文哲所「乾嘉學者之義理學」第三次研討會論文，2000.5.20。（文收林慶彰、張壽安主編：《乾嘉學者的義理學》，臺北：中研院文哲所，2003.2，頁235-280。）

(2) 專書

《清代義理學新貌》，臺北：里仁書局，1999。

　　作者對於清代思想採取肯定態度，其說迥出學界一向對清學思想性的負面看法之外，不但提出「清代新義理學」之說，所著《清代義理學新貌》亦是臺灣最早以系統理論，從思想史高度來評價清學思想性的專書著作。

　　作者突出清代新思想典範的經驗取向是對道德價值的「經驗面」肯定，並認為「清代新義理學」雖然在義理模式上截然不同於宋明理學，但儒學之全幅開展本應兼具道德價值之「形上面」與「經驗面」，故自宋明理學到清代新義理學，是為儒者在義理學範疇內所關懷視域與論域的兩種不同類形態反映及發展。而論及清代新義理學的崛起，則作者強調在理學

長期側重價值形上面的發展後，清儒欲針砭理學末流的玄虛架空和空疏學風，故而從本體論、人性論到工夫論，都表現了從「形上之道」到「形下之器」的「崇實黜虛」價值轉換暨理論轉型。因此作者主張乾嘉時期不但是考據學的方法論革命時代，也是義理學的革命時代。又作者對於「清代新義理學」的認定，強調需是能夠代表清人特有的思維模式者，即能根基在清代學術典範的考據學基礎上，推擴實證方法論使及於對義理學的經驗檢驗要求，轉向客觀事為與經驗落實強調，而非沿襲理學架構及其主觀存養之內向進路者。再者，作者對「清代新義理學」的著眼點，亦不僅止於學界所稱述的戴震思想，而是從清代價值轉換和義理學轉型的高度，擴及對清儒中以價值之形下經驗面為強調的諸多新義理學家，戴震之外，還包含陳確、顏元、焦循、淩廷堪、阮元……等人的義理新論，並可以連繫到晚清康有為、譚嗣同等人的若干思想。以此，作者亦反對學界慣從漢學、宋學的籠統泛稱角度出發，對於清儒之兼重考據和義理兩種學術類型者，便稱以「折衷漢宋」或「調和漢宋」，否則如戴震、阮元等「漢學」旗幟鮮明而又兼擅義理學的清儒，究應如何歸屬？故作者持論在乾嘉達到最高峰的「漢宋之爭」，實際上代表了兩種不同核心價值的義理類型，是為義理學範疇內無可調和的兩種義理類型之爭，不應用為學術形態籠統的泛稱。要之，作者之於清代思想，亟強調其思想典範在我國思想史上的階段性意義與價值，肯定清代新義理學是傳統與現代的交會。

作者對「清代新義理學」的系統論述，主要成果為「清代新義理學三書」，除上述《清代義理學新貌》外，尚有《清代新義理學──傳統與現代的交會》、《清代的義理學轉型》（臺北：里仁書局，2003，2006），惟已溢出本研究時間範圍外，故不論。

張壽安

〈十八世紀以降傳統婚姻觀念的現代轉化 ── 從「中國本位」觀察〉，
《第二屆國際清代學術研討會論文集》，1999.11，頁359-408。（文收
《清代學術論叢》第三輯，2001，臺北：文津出版社，頁45-77。）

該文結合經學與思想文化範疇，藉由清儒對婚禮禮俗與古禮的考證，
闡明清儒經學考據的動機與目的，在於「以古禮正今俗」的經世理想。其
內容主要依據清人議禮、考禮的經禮研究成果，從事於「中國本位」的婚
姻觀轉化考察。以呈現十八、九世紀的經學考證，在透露著古代經典「法
式」的同時，也從辨正中議論、修正後世治術對於經典法式的扭曲與固
泥，並以「禮，時為大」的新觀念、新價值接櫛於西方新思想之輸入，具
體尋繹經學思想性與社會思想變化的互動關係。

該文指出傳統婚姻觀和現代婚姻觀的最大差別，就在傳統婚姻是兩
個家族的結合，有別於現代婚姻之為男女雙方結合看法 ── 作者即由此一
家族主體的觀念，切入討論我國傳統婚姻在兩姓和好下的諸多婚禮儀節及
所涉議題。文中先論毛奇齡《昏禮辨正》出自對朱子《家禮》私臆議禮之
不滿，故依「古禮學」和「儀禮學」以從事經學考據，辨正朱子之臆禮錯
謬：例如禮俗長期沿用朱子《家禮》，而朱子「先配後祖」地將「不廟見
不成婦」改成「不成婦不廟見」，導致娶婦至，不拜舅姑、不謁祖即先合
巹，錯認「子婦」為「夫婦」之義，復把「三月廟見」之謁見「死舅姑」
凶禮，錯為「三日廟見」之謁見「活舅姑」吉禮等。然後作者再藉由考察
毛奇齡、胡培翬、黃以周、汪中、陳立等人對於婚禮制度、儀文、禮意之
「議禮」與「考禮」，闡明清儒不但在古禮考辨上釐清諸多疑義與錯解，
同時還有若干重建禮學觀念的作用：例如汪中論「夫婦，人道之始。」和
陳立考證古無「嫁殤」之禮等，即皆針對當時錯解禮意的「室女守貞」、
「室女從葬」而發，以新觀念修正了未婚女子因男方死亡而從葬，或入夫
家守志等行為。故全文係自清初四禮學復興並對宋明家禮提出批駁，進論

清儒又從古禮「成婦之意大於成妻」到「夫妻是人倫之始」的思想轉向，具體討論了我國婚姻焦點由「家族」轉向「男女合體」，且觸論「室女守貞」背後蘊涵的「何謂婚姻？」之國人看法，以此突破學界所慣持的道德信念與婦教著眼。作者並有意藉由探討清儒對傳統禮秩的「脫臼現象」暨經法與時勢的互動，以說明此一推移變革實是密切連繫著儒家「生生之仁」理念的。

二、新舊典範同時紛呈的清初思想界

　　臺灣地區對於清初思想研究，早期有集中在清初三大儒顧、黃、王的趨勢，相關研究極多，且多突顯其明亡不仕氣節。由於早期的清學研究普遍未能肯定清學之思想性，從事清學研究者多強調其經史考證成果，對於清初漸趨成形的「新思想典範」線索研究自然不足。逮及二十世紀後期，學者目光焦點始漸及於能開創清代思想新局的思想家，並逐漸擴大研究視域。對清初思想界及思想家的相關研究，述之如下：

㈠思想通論

何佑森

〈清初三大儒的思想〉，《故宮文獻》第4卷第3期，1973.6，頁11-15。
〈明末清初的實學〉，《臺大中文學報》第4期，1991.6，頁37-51。
（以上二文皆收氏著：《清代學術思潮》，頁187-193，75-87。）

　　對於學術轉變，作者反對動言復古、反動和解放，認為不如說是繼承、補充與發展，故其謂從宋明理學到清學，從《通志堂經解》到《皇清經解》，都是學術生命的發展而非反動。文論經學和理學不可分割，從張載、朱熹、王陽明到王船山、顧亭林、黃梨洲，都是學術思想之繼承與補充。如船山重氣，非但不反理學，而且還繼承張載氣論，擴充了理學內容。梨洲之論「行」近似船山之論「習」，且於陽明學術宗旨有所繼承，

並補充「致良知」之學，也與朱子屢言踐履工夫相近。亭林則上溯朱子，其《日知錄》並有諸多朱子與黃震《日鈔》之精義節抄，所言「古之所謂理學，經學也」，也並非要以經學代理學，而是教人講理學要取之《五經》，並與梨洲教學者必先窮經立論左近。故作者亟批判學界每以亭林反禪學為反理學，以及反王學末流就是反陽明，反陸王就是反程朱，致將宋明理學數百年學術生命一筆抹煞。作者總論清初三大儒之學皆與朱子、陽明、蕺山等理學家相互發明，不但繼承補充了宋明理學，並且發展延續了傳統學術生命。

〈明末清初的實學〉一文則自學術的「虛、實之辨」切入，謂理學家自認其理是「實理」，道德知識亦是「實學」，故排斥佛道之「空虛」與「虛無」。然而清儒也以「虛理」、「空虛之學」來批評宋明理學，清儒強調只有經史中的制度人事、訓詁和經世之學等才是「實學」。故作者區別宋儒看重自然和人生，喜談「道體」，認為道生器；清初學者則看重歷史與制度，喜談「器體」，認為道隱藏在歷史制度人事等器之中。接著作者鋪敘清初學術的實學觀，強調經史、經世、實學三者之密不可分，故論以清初學術重經史與經世、質測、事功、道德之學等，且謂「實學」最重要的一個涵義是屬於道德層次的，綜觀有清一代，考證雖然盛行，道德並沒有因此淪喪，即為明證。要之，作者對於清代學術之道德與知識皆給予相當肯定，並肯定虛實相資為用，即「用實者虛，用虛者實」。

詹海雲

(1) 論文
〈清初實學思潮〉，《第一屆清代學術研討會論文集》，1989。（文收《清代學術論叢》第一輯，臺北：文津出版社，2001.10，頁103-131。）
(2) 專書
《清初學術論文集》，臺北：文津出版社，1992。

　　〈清初實學思潮〉強調清初實學思潮起於修正王學流弊、整飭頹廢士風、東林講學啟發、復社治學影響、新興考證學刺激、蕺山思想體系啟示、自然科學衝擊等因素，具有革新政治、挽救經濟、改造教育、破除迷信、提倡經史、反省理學等思想特色。不過作者著眼點在於經世致用思想乃是清初實學思潮主要精神，持論後來的乾嘉考據學興盛是實學思潮的衰微。對此，則作者的實學觀或可商榷，蓋乾嘉考據學主要是運用「實證」方法論所獲致的學術成果，乾嘉新義理學亦是對形下實在界、道德價值經驗面之發揚，而嘉道經世思潮更是「援經議政」之經世致用精神展現，並皆深具清儒「崇實黜虛」之實學精神。則清代實學思潮並未在清初顧、黃等人之後即行消歇，而是以一種更多元的學術樣貌呈現。

　　《清初學術論文集》除收錄上文外，另有討論陽明、顧炎武以及陳確學術思想等專章。書論陽明學在清初並未衰亡，孫奇逢、黃宗羲、李顒、陳確、唐甄、黃宗炎、湯斌等都是修正王學流弊的王學學者，彼所開創的遺民史研究以及重民主、學貴自得、融理學於史學等見解，並皆能為清初學術帶來新氣象，且影響其後的清學發展。有關亭林之思想，則作者主要突出其「博學於文，行己有恥」之學術宗旨，以說明其能影響及導正當時的學風、政風與世風。此外，該著又以相當篇幅討論陳確的葬論與人性論。陳確批判葬師風水之說，他強調「稱力盡禮」而勿以死傷生，主張儉葬、速葬、近葬、深葬與族葬，其中尤以「族葬」之說為最要，因族葬具有「昭穆之位前定」、「數世之墓一朝而祭畢」等諸善，故「族葬之說行則葬師之說廢」，是以陳確欲以之取代曠時費日、破壞土地而靡廢金錢的擇葬、改葬、久喪不葬、遠葬、淺葬、分葬等葬俗。至於陳確之人性論，則作者認為他主要針對理學流弊而發，他反對理學區別義理之性、氣質之性，他持「性一元論」立場地強調擴充盡才處見性，主張氣、情、才皆「有善無惡」，而天理從人欲中見，人欲正當處即是天理。作者並評價陳確思想，謂以雖有若干值得商榷處，但他對宋儒之「法病」及其後學「人病」之評論，則不失中肯。其意欲脫離宋明心性論範疇而另闢園地的人性

論，對於一向忽視道德物質基礎的儒家傳統，亦能有所補充，並且反映了明清間儒家思想的新變化。

林聰舜

《明清之際儒學思想之變遷與發展》，臺北：學生書局，1990.10。

　　作者著眼於明清之際所占年代雖短，但在學術思想上卻是銜接宋明理學和清代專門漢學的關鍵時代，而且明清之際的儒家思想具有多層面突破儒學傳統的近代化性格，然而學界歷來評價卻有極大差異性，是以欲發掘明清之際儒學思想的突破性成就並說明其意義。該著的研究法，由於作者反對「思想史」的研究進路，認為那將導致浮泛不切的因果論斷，故採取先分論、後綜論的方式，對各思想家先以「理論還原」的方式展示其個別理論，再對明清之際儒家思想的變遷與發展做一全面檢討，以歸納此際之思想方向、原創性與開拓性的突破傳統成就。全書先分別論述黃宗羲、顧炎武、王夫之、顏元，並略及方以智、唐甄、朱之瑜等人之思想，然後加以綜論道：明清之際儒家思想具有批評宋明理學、尊崇經史之學、重氣重器的宇宙觀、重工夫重氣質人欲的人性論、正視知識、反專制的政治理想、重商重功利的思想，重行的知識觀等突破性。該著亦檢討了評價明清思想最具代表性的說法──梁啟超「理學反動說」、余英時「內在理路說」和「社會經濟變遷說」等，並加以修正或補充。此外，作者還從儒學內在侷限性與再生能力的角度，對儒學以尊經為核心的意識形態之內在限制，兼及一些傳統儒學遺留的價值觀進行反省，如政治上的泛道德主義傾向、狹隘的士大夫意識等。同時也自儒家價值系統的「內在轉化能力」展望儒家思想的前途，並肯定儒家思想不是僵化的，也不是囿限於傳統範疇中的價值系統，它在明清之際所展現的「近代性」性格，已說明了其與現代世界是可以融通的。

李紀祥

《明末清初儒學之發展》，臺北：文津出版社，1992。

　　該著之立論，係立基在作者對於「經世」一詞的界定——作者首先區別儒者的終極關懷有「道德領域」和「政治領域」，並以此為儒學中第一層位的「內域」與「外域」，其終極關懷也即「內聖」與「外王」。然後又在「內聖」的道德領域內區別出第二層位的內、外域，即修己之學（成德之學）和教化大業，譬如理學之突出師儒教化，乃屬於「內聖」（第一層位的「內域」）之第二層位外域，有別於儒學第一層位的「外域」（「外王」）所涉之政治領域，亦非先秦之「禮樂教化」。此蓋由於「外王」係圍繞著君、王位格，「教化」則是「唯道德論」之師、儒位格，是指「師儒型儒家」從事的「心性成德」教化，所以理學實質上的「外域」其實是師儒模式的「教化」，不是儒家第一層位「外王」的經世之學。因此作者該著所要突出的明清「經世」思想，不含儒學「內聖」道德領域的「教化世界」，純指「外王」關懷下的「政治領域」。作者並認為晚明儒學之所以變化，正是由以「內聖」為基調的宋明理學，尤其是其「教化大業」，漸次朝向以「經世」之學為基調的轉向時期。故該著之論述範疇起自東林學術，以之作為明代學術從內聖轉向外王的起點，敘述以道德教化為主的理學，如何透過東林在學術上的「宗朱」以及政治行為上的「出位」、「清議」而為經世之轉向，故作者稱以「道德經世」。然後是明末啟、禎兩朝以實用為主的「實學經世」，再來是顧炎武、黃宗羲等遺民對學術的反思與重新建構，以及費密將「道」從「教化世界」拉回現實王者統治世界的「弘道」與「弼輔」思想，和顏元實用主義的「習」與復古主張的「外王經世」，他們都從救濟一時的實學目標轉向到外王追求，將儒學從「實學經世」提升到「外王經世」的思考層次。之後作者再論又由「經世致用之學」之一的「經史之學」衍為文獻主義的乾嘉考證學，全書並以清代漢學及浙東史學為下限。是即作者意欲考察儒學經世層面的變遷

與發展，並將經世思想區分為道德經世、實學經世、外王經世三種形態之
大致內容與架構。

王汎森

〈從曾靜案看十八世紀前期的社會心態〉，《大陸雜誌》第85卷第4期，
1992，1-22。

〈明末清初的人譜與省過會〉，《中央研究院歷史語言研究所集刊》第
63卷第3期，1993，頁679-712。

〈「心即理」說的動搖與明末清初學風之轉變〉，《中央研究院歷史語
言研究所集刊》第65卷第2期，1994.6，頁333-372。

〈「讀書札記」——明末清初思想中之「宗旨」〉，《大陸雜誌》第
94卷第4期，1997.4，頁1-4，並收入氏著：《晚明清初思想十論》，上
海：復旦大學出版社，2004.12，頁107-116。

〈清初思想趨向與《劉子節要》——兼論清初蕺山學派的分裂〉，《中
央研究院歷史語言研究所集刊》第68卷第2期，1997，並收入《晚明清初
思想十論》，頁250-289。

〈清初的講經會〉，《中央研究院歷史語言研究所集刊》第68卷第3期，
1997，頁503-588。

〈日譜與明末清初思想家——以顏李學派為主的討論〉，《中央研究院
歷史語言研究所集刊》第69卷第2期，1998.6，頁245-294，並收入《晚
明清初思想十論》，頁118-185。

〈明末清初儒學的宗教化——以許三禮的告天之學為例〉，《新史學》
第9卷第2期，1998.6，頁89-123，並收入《晚明清初思想十論》，頁51-
88。

〈清初思想中形上玄遠之學的沒落〉，《中央研究院歷史語言研究所集
刊》第69卷第3期，1998.9，頁557-587。

〈明末清初的一種道德嚴格主義〉，收入郝延平、魏秀梅主編：《近世

中國之傳統與蛻變：劉廣京院士七十五歲祝壽論文集》，臺北：中央研究院近代史研究所，1998.5，頁69-81，並收入《晚明清初思想十論》，頁89-106。

　　作者對明清之際的思想研究素有獨到見解，綜論上述各文，作者持論陽明「心即理」之說雖在明代後期從者甚眾，但在逐漸體會「心即理」的種種困境後，以心作為道德規範唯一途徑的信仰逐漸動搖，王學內部對知識的態度也有所轉變，轉而主張以經學輔助良知，道德規範逐漸趨外在化，學風也漸由理學過渡到清代經學及禮學。再者，作者強調清初思想界不論程朱或陸王，並皆表現了「去形上化」的思想特色，《四書》中心主義的動搖，〈學〉、〈庸〉地位的下降，在在說明了形上玄遠之學的衰落。而人性論上，也有清初陳確之以「種子」說反對朱子先天預成式的「寶珠」說，蓋清儒重視「學」與「知」對人性的擴充發展作用，強調人性需在實踐鍛鍊中始能日益完善化。此際，江浙心學社群也逐漸遠離道德心性之學，轉為講事而不再講理，並由性理轉向經史之學，在劉宗周與黃宗羲心學傳統力量最大的浙江甬上並出現講經團體，且影響北京講經會之形成。是故在「去形上化」之大勢下，清初思想家看社會與自然的眼光都產生變化，他們以回歸先秦素樸的道德哲學為「哲學突破」，不再靜坐冥想、不再求本體，轉而關照現實社會與人生。但他們並非不再談理，而是不好談形上的天理，是將注意力轉移到「萬殊」世界上，突出對實踐價值的重視。

　　作者又結合了思想史與生活史研究，別具識見地梳理了繼承宋明理學修身日記傳統，並受晚明提倡「現世報」的功過格等善書運動影響，而在明末清初大量出現擴及對生活全面的簿記式日譜之日記運動，譬如著名的劉宗周《人譜》、孫奇逢《日譜》等。另外如陳白沙、吳與弼、祁彪佳、魏象樞、張爾歧、張履祥、方苞等人也都有用以懺過、悔過的修身日記。作者析論此一風氣，反映了十七世紀思想界由玄轉實、由悟轉修的傾

向——當人們在對形上玄遠的感悟式修養方式感到失望後，逐轉而尋找另一種可以用務實方法達到超越目的的憑藉。但另方面，日譜之盛行亦顯示如晚明動輒千百人的講會已逐步消歇，日記之流通又僅侷限在士人而難於普及大眾，故作者認為從講會到日譜是一種平民精神的萎縮、衰退。此外，明末清初日記和規過會的興起，顯示了一種士人的嚴格主義風氣，他們對純粹享樂的人生態度不滿，在逐漸形成自然人性論的趨勢中，同時伴隨著對道德踐履愈來愈嚴格化、紀律化要求的傾向，因此日譜也常在清儒教學過程中扮演重要角色。以顏李之學為例，凡發心依其方式立日記者，便可稱為學生，故顏李學派中屢見「於是立日記，學先生之學焉」等語。不過因受晚明三教融合，以及世俗宗教如「功過格」強調「道德」與「幸福」的果報關係影響，清初也有不滿宋明理學去除宗教與神祕色彩之過度哲學化，認為儒學在道德與幸福間沒有令人滿意的解決，使得道德實踐失去世俗推動力，故如許三禮便致力於「去哲思，返神祕」，欲將儒學宗教化。作者並指出該線索或可以提供清末民初孔教運動和日據臺灣的「儒宗神教」鸞堂運動一個歷史脈絡。

　　而除了前述篇章外，作者在二十世紀後仍陸續有清初思想通論的論文發表，如〈清初士人的悔罪心態與消極行為——不入城、不赴講會、不結社〉（文收周質平等編：《國史浮海開新錄：余英時教授榮退論文集》，臺北：聯經出版社，2002，頁367-418），並於2004年集結出版專書《晚明清初思想十論》（上海：復旦大學出版社），一併附記於此。

韓學宏

〈明末清初經世思想興起平議〉，《中華學苑》第44期，1994.4，頁135-149。

　　是文經過比較明清之際以及前此的明代士人之治學態度、入仕問政以及著書立論後，發現雖然就經世著作言，明清之際較多闡明經世理念的論

述，故有清初經世思想興起之說，實則其治學態度皆相近似，且就入仕問政言，前此在朝學者與官員的表現較諸晚明經世學者更加出色。故作者論以前此的士人並不是沒有經世思想，而是實踐重於立說。至於明清之際何以多經世論著？則作者強調和明代官僚政治的現象有密切關聯。蓋自神宗不視朝而委政宦官後，士大夫言路斷絕，士人無法通過仕途直接參與政治實務，無由實現經世之志，只好退求其次地以著述明志。明亡以後，儒者仕途隔絕，那就只能更傾力於著述了。作者以為此一線索比外來刺激說更能貼近歷史脈絡。

張麗珠

〈從浙東史學談清初義理學之發展〉，《故宮學術季刊》第12卷第4期，1995，頁123-143。

　　作者欲辨正學界每謂義理之學在入清後便已沉寂的成見，故該文之寫作策略，藉清初浙東史學所呈現的義理性作為表見清初義理學之一端。作者初涉清代義理學時頗受余英時啟發，故文中亦緣「義理之爭到文獻之爭」的脈絡，認為朱、陸論「博／約」係屬「尊德性」範疇中事，戴、章論「博／約」則屬「道問學」之範疇。然而儘管清代實證方法論當道，仍不乏像是浙東史學「南明書寫」之表彰忠烈、崇獎氣節等作，故作者復藉章學誠「六經皆史」說之針砭時風及其論「浙東之學，言性命者必究於史」，以說明浙東史學從理學走向史學，並突出史學鑑戒作用之風教精神，正是其能卓然自立於時風外的思想基礎。因此浙東史學能以崇當代、重文獻之撰述精神，獨樹一幟於當世，極不同於博古考證的經史考據之學，是為清初義理學之一端表現。

謝長法

〈清代中期前的尊孔崇儒策略〉，《孔孟月刊》第34卷第12期，1996.8，頁3-6。

　　作者對於清前中期順康雍乾四帝之尊孔、推崇儒家經典等提倡儒學和程朱理學作為，認為是清廷為了控制人民、壓制知識分子異端思想以及培養忠臣順民的策略運用。而此一治國策略，也確為「康乾盛世」的出現奠定下思想基礎。

蔡忠道

〈從《性理精義》的編纂看清初學風的轉變〉，《中國國學》第25期，1997.10，頁129-137。

　　該文通過比較《性理大全》和《性理精義》的編纂及內容，指出其中所呈現的思想意義。文論清人普遍對明成祖敕胡廣所編《性理大全》、《四書大全》不滿，康熙也對其雜抄成書有微詞，故另敕李光地纂輯《性理精義》，但《性理精義》並非僅是《性理大全》的濃縮而已，其所編纂實寓有用意在。作者指出李光地對大全本所收錄者有大量刪削，僅保留《太極圖》、《通書》、《西銘》之全本以及朱熹集釋，其餘他書皆僅摘錄精要，對諸儒集釋亦多刪去之，以示康熙推崇周敦頤、張載與朱熹之意。《性理精義》復更動大全本的編纂順序，將「學類」、「性命類」前挪，而與大全本之先以「理氣」不同，以示康熙強調下學上達之學習次第，並突顯「學」之地位。此外，又將「鬼神」諸篇以及「詩文」諸卷皆刪去，蓋康熙乃以朱熹的《近思錄》為所本而一再強調系統與條理，故作者對於康熙編纂《性理精義》一事，反對以狹隘政治目的之敕纂群書為說，認為實係出自康熙對朱子的推崇景仰，已經達到了以之為師的境地。

劉振維

〈由顏李之學初探清初學術思想風格之丕變暨其歷史因緣（上）、（下）〉，《哲學雜誌》第22、23期，1997.11、1998.2，頁176-193、188-206。

　　對於清初出現學風迥不同於程朱理學的顏李學派，作者謂顏元的處境本自殊異於明末遺老，甲申之變其年十歲，對國變感受不強，受理學濡染亦不深，但因他曾切身踐履並感受《朱子家禮》繁瑣不通人情，而漸至走上反程朱理學之路。至於顏李學派之消逝，則作者認為顏元在突出習學實行的主張中反對讀書著述，其道又太苦，是以無法傳遠。加以傳人李塨後來亦轉向考據與著作，融入了乾嘉考據洪流中，是以迅速衰微。不過對於此一暴起暴落之學思，作者同時指出其在清初哲學發展上具有如下意義：1.顏元學思是反程朱理學的最高潮，同時亦攻擊了陽明心學，為宋明理學的餘波畫下休止符，也代表明末遺老哲學的終結。　2.顏元孤峰獨峙，李塨雖然終生宣揚師教，但最後仍不免共趨考據潮流，顯見顏元學思有其嚴重侷限性。對此，作者則論以：從顏李之學消逝的外因言，朝廷獨尊朱學，經史考據亦已成風，顏李之學自是難有恢弘廣布的傳承。再從沒落的內因言，則李塨雖認同顏元之反靜坐與誦讀，但不反「讀書」，故中年以後遊於考據之門，此固是其在繼承之外仍有彼此思想分歧處，但李塨之轉向，也說明了顏學學思貧弱，不足以抗衡當時的考據學風，如此一來，顏學自是難有發展之機了。

(二)各家分論

1.孫奇逢（**1584-1675**）

　　孫奇逢在明季以節俠聞，清人定鼎後，北方學界受他影響很深，他廣交南北學術俊彥，儼然中原學術重鎮，時儒湯斌、崔蔚林等皆出其門下，當世名儒黃宗羲、顧炎武、傅山、張爾歧等都推尊之，即顏元、李塨亦不無受他影響或啟發。孫奇逢學出王學，不啻陸王心學干城，但他不是抱殘守闕之輩，在歷經明清更迭打擊並反思王學末流「流弊滋甚」之後，他亦能正視王學所面臨的學術危機，努力為王學找尋新出路。故其學術旨趣在於修正王學末流，並對黨同伐異而愈演愈烈的「朱王之爭」，採取從歷史演進的角度，宏觀整個理學範疇，以理學長期演進的

不同歷史階段來看待周、張、程、朱與陽明理學之思想發展,以《周易》「元、亨、利、貞」之循環軌跡看待理學之全幅演進歷程,並自此一角度對理學進行總結。其論學,戒人之躁、苟、脆,並肯定心學而強調良知靈明,有曰「吾人一點性靈為天地古今大主宰」、「仁字是人生一點真血」、「惟此一心為萬化之原」。不過他也說「盈天地之間只是一塊渾淪元氣,生天地人物萬殊,都是此氣為之。」顯見當時重氣思想已經蔚起。其重要著作則有《四書近指》、《理學宗傳》、《夏峰集》等。惟臺灣學界對於孫奇逢的思想研究不多,如:

黎正甫

〈孫夏峰的生平及其思想(上)、(下)〉,《大陸雜誌》第24卷第8、9期,1962年4、5月,頁4-7、頁21-31。

　　該文先略論孫奇逢之生平及其學術淵源,在學術淵源部分,作者認為孫奇逢雖然發明陽明良知及知行合一之說,但反對一般清代通史將他列為姚江王學派,同時亦駁斥所謂孫奇逢有意調和朱陸一類的說法,謂為夏峰所不為。作者強調孫奇逢儘管受宋明理學影響,但不屬於何派,惟歸宗於孔子。接著作者又述略孫奇逢之道論、心性論、人生觀、談學養等,該部主要係歸納整理夏峰言論以為參證,乃以述其學為主。

　　關於孫奇逢之思想研究,尚有余我〈孫夏峰的生平及其思想〉(《學園》,第7卷第1期,1971.9,頁19),該文簡述奇逢之生平事蹟,並略論奇逢思想折中於程朱、陸王之間,而以實踐為強調,且謂東林諸子並詆朱陸兩派之短而稍偏朱,奇逢亦並詆兩派之短而稍偏王,惟文章篇幅短小,未有深論。另文孫秉傑〈北學重鎮孫夏峰先生〉(《中原文獻》,第9卷第5期,1977.5,頁8-9),亦簡述奇逢生平與學術。學位論文則有吳柏林《孫奇逢理學研究》(1994年東海大學中文所碩

士論文）。由於早期臺灣地區對清初各家研究呈現集中在顧、黃、王等明末遺老的主流趨勢，孫奇逢並未受到太多青睞，大陸地區雖有專著如李之鑑《孫奇逢哲學思想新探》（開封：河南大學出版社，1993），但在臺灣仍屬待開發之園地。

2. 黃宗羲（1610-1695）

　　清初碩儒，在顧炎武突出氣論思想外，船山則雖學術精湛，卻山居野處，隱遁終身，著作刊行時已屆晚清，未能在當世形成影響。至於黃宗羲，他在「孤臣無力可回天」的早年軍事行動與抗清絕望後，遂轉致力於文化事業，在清初學界有舉足輕重之影響力。梨洲用力最深且有深遠影響的著作，是他纂輯明代學術史的《明儒學案》，書敘明代三百年哲學思想，尤其是心學一系的發展脈絡。另外，《明夷待訪錄》猛烈抨擊帝制政權，揭露君主專制弊病，並提出限制君權的主張，對當世思想有啟蒙之功。又，他認同其師蕺山之重氣思想，以之上契陽明、孟子心學，撰有《孟子師說》，故梨洲思想之突出一端，也在他整合心學與氣學的「心即氣」立場。此外，持心學立場的黃宗羲還以《易學象數論》系統清理了歷代象數學，辨明程朱「理本論」一系所喜好援引的易圖係出自道教，既護衛王學立場，也開啟了清初辨偽易圖之風，對清初學術有相當重要的導路作用。黃宗羲是學界所熱中研究的清初焦點人物之一，相關研究成果述要如下：

何佑森

〈黃梨州晚年思想的轉變〉，《故宮文獻》第3卷第1期，1971.12，頁35-42。

〈黃梨洲與浙東學術〉，《中國書目季刊》第7卷第4期，1974.3，頁9-16。

〈顧亭林與黃梨洲──兼述清初朱子學〉，《幼獅學誌》第15卷第2期，

1978.12，頁60-74。

（皆收入氏著：《清代學術思潮》，臺北：臺大出版中心，2009.4，頁
209-219、195-207、221-236。）

作者對臺灣清代學術研究有篳路藍縷之功，〈黃梨州晚年思想的轉
變〉一文中，作者指出梨洲思想發展有三個時期：《明夷待訪錄》是早期
作品，《明儒學案》是五十七歲後作品，及至晚年則其思想轉趨認同朱子
集諸儒之大成，故謂梨洲非如一般人所了解的，只是姚江之嫡傳。作者主
要突出梨洲強調實踐，而以「行」說「致良知」，認為此即梨洲晚年序
《明儒學案》謂「心無本體，工夫所至，即其本體」之意。作者並證以
〈明儒學案序〉在《明儒學案》成書十七年後始草擬，臨終前夕，梨洲又
加改稿，序中刪去發明蕺山學的一段文字，亦不再強調學術需「執成定
局」與「出於一途」，以證明梨洲學術確有最後之一變。

　　〈黃梨洲與浙東學術〉一文是何佑森駁斥章學誠《文史通義》劃分黃
宗羲為浙東史學、顧炎武為浙西史學派的著名篇章。文中，作者開宗即批
判「章實齋論浙東學術的錯誤觀點」，其謂「亭林、梨洲並未自立門戶，
其治學亦未嘗先定範圍，說得明白一點，所謂浙西與浙東之學亦絕無嚴
格的分野。」接著作者又論「梨洲不宗陸王」，作者認為章氏並未深究梨
洲一生思想的轉變過程，蓋梨洲晚年思想既不宗陸，亦不尊朱，而是學貴
自得，只可說是梨洲早年曾由蕺山上溯陽明，由陽明上溯象山的一段為學
過程。逮及晚年，則梨洲已由博反約地一掃宗派之見，反而認同朱子為能
發明先聖之道而集大成者，故作者此文是立足在前文論梨洲晚年思想轉朱
之基礎上。最後作者又論浙東儒釋之辨以及弟子為編遺集而展開蕺山宗旨
之辨，謂梨洲當時重舉證人講會，正由欲辨儒釋是非及蕺山宗旨而起，但
此一來遂為清代經史之學開闢了一條新徑，既以朱學闢佛，又以「讀書窮
理」教人讀經讀史。蓋作者認為陽明雜禪，唯朱子之學能訂正釋老是非，
故謂梨洲晚年思想轉變與他和陳確辨蕺山宗旨、復興證人書院講學，以及

他為修正浙東浸盛的空虛禪風而推尊朱學皆有關聯。不過對於作者反對章學誠析分浙東、浙西史學之說，學界反對作者之立場及其持論者，亦不在少數。

〈顧亭林與黃梨洲──兼述清初朱子學〉一文，作者開宗明義即批判梨洲《明儒學案》對於陽明學說的宗旨與流變皆述之甚詳，但對於明代朱子學之宗旨與發展則語焉不詳，顯然《明儒學案》有偏袒王學之嫌。作者反對梨洲之以陽明「致良知」和蕺山「慎獨」之旨代表有明一代學術精神，且謂梨洲所摘錄尊朱的學者如吳與弼、胡居仁、薛瑄、羅欽順等諸家言論，其取捨皆未達到《明儒學案》凡例所自陳：俾使足以「見其學術」，或透露其人「一生之精神」的撰作宗旨。尤有甚者，其於重要的尊朱學者，像是能夠發明朱學的羅欽順，使入於「不甚著名學者」的〈諸儒學案〉，著有《學蔀通辨》而最足為「考亭干城」的陳建，則《明儒學案》未有一語記載其來歷，是以作者亟不滿地說「明代的朱子學，在梨洲看來，似乎是無關緊要。」「朱子學只用來作為王學的陪襯。」作者並指出，清初朱學最盛，顧炎武、陸世儀等都是專治朱學的學者，王學反而式微。而且不僅清廷推尊朱學，即民間治朱子風氣也未嘗不盛，故作者言如欲追溯清初朱子學，必須放棄《明儒學案》所蒐集有關朱子學的第二手資料，應不偏主一家地重讀明儒全集。

因此該文之作，作者既欲修正《明儒學案》使人誤以為明代只有陽明學，而朱子學只是科舉八股取士時文的偏見，亦欲闡明朱子才是儒學傳統中承先啟後的人物，清初朱子學的復興絕非一朝一夕之故。故作者在文中舉出諸多自始至終皆堅決維護朱學傳統的明儒，如陽明以前的宋濂、王褘、方孝孺、薛瑄、吳與弼、胡居仁等，和陽明同時或稍後的羅欽順、陳建等，以見明代朱子學之發展。作者並藉顧炎武好引朱子再傳弟子黃震之《日鈔》、王應麟之《困學紀聞》，以說明亭林上承朱子。又以蕺山和梨洲晚年思想並皆「由王返朱」地逐漸演變成經史之學，以證明朱學在劉、黃晚年學術中也占有重要地位。甚至連陸王學者李顒、孫奇逢等，作者也

都認為他們「大都由陽明上溯朱子」，是故標出朱子對清初學術有極大影響，是為該文撰作旨趣。不過論學誠然不必抱執持狹隘的門戶之見，《明儒學案》是否能概括有明學術？亦值得討論，但是梨洲由重氣而重經史之學，也是事勢自然，一如船山之重視人文化成，並未必然牽合於朱子讀書之教。且夫取消心學理學界限地混同各家思想宗旨，以求定於朱學一尊，亦恐落入陽明書為《朱子晚年定論》之可議，故有關何佑森該文觀點，仍不無商榷餘地，學界致辯者亦多。

劉述先

(1) 專書
《黃宗羲心學的定位》，臺北：允晨文化公司，1986.10。
(2) 論文
〈論黃宗羲對孟子的理解〉，《鵝湖》第25卷第7期（總295期），2000.1，頁2-11。

　　作者在《黃宗羲心學的定位》書中，自陳其治宋明理學受牟宗三之影響最深，但又言兩人也有若干意見不同之處，譬如對王龍溪和黃宗羲的了解與評價，兩人看法便十分不同。牟宗三給予龍溪極高評價，作者反之；而牟宗三在蕺山、梨洲之間劃分界線，認為梨州不能保住超越性，滑落了下來，作者則認為強調內在一元性、超越義必然減煞，其根源在於蕺山，不能歸咎梨洲。再者，牟宗三從哲學觀點，理學講到蕺山即劃然而止，作者卻著眼思想史線索，他從梨洲是思想史家，不是哲學家的角度，突出梨洲既是宋明心性之學的殿軍，也是下開新時代而轉向到實學、考據文獻學的人物。因此作者說梨洲不只是王學殿軍，也是整個宋明儒學思想的統緒的殿軍，此一致異點，便是本書的撰作動機及旨歸。至於要如何把握梨洲的心學定位？則作者主張採用一種倒溯的方法，他意欲反其道地，由蕺山到陽明，再到朱子。蓋梨洲受蕺山影響最深，他大體乃以師說判準去簡擇

陽明思想，批評朱子哲學，而把周、張、二程當作宋明儒學的共同淵源。因此是書之作即採取此一倒溯順序，並在對梨洲心學體系做系統考察之外，也對其《明儒學案》有深入之省察，而肯定梨洲在思想史上具有開啟後人走上經史之學新典範的地位及貢獻。

不過關於劉述先之「梨洲為理學殿軍」一說，也頗引起一些學界爭議，相關討論另見劉述先：〈孟子心性論的再反思〉（《當代中國哲學論‧問題篇》，美國八方文化公司，1996，頁139-158），及陳文章〈黃宗羲之工夫論述評〉（《鵝湖月刊》第278期，頁30-38）。陳文亦自工夫論的角度肯定梨洲能傳承儒學慧命，並借余英時所論：梨洲、船山、亭林，並皆是以「尊德性」為目的之「道問學」，滿腦子仍是心學、理學，所以不能劃入清學，以此說明梨洲思想架構之基礎「並未離開宋明儒學一貫追求之框架」，梨洲確是宋明儒學之殿軍。

至於〈論黃宗羲對孟子的理解〉一文，作者首先強調明代心學具有愈來愈一元論的傾向，而與被尊為理學正統的朱子之二元傾向適相對反。此一傾向在蕺山身上已顯，惟蕺山對於〈大學〉、〈中庸〉、《論語》等皆有撰述，獨《孟子》無成書，是以梨洲代師立言地撰作了《孟子師說》一書，並在〈題辭〉中表達對「此亦一述朱，彼亦一述朱」的朱學流行情形不滿，不過學界仍多將之當作梨洲著作。再者，學界圍繞著梨洲思想的迭有爭議中，因學者多引據《孟子師說》為證，故作者本文便是欲釐清《孟子師說》之梨洲思想，是否真能對學界的爭議問題提供答案或說明？所以作者表明該文之作，正是要對下列問題做出探究：⑴梨洲晚年思想是否發生巨大變化而與蕺山分途？⑵梨洲思想是否因陳確影響而致變？⑶梨洲對孟子的解說是否更勝朱子，而更能掌握孟子精神？至於作者的結論，則在通過引證原典的繁複論證後，作者證論了雖然梨洲因與同門陳確相切磋，而有若干態度上的轉變，但梨洲晚年思想並無巨大變化其事，也未受陳確影響致變，更無背離蕺山思想一事。至於梨洲承蕺山一元論思路所撰作的《孟子師說》一書，作者謂「毫無疑問，朱子以理氣二元的思想架構去解

《孟子》，確有許多滯礙不通處，梨洲依蕺山一元的思路去重新解釋《孟子》，似乎順適得多。」不過作者也指出因梨洲突出流行中之主宰義、減殺超越義，其釋孟也未必盡然勝過朱子，梨洲實亦未能完全相應地把握孟子學精神。此外，作者又述及梨洲以「一本萬殊」之全新闡釋解說「理一分殊」，晚年且更側重於「萬殊」傾向，此正是梨洲形成其思想特色的原因——由於梨洲繼承陽明、蕺山線索，內在一元論的傾向日增而超越義減殺，故其用力重點不在「慎獨」，其博學多聞亦不似蕺山之嚴毅清苦，此雖即牟宗三之所以不滿梨洲處。但作者認為正因梨洲心靈能開放於豐富資訊，故有從事於《明儒學案》之學術史編纂一事，作者並言此亦梨州之所以能成為理學到明清間學術轉型的中間橋樑，以及作者稱梨洲為「理學殿軍」的緣故。

古清美

〈從《明儒學案》談黃梨洲思想上的幾個問題〉，《第一屆清代學術研討會論文集》，1989。（文收《清代學術論叢》第一輯，臺北：文津出版社，2001.10，頁195-218。）

　　該文相當深刻地探討了梨洲編纂《明儒學案》的思想立場及其重要觀點，其深中肯綮的精闢析論，對學界諸多疑惑有釐清之功。文中，作者主要通過對《明儒學案》啟人疑惑的幾個問題析論，從梨洲對薛敬軒的評論及理、氣、心之辨，梨洲對羅念庵的師門問題、對東林學案的處理、對江右及二溪的褒貶以及對陳白沙的推崇等，環環相扣、抽絲剝繭地建構起梨洲的終極關懷及學術重心。

　　作者論梨洲在《明儒學案》中著筆議論最多的是「理氣一元」的論辨，他經常以承自蕺山師說的「理氣一物」和陽明「心即理」交互運用，作為批判明儒的準則。不過梨洲比較關注的層面是歷史文化的檢討和傳承，不是精微的心性修證，講理氣一體的變化萬殊更能契合他詮釋歷史或

政治的思想形態，所以他乃以「氣」作為聯貫理與心、性與情的媒介。又，梨洲對東林黨人雖有切身的政治同情，但卻鮮少論及東林學術，作者謂此中有其關鍵，蓋顧憲成、高攀龍等人恢復了北宋程門弟子楊時講學的東林書院，並揭朱子白鹿洞書院學規為教，相當明顯地欲以朱學救正王學之弊，因此顧憲成對陽明的「心即理」多所析辨，又抨擊「無善無惡」說。高攀龍更倡格物之說，皆針對王學末流肆蕩及含混之弊，欲重立「性即理」、「以性宰心」之旨。然而東林尊朱的學趨，正與清廷絀王尊朱的官學立場相呼應，此自非梨洲樂見，也與梨洲思想立場不合，故梨洲寧自「補偏救弊」的角度來看待東林。另外，作者又細微地考辨了梨洲對二溪的評論，並修正學界所屢言梨洲以江右聶雙江、羅念庵為王學之正傳，係承蕺山主靜存之學而偏向江右，因此他不解王龍溪和羅近溪一路思想。作者則另言，實則梨洲在評論二溪時雖不能明褒，卻不忍深貶，多只是從流弊上加以責言，如謂龍溪「懸崖撒手」，使學者茫無把柄而逾越矩矱，至於論學，則梨洲稱其「真性流行，自見天則」，乃親承陽明末命微言，為能疏河導源而發明陽明之學，顯見梨洲並未否定龍溪在精神上能繼承陽明。又，梨洲尊蕺山師說，多承蕺山之明儒評論，然二人對於陳白沙的評論卻極不相同。作者指出蕺山雖能肯定白沙自得於心之能發揮聖學鳶飛魚躍的活潑面，但對其「靜中養出端倪」，認為實地用功不足，故評以「欲速見小」、「窮理不逮」。然而梨洲認為學問途徑歸諸於心即足，他並未深究心性之學所造之境的精微分際，他撰《明儒學案》的用心亦不在此。作者言尤其到梨洲晚年，他離開蕺山的痕跡就明顯了，梨洲不欲循心性辨析體證精微處走下去，心性之學只是他論學的一部分，他有意開拓一條更寬廣的儒學之路，希望開關文章、經術、理學、心學皆能均衡發展的新風氣，故曰「盈天地皆心也」、「氣之行處皆是心」。因此梨洲在蕺山的即性言氣外，更即氣言心，他不欲侷限在證成良知獨體的道德意義和內聖工夫上，其心落在氣的層面上，以「氣」作為銜接點。所以作者說蕺山之學終究成為明代內聖之學的一個輝煌句點，梨洲則認為可以有道德感，但學

術不需「必欲出於一途」，順此，故梨洲對世道的關注、對歷史文化的使命感，便皆可以在理論上借「心」為「氣」之流行的普遍義總攝起來，故《明夷待訪錄》為檢討政治得失利弊之作，《明儒學案》則為學術思想之整理批評，並皆梨洲義理經世之所藉，以此梨洲能為新學風之開創人物。另外，作者又有〈黃宗羲的兩種《師說》〉（《黃梨洲三百年祭》，頁74-91），並嘗出版碩士學位論文：《黃梨洲之生平及其學術思想》（臺北：臺灣大學文史叢刊，1978.2），附記於此。

　　上述發表篇章中有一些焦點論題，各篇作者曾經交叉討論與論辨，極其精彩。在錢穆於1937年初版的《中國近三百年學術史》中，曾論及梨洲晚年因受陳確影響而在思想上有所轉變，並謂「梨洲對乾初論學見解逐步變遷，正見梨洲晚年思想之逐步轉換。」又由於錢穆曾撰《朱子新學案》，並有言「在中國歷史上，前古有孔子，後古有朱子，此兩人，皆在中國學術思想史及中國文化史上發出莫大聲光，留下莫大影響。曠觀全史，恐無第三人堪與倫比。」所見與牟宗三稱朱子以「別子為宗」具有淵壤之別。其後，曾經師事錢穆的何佑森，其論學立場則顯然地親近朱學，曾撰〈顧亭林與黃梨洲──兼述清初朱子學〉，指梨洲所編《明儒學案》未能反映明代朱學實況，未能提供清初朱學興盛的連繫線索，另外他又嘗撰〈黃梨洲與浙東學術〉、〈黃梨州晚年思想的轉變〉等文，更進一步指梨洲晚年思想背離師門，轉而認同朱子為能集大成。反之，新儒家立場的劉述先則認為梨洲晚年思想並無巨大變化，他根據出版於1979年，掌握更多材料而考據精詳的《陳確集》編者之按語指出：梨洲晚年與乾初論學之旨已「由接近而漸疏」，故劉述先論斷梨洲未有受陳確影響導致晚年思想變化之事實，且曰「錢先生謂梨洲晚年思想有巨大改變，義理考據，兩皆無當，絕不可從也。」（《黃宗羲心學的定位》，頁169，注124）另外古清美另有〈黃宗羲的兩種《師說》〉一文，文中比較了梨洲之《明儒學案‧師說》與《孟子師說》，而強調梨洲攻朱甚於乃師。但劉述先認為他並未注意到朱學至梨洲時，有許多觀念已成為共法，如牟宗三所提及

的以心為氣的說法，並認為梨洲其實未完全排斥朱子。再者，牟宗三極力為蕺山開脫，認為有關孟子的理解，蕺山尚能維持住超越義，梨洲卻墮落成一氣化論者，至將「天命於穆不已」之流行之體誤解為「氣化之變」的流行之體，不免滑落了下去。但劉述先則認為無論梨洲如何減殺超越義，其說還是多少保留了此一層面，絕不能將之比同於王廷相一類自然主義的氣化論思想，所以他說「牟先生不免過矣」。但是劉述先在說「明代心學由陳白沙而王陽明、劉宗周，越來越有一種內在一元論的傾向，超越意義漸漸減殺，到清初陳確、戴震乃轉入另一典範，脫離宋明理學之統緒」之餘，也說「以人欲為首出」的陳確、戴震等，就超越義而言，才是再往下滑轉到「人欲之外無天理」的「差之毫釐，謬以千里」者，「乾初乃整個蹋了下去」，「（戴震）則超越義盡失反而背離了孟子的精神」（論詳前揭文及《黃宗羲心學的定位》，頁26-29，164-171）。則劉述先亦仍不免囿於理學視角而對清代義理學不能有相應之理解，其與牟宗三所區以別者，只是對梨洲之是否滑落有不同之論定罷了。

董金裕

〈明夷待訪，待誰之訪？〉，《第一屆清代學術研討會論文集》，1989。（文收《清代學術論叢》第一輯，臺北：文津出版社，2001.10，頁185-193。）

　　梨洲《明夷待訪錄》之作有超越時代思想限制的前瞻性思想，或謂啟蒙思想，然而書名「待訪」，究竟待誰之訪？則頗引起爭議。該文先羅列包括正面與負面的眾說，負面如章太炎謂「俟虜之下問」，是待清廷之訪，故指梨洲「守節不孫」，正面或為之辯護者，則如黃肖堂、全祖望、梁啟超、錢穆等，其說有「偶有不照」、「光復有日」、「欲為代清而興者說法」、「真具有不忍人之心而能行天下為公之大義之豪傑」等諸說，並提出諸多證論，如謂梨洲早歲抗清屢瀕於死，且有言「遺民者，天地

之元氣也」，他亦一再辭卻清廷徵召，復遺命死後勿用棺槨，全祖望謂之身遭國變而期於速朽。梨洲在送季野北行撰《明史》時，又賦詩戒以勿上汾河太平策……在在皆顯見梨洲不願臣服異族之意，故作者結語提出他認為待訪的對象，「不可能實指，蓋在梨洲的心目中並無特定的對象」之結論。要之，梨洲撰為是書，亦如亭林之謂「窮經待後王」，「天下之事，有其識者，未必遭其時。……古之君子，所以著書待後，有王者起，得而師之。」故既不必有確定對象，也不必期之於當世，是為有見。

曾春海

〈對黃宗羲《明夷待訪錄》民本思想的省察〉，《哲學與文化》第23卷第4期，1996.4，頁1464-1473。

　　該文主要突出梨州緣《尚書》「民為邦本」以及《孟子》「民為貴，社稷次之，君為輕」之說而來的民本思想。不過在時代思想的高度限制下，梨州所論只能就如何限制君主濫權立論，所論如倡議恢復「同殿議政」、「天子不能盡，則宰相批之」的宰相職權，主張設立可對天子直言無諱的太學祭酒和學校的「養士」機構，以辨天下是非。作者衡諸西方民主思想的歷程，在限制君權獨大的專制政體中，亦莫不著眼於以分權來限制君權，如孟德斯鳩便也深信分權是防止集權的有效辦法。此外，梨洲還嚴詞批判「君為臣綱」的統屬性倫理，反對「君父一體」的傳統觀念以及君臣相處模式，他要求臣與民、君與臣的合理關係。要之，在民貴、民本的思維下，梨洲要求政治的公共決策都要以「萬民之憂樂」為重心及考量，是為難能的本土性啟蒙思想。

　　關於梨洲《明夷待訪錄》之作的相關討論不在少數，餘如沈文叔：〈從黃宗羲的《明夷待訪錄》論其對傳統政治的看法〉（《法商學報》第25期，臺北：中興大學法商學院，1991.6，頁105-121）；蔡淑閔：〈黃宗羲《明夷待訪錄》君臣關係論研究〉（《哲學與文化》第25卷第2期，

1998.2，頁173-183）等，茲不複述。

楊自平

〈黃梨洲對四句教的理解、批判與創造性詮釋〉，《孔孟月刊》第34卷第2期，1995.10，頁23-32。
〈黃梨洲對龍溪思想的詮釋與批判——重虛寂本體輕道德實踐的龍溪學〉，《哲學與文化》第22卷第10期，1995.10，頁924-936。
〈梨洲歷史性儒學對人存有之歷史性的開啟〉，《鵝湖》第21卷第5期，1995.11月，頁44-53。

作者在〈黃梨洲對四句教的理解、批判與創造性詮釋〉一文中，指出梨洲對陽明的「四句教」，有一先承其師蕺山之否定而亦採取批判態度，再到後期經梨洲創造性詮釋後逐改採肯定態度的歷程。其中關鍵，在於梨洲後期乃以歷史意識為中心，他出自歷史社會關懷，將哲學義理與當時社會整個存在情境關聯起來，針對四句教所造成的流弊，反過來以重新詮釋的方式，對四句教易生誤解處進行澄清與義理重建，將陽明「由本體處言工夫」的思考轉向成為「以工夫體證本體」的思考路數。作者對梨洲將陽明由根源處肯定的良知之價值，轉化成為由實踐中肯定，即稱之以「實踐存有學」，並認為這是屬於哲學反省的工作，非純粹的哲學思考。梨洲與陽明皆肯定良知本體之「知行本體」根源義，梨洲曰「知之真切篤行處即是行，行之明覺精察處即是知，無有二也。」他強調良知無間於已發未發，即體即用，「致」即是關聯著本體的實踐，不是向外追求主客對立義下的知識。所以「致」是就本體上言，是本體的充盡擴致，格致也必須從「工夫實踐的結果」言，以此作為道德實踐如何可能的說明，而此說明是經由道德實踐歷程以證成的。故作者言梨洲對四句教之由批判到重建，是一種思想史式的思考法及創造性詮釋。

作者亟看重並強調梨洲對人的歷史性關注，除前文突出梨洲的歷史

意識外，作者〈梨洲歷史性儒學對人存有之歷史性的開啟〉一文，亦緣此義而發。作者指出梨洲的「歷史性儒學」承陽明、蕺山的「道德性儒學」而開展，他延續蕺山重氣的思想特色，在「盈天地間一氣而已」的命題下，人經由存聚於心的氣所作用，可與萬有交感。故他將蕺山開啟的心性學「善的意向性」，轉向為對歷史文化的關注，思考「人—歷史」的存在關係，而在人的存有與歷史上標出「道」（天理），以解釋人與歷史的互動及終極歸趨。是以梨洲主要就是認為人的歷史性必須放入整個歷史文化脈絡中長養，人以皆有歷史主體，而可以共同參與歷史創造，故他又提出「盈天地皆心也」命題，由此可以實踐人道與天道結合的終極理想。又，緣自對歷史文化的著重，作者另文：〈黃梨洲對龍溪思想的詮釋與批判──重虛寂本體輕道德實踐的龍溪學〉，亦採取思想史之同一觀點出發，並皆突出梨洲批判王龍溪援釋入儒，質疑其「四無教」及工夫論之重正心而輕誠意，要皆期以實有性的「實踐存有學」對治當時學風之流於虛無性。

陳德和

〈黃宗羲「理氣同體二分論」析譯──以《孟子師說》為中心〉，《鵝湖》第22卷第1期（總253期），1996.7，頁8-16。

　　該文自梨洲之重氣談起，作者突出梨洲對氣概念具有推拓與升揚的突破，梨洲對陰陽之氣除了保存其原有的生化論意義外，還賦予「氣」以存有論、主體論、道德論等性格，將「妙萬物而為言」的創生活動全歸於氣，使得氣跳升成為兼具形上形下的流動，故作者謂梨洲將神化、氣化不分地同謂之流行，並將流行全歸於氣。反之，理概念因氣概念的膨脹而被壓縮意義，理概念對氣概念的優位性與主動性都被減煞，理成為純粹靜態的軌約而失去了它妙運神化的創造性。因此在梨洲的新思維中，理概念「體物而不遺」的主宰義減煞，主宰成為由理氣所共同擔負，理概念「妙

萬物而為言」的活動義亦旁落，靜態或抽象的理乃內在於氣中，必依氣之具體活動才能客觀化，此也即「理非氣不存，氣非理不靈」、「理以氣為體，氣以理為序」的理氣合一。如此一來，理氣的超越區分轉成內在區分，形上形下之別也因之模糊，故作者即把理氣的這種關係稱之為「理氣同體二分」，並認為與其說梨洲是理學殿軍，還不如說他是理學的解構者。

　　學界以黃宗羲作為研究對象的發表篇章尚多，除前論外，尚有通論性質的，如楊申吉〈梨洲學術思想概觀〉（《國文研究所集刊》第19卷，1975.6，頁377-456，該文輯自作者1974年臺灣師大國研所碩士論文：《黎洲學術思想概觀》）；許錟輝〈黃宗羲的生平及思想〉（《中華文化復興月刊》第11卷第5期，1978.5，頁75-82）；毛本鈞〈黃梨洲學術思想蠡測〉（《華學月刊》第92期，1979.8，頁23-54）；馬琇芬〈論黃梨洲對王陽明「四句教」的辯析〉（《中山中文學刊》第2期，1996.6，頁145-167）；黃翔〈黃梨洲晚年思想轉變說試探〉（《中國文學研究》第14期，2000.5，頁273-305）……。另外，學位論文亦多，博士論文如韓學宏《黃宗羲〈明儒學案〉之研究》；碩士論文如康長健《黃宗羲政治思想之研究》；齊婉先《黃宗羲之經世思想研究》；陳昭鈞《黃宗羲〈明夷待訪錄〉民本思想之研究》；鄭文嵐《黃宗羲教育思想之探討》……等，茲不具論。

3. 李顒（1627-1705）

　　李顒，陝西盩厔人，山曲曰盩、水曲曰厔，故學者稱為二曲先生。關學自張載後，中經數人累作累替，直至李顒而始復盛。當是時，西隴李顒與北方孫奇逢、南方黃宗羲，被視為昌明理學三大儒。

　　顒築堊室獨處，矢志謙退，不欲以著述自居，四方學者從學問答之餘，每各輯所聞，各自成帙，故高弟王心敬朝夕侍側，口授筆錄，彙輯成《四書反身錄》。李顒在中年以後盡焚毀其所著書《十三經糾謬》、

《二十一史糾謬》與象數之學等，以爲近於口耳之學，無當身心，唯以《四書反身錄》示學者。王心敬亦謂其師「未嘗有意筆墨蹊徑，旋草旋棄，罕存稿。」故李顒傳世之作僅《二曲集》、《四書反身錄》二種，皆其講學教授之語，且絕大部分是由弟子所輯錄，二書後來合刻刊行。李顒思想反映了明清間部分士人由反思國變滄桑而產生的，從自悔→經世致用之士人心理與思想演進歷程，其代表性思想也從「悔過自新」走向「明體適用」之實學倡導。學界對於李顒思想的研究，歷來並不多見，述要如下：

許春雄

〈李二曲研究（上）、（下）〉，《臺北商專學報》第1、2期，1973.1、6，頁370-400，362-395。

　　〈李二曲研究（上）〉主要詳述李顒傳略與學術，是為發揚李顒學術之作。在傳略方面，作者除主述李顒事蹟外，並撮要年譜所載李顒事，又附以作者所搜討，製為李顒年表。學術概述方面，則分述李顒之思想淵源、時代背景，文中並詳列二曲所讀之書、所法之人、勸人應讀之書等。〈李二曲研究（下）〉則主述李顒學術之哲學、政治、教育思想等，又摘錄李顒所撰《四書反身錄》之重要論說於文中，最後並設有「著述考」、「師友記」，以考訂李顒所著述及其弟子、交遊與私淑。是文頗為駁雜，主要乃以通論方式，羅列作者所有對於李顒之研究，可為認識李顒思想入門之作。

林繼平

〈從李二曲成學經歷再究宋明理學真相〉，《中華文化復興月刊》第7卷第1期，1974.1，頁1-10。

　　該文除述二曲生平事蹟外，主要論述二曲「成學前」與「成學後」的

學思歷程，以見李顒之思想旨要。在成學前，作者言二曲自奮自成、大志希賢、博物宏通；成學後，則主論其「明性見道、虛明寂定、經綸參贊、無聲無臭」等思想學程，這是作者根據李顒「佩日用常行之宜於肘後，藉以自警自勵，且識之於不忘」的「肘後牌」而論。見於〈富平答問〉附授受紀要的「肘後牌」之內容大要為：篤恭淵默以思道，精神才覺放逸，便「提起」，使心中恆惺惺，常保光明；思慮微覺紛雜，即一切「放下」，萬緣屏息；內外交養，久則「虛明寂定」，渾然太極；然還需化而又化，令胸中空空洞洞，無聲無臭，是謂盡性至命之實學。該部分是本文之書寫重心，文中作者藉梨洲語，以論李顒成學後之「明性見道」，係由程朱的「向外覓理」折入陸王的「向內覓理」，既以默坐澄心為工夫，又講求首尾光明，要求聖人理想之實現，這是第一關。過此以往，則李顒論工夫即由靜轉動，亦陽明「知行合一」之「事上磨練」，以期達到「動靜一原」。再來是要達到「經綸參贊」的境界，於此則必須兼取朱、王之長而去其短。最後是「化而又化」的「無聲無臭」化境，也是盡性至命實學之實現。作者並總結到李顒是為襟抱恢弘、造詣精卓之理學家，其於理學係採取折衷融合的態度，尤其強調「實修實證」的「下學」工夫，所謂「做得工夫，纔算本體」、「有真工夫，纔有真本體」，故能修正理學末流發展方向之偏差。

　　作者另有一文〈李二曲的生平及其完人理想〉（刊於《中央月刊》第9卷第7期，1977.5，頁114-119），文中略論李顒強調「明體適用」之完人理想，附記於此。

鍾彩鈞

〈李二曲思想概說〉，《孔孟月刊》第18卷第3期，1979.11，頁16-19、轉22。

　　是文言簡意賅，篇幅短小但內涵極其精練。文中，作者先述李顒艱

辛而堅苦力學的身世對形成其思想的影響主要有二：一為能把握道德實踐的樸實性，一為遺民身分與其內斂氣質結合，使他的道德實踐成為一種強力緊持的剛性工夫，使他將一切學問都緊收到單純的道德實踐上。接著作者討論李顒的核心思想：「悔過自新說」和「學髓說」。「悔過自新」是李顒早年所標宗，是恢復本體的工夫——悔過謂「復其無過之體」，新即「復其故」之謂，本體不增不損便是常新，所以是說自新其德以合於常新之本體。「學髓」則是對本體之更深入討論，乃以層次來說：博文、經濟、經史如學之「膚」，存理去欲的道德修養如學之「骨」，直悟本原安身立命則是學之「髓」。「學髓」是李顒指明道德實踐中「立本」的意義。他提出「靈原」以為人存在與活動的根本，同時也是宇宙的根本，是即存有即活動的「真趣」、「生機」，能自悟自證、日充月著，便能挺立而為人中之人。能悟得「靈原」，便能在存在與行為上「不執」，認清當前的特殊活動與情境只是此「靈原」流行的道路，而免除可能的陷溺與執念。故道德行為不是有意為善，是如其本性的生機流行，是「無聲無臭，廓然無對」，「寂而能照，應而恆寂」，如此便能「遇境徵心」、「心境渾融」。至於悔過自新、證成靈原的工夫，作者復指出李顒是走程朱主敬、李延平默坐澄心、白沙陽明靜坐的「收斂」一路，其工夫主要在「靜」上，有異於象山事上磨練、陽明致良知之發用沛然一路。最後，作者並論李顒在理學上的地位及其思想限制，其謂李顒在心性上能切實做反觀內省的工夫，確有「獨覷本真」之徹悟並主張「體用全學」——在明體上，李顒以陸王為「明體中之明體」，但在實踐上，他能正視王學末流流弊而濟之以程朱，為「明體中之工夫」。此外他又強調經國之政治、政務，是為「適用」之類。不過作者亦謂李顒終究只講理學，未如清初顧、黃等人之能突破宋明舊轍，針對千百年來根本的制度或風俗缺失提出針砭。同時他太注重道德實踐，不能給予純知識地位，雖講博學，卻全歸於致用。是故李顒之學，在清代學者普遍缺乏「明體」興趣的風氣下，就也只能成為舊時代的一個總結了。

4.陸世儀（1611-1672）

　　清初著名的尊朱學者，首推「江東二陸」的陸世儀、陸隴其，李元度《國朝先正事略》亦稱「本朝諸儒恪守程朱家法者，推二陸為正宗。」陸世儀最重要的代表著作為《思辨錄》，係他逐日累記學思所得，顧炎武嘗致書陸氏曰「讀《思辨錄》，乃知吾當世而有真儒如先生者。」顏元也稱「當今之時，承儒道嫡派者，非先生其誰乎？」並皆推重之，後世亦多稱其醇儒。

　　陸世儀不喜王學，但他不贊成囿於門戶之見而畫地自限，嘗曰「鵝湖之會，朱陸異同之辨，古今聚訟，不必更揚其波。」他亦肯定陽明「致良知」之功可以入聖，只是反對打破「敬」字。他認同程朱「居敬窮理」之教，強調學者欲識本心，「斷斷非學問不可」。故謂陽明強調簡易直捷以救支離之失，至其後學，如以氣魄鼓動得人的泰州王艮、謗六經的王畿等，則「世俗小聰明人最喜之」，故他批評「陽明工夫甚少」，導致末流往往流於厭窮理讀書之繁。學界一向罕有對陸世儀之思想研究，其要如：

錢穆

〈陸桴亭學述〉，《故宮圖書季刊》第1卷第1期，1970.7，頁1-17。

　　錢穆素來服膺朱子之學，對朱子學的流行，則他最心折者有四人，曰：元黃震、明羅欽順、明清之際顧炎武和陸世儀。他認為顧炎武和陸世儀學趨最近，皆為晚明表率，而陸世儀值易代之際，畢生未涉仕途亦與亭林類似，但其聲光黯淡則尤過於亭林。全祖望《鮚埼亭集》亦稱《思辨錄》所論「無不粹且醇」者，並嘆當世少有能知陸學者，全氏曰「其最足以廢諸家紛爭之說，而百世俟之而不易者，在論明儒，顧《明史·儒林傳》中未嘗採也。」故全祖望撰為〈陸桴亭先生傳〉，「以為他日國史底本」。錢穆之撰作是文，在稱美桴亭之外，亦意在發揚陸氏之朱學。

　　錢穆條分縷析《思辨錄》之陸氏思想，其謂桴亭之學一本朱子，為學規模，「實可謂是朱子之具體而微也」。所論如稱桴亭講學極可取之一端，在其「不立宗旨」——桴亭嘗曰「大儒決不立宗旨，譬之醫家，其大醫國手無科不精、無方不備、無藥不用，豈有執一海上方，而沾沾以語人曰此方之外別無藥？」又稱桴亭在道學傳統中能夠直承朱子——桴亭嘗言千聖千賢道理，總不出「居敬窮理」四字，「做來做去，覺得此四字為貫串周匝，有根腳、有進步。」錢穆並認為桴亭之學最值得稱道者，在其「理學與經濟之兩面兼盡」，至稱「自朱子後，能本末精粗、內外體用，一以貫之，實惟桴亭有此蘄嚮，亦有此造詣。」「桴亭實可謂是宋明道統殿軍。自桴亭以下，未有能闡明道學更如桴亭之親切而淵懿者。」如此之論，不一而足，要皆可見錢穆心折桴亭至極，譽之極高！惟臺灣學界對於陸世儀的思想研究幾付之闕如，仍有待補充。

王汎森

〈清初的下層經世思想：陳瑚、陸世儀與蔚村〉，《大陸雜誌》第98卷第1期，1999.1，頁1-21，並收入《晚明清初思想十論》，頁331-368。

　　是文主要討論清初陸世儀、陳瑚的鄉治思想，其出發點緣自傳統政治思想對於縣以下的社會始終缺少經營擘劃，這個層次始終處在「無治」狀態中，時儒如顧炎武、黃宗羲、王夫之等也都曾意識到傳統郡縣制的「地方」只是一個空洞間架，傳統政治建構在縣以下的層次基本上不存在，是為傳統政治中的「不安定層」。而陸世儀、陳瑚等人則具體規劃並落實了以儒生自發性組織擔負下層社會工作的經世實踐。故作者即依據他們在崑山附近的蔚村小村莊從事的社區營造實例，以兩人針對鄉村這個層次的政治、軍事及社會福利所發表的理論性文字為思想架構，探討這些主張「鄉者王化之所由基」的思想家之鄉治理論與實踐。文論遺民不仕的陸世儀本著「不能致君，亦當澤民」理想，在《思辨錄輯要》中曾涉及對「鄉」這

個層次的問題討論，並有〈治鄉三約〉、〈桑梓五防〉等。其〈治鄉三約〉系統地提出了一套社區設計與籌謀辦法，清楚規定除「約正」外，還要設立教長、恤長、保長等三長為「約副」，對教化、武力防禦與社區的社會救濟同等看重。而雖然陸氏〈治鄉三約〉沒有得到實踐的機會，但其好友陳瑚卻在蔚村實施了類似的組織，且有〈蔚村三約〉，村約中要求村人記日記，時時省心而為改過遷善之學。陸世儀、陳瑚還成立了「考德課業會」，並入村講學，兩人也都曾為村民治理水患，完成官方積久年深無法完成的工作。陸有《婁江條議》、陳亦有《築堤書》，他們既從事於精神教化，也主持公共事務。作者認為自明中葉陽明心學流行以來，雖然以泰州學派為代表的一群儒者也不斷地從事於平民講學或地方營造，但他們並未像陸世儀、陳瑚形成一套專注於鄉治村治的思想。因此該文突出陸、陳用儒生取代胥吏，自發性地本著儒家精神，而針對傳統中國行政思想中最薄弱的一環所提出的治村辦法之難能可貴。

5. 顧炎武（**1613-1682**）

　　清初諸儒中，顧炎武和黃宗羲被推為「開國儒宗」，兩人都是並列清學開山的明代遺老，也都有博學鴻儒之詔而皆入清不仕。顧炎武既以身負大節而望重士林，又以「考文知音」方法論以及「崇實黜虛」的務實學風，為考據學指示門徑並為清學奠立根基，成為影響清儒「考據治經」、「博稽經史」之一代學風的重要關鍵，他也成為清初批判理學並轉向經學的代表人物。

　　亭林論學，亟言「博學於文，行己有恥。」又曰「君子之為學，以明道也，以救世也。」要求「撥亂反正，移風易俗，以馴致乎治平之用，而無益者不談。」另外他還從經術經世的「致用」角度，說「古之所謂理學，經學也。」並經全祖望轉述成為「經學即理學」之著名命題，是清初學者所奉為圭臬的指導思想。亭林提倡的經世學風，不僅在清初蔚為風潮，其回歸經學的學術主張，也為清代學術確立方向，對清

代學術影響甚鉅。有關顧炎武思想的研究成果，述要如下：

林尹

〈顧炎武的學術思想〉，《師大學報》第1期，1956.6，頁139-150。

林尹是早期的國學大師，對臺灣學術有藍縷之功，該文是臺灣極早期的研究清代思想之作，文中，作者分述炎武之立身宗旨、學術大要、經世觀念等。所論亟稱炎武「博學於文，行己有恥」之教及其立身之道，又稱炎武之學非徒存諸空言，蓋欲求之實事，故其潛研之途亦有多方，凡所著作皆以經世為宗旨，如《天下郡志國利病書》、《肇域志》等專言民生利病，《日知錄》及《亭林文集》中關乎經濟制度者亦多。

石錦

〈顧炎武經世思想中「不變」與「變」觀念之研究〉，《故宮文獻》第2卷第2期，1971.3，頁23-34。

〈顧炎武經世思想中「不變」與「變」觀念之研究〉一文，係藉由亭林歷論各代興衰得失的所以然之故而得到的結論——「目擊世趨，方知治亂之關，必在人心風俗」，以證成作者所論：在亭林經世思想中永恆不變的是道德規範；其變者，是制度要能因時制宜的改革精神。故凡亭林論兵制、稅制、政治制度以及地方制度，皆力主配合時代和環境需求，即「法」的價值是相對性的，必須因時變法。作者復以亭林「不變」的儒家道德絕對價值，比附馮桂芬、張之洞稱「道／法」之「道」，或「體／用」之「體」。至於在這個「體」下的，便是一些沒有絕對價值的先王立法，也近似馮、張等所稱之「法」與「用」，而這部分則亭林主張要有創新求變的改良精神。

作者另外還有一文：〈顧炎武經世思想之界限〉（《史原》第3期，1972.9，頁113-138），所謂「界限」係作者在突出亭林的經世人生觀與

學問觀外，同時指出亭林具有自我設限或強烈排他性的一面，如指斥釋道「異端」，以及凡非儒家思想正統之典籍，或非先儒師說與章句即不用，可與作者上文論亭林「不變」的一面相參證，於此不再具論。

黃秀政

〈顧炎武的經世思想〉，《思與言》第14卷第6期，1978.6，頁9-23。

　　該文主要突出亭林以及清初思想界的主流是經世思想，並具論亭林的經世主張。文中先論亭林「分權眾治」的治國原則：亭林強調以天下之權，寄之天下之人，「自公卿大夫，至於百里之宰、一命之官，莫不分天子之權，以各治其事。」又論亭林之經濟主張：他要求調富國裕民，「必有阜財之方，而後賦稅可得收也。」再論安和社會的形成：亭林再三拳拳致意於「正人心急於抑洪水」，他認為風俗教化是治亂的關鍵——「治亂之關，必在人心風俗。」又，風俗可變，惟變好變壞，需視主政者之關鍵而定。最後復論人才教育的改進：他指出生員制度之不善以及朝廷忽略師道，要求廢生員鬻賣諸生之制，並主張辟舉之制與生員之制並存。又，作者撰於1974年的碩士論文，便是以《顧炎武與清初經世學風》為題，並由臺北商務印書館於1978年出版，附記於此。

　　另，陳振風亦有〈顧炎武的經世思想〉（《臺南家專學報》第15期，1996.6，頁11-25）一文，略述亭林之提倡實學，不喜空談心性，及其道器論、重視民生風俗、寓封建之意於郡縣中等主張，附記於此。

董金裕

〈顧炎武對理學的態度及其評價〉，《第一屆清代學術研討會論文集》，1989。（文收《清代學術論叢》第一輯，臺北：文津出版社，2001.10，頁157-167。）

　　該文主要認為亭林並未提倡「經學即理學」，意欲扭轉全祖望該轉

述語所指向的亭林重經之說。作者指出亭林曰「古之所謂理學，經學也，非數十年不能通也。……今之所謂理學，禪學也，不取之五經而但資之語錄。」其意是把理學區分成為古今兩種理學，古理學指宋，今理學指明，是稱述宋代理學能以經學為根柢而言有所據，並批判明理學之信口私臆。作者並引據尊朱立場的錢穆〈顧亭林學述〉所言「古之所謂理學，指宋」，以證成己意，故作者言亭林之分未必當，但亭林並未全盤否定理學，乃有崇程朱而貶陸王之學術態度。同時作者亦指出在一般學界多謂亭林尊朱的背後，其實亭林對朱學是有所保留態度的選擇性接受，其推崇程朱主要因其講論未偏離經學，且係就程朱學大體籠統言之，實則亭林因見心性之學造成了社會極大流弊，故雖然確有諸多對朱子的尊仰之詞，但只要涉及心性之說者，即於程朱亦微露其不滿之意。故作者亦言亭林有矯枉過正之偏，且謂亭林崇程朱、抑陸王，亦是過激。

　　惟作者所論亦有可商榷處：亭林批判白沙、陽明等語錄，固是不錯，但朱子何嘗不有語錄？究竟亭林是意在經學，或意在作者所曲折認定的「宋代理學就是古之所謂理學」？仍有待斟酌。固然相對比較來說，程朱較陸王重經，但亭林在心性學上既嚴詞批判陸王，實際上也非程朱一路，其於宋代理學「用心於內」的心性學一概不取，並不僅止於對明代理學而已。而縱觀亭林整體學術亦側重經學及方法論，是故若採取全祖望思路，直接照字面亭林突顯經學之意，以經學和理學為對比而不採取作者曲成其意之說，則作者亦不能謂全氏為非，故作者所論並未令人完全信服。學界則自梁啟超《清代學術概論》以至於晚近學者，亦偏多認為亭林意在抬高經學地位，如陳成文〈論顧炎武「經學即理學」〉（《孔孟月刊》第30卷第8期，1992.4，頁9-15）、劉浩洋〈試論顧炎武「經學即理學」〉（《中華學苑》，第46期，1995.10，頁79-105）……等，茲不贅述。

黃啟華

〈乾嘉考據學興起的一些線索 —— 兼論顧炎武錢大昕學術思想的發展關係〉，《故宮學術季刊》第8卷第3期，1991年春，頁105-124。
〈讀《日知錄》札記 —— 顧炎武「六經皆史」思想辨析〉，《故宮學術季刊》第9卷第4期，1992，頁37-42。

　　〈乾嘉考據學興起的一些線索 —— 兼論顧炎武錢大昕學術思想的發展關係〉一文見解頗為獨到。文中，作者力辨學界以理學內部紛爭之「性即理／心即理」、「道問學／尊德性」作為從理學轉到乾嘉考據學重要契機（按：即余英時之說）的侷限性。作者突出宋代葉適已經否定理學之「道統」說，葉適認為從堯舜到孔子，聖賢義理皆一脈相傳，孔子之後則傳授分歧，曾子並不是聖人義理的唯一傳人，他只是其中一支。因此《論語》、《孟子》、《大學》、《中庸》不能作為探尋聖人義理的正統途徑，孔子所修《六經》才是聖人義理的精微所在。易言之，葉適強調孔子以前的道統重要性，提高《六經》地位以壓倒理學圭臬的《四書》，主張傳承聖道必須習經，自經典文字訓詁入手。而作者本文即以葉適辨明儒學流變，牽絡後來明儒歸有光之辨析經學還是理學才能傳承聖人之道？歸有光曰「能明於聖人之經，斯道明矣。」作者認為此一辨析經學、理學正統性的思潮，與乾嘉考據學之興起有重大關係。蓋明末清初如錢謙益、費密、方以智、顧炎武、黃宗羲、邵廷采等人也都有近似的尊經言論，此一辨析亦逐蔚成風氣，以此幾經轉折而發展成為乾嘉考據學。作者就是立足在上述理論基礎上，接著轉入強調顧炎武之論經學與理學的。顧炎武將理學「性與天道」的形上學討論，寓諸講人倫日用的經學之中 ——「經學即理學」，成為乾嘉考據學「訓詁明則義理明」的理念先導，作者並謂後來錢大昕亦承此說，曾對乾隆皇帝倡論理學真偽的問題。所以作者全文乃認為乾嘉考據學之興起，在學界普遍關注理學內部論爭的「學理要取證於經書」之外，實則從葉適、許謙、歸有光，到戴震、錢大昕等人之突出辨析

講經、講道區別的儒學內部發展,更是重要原因。

　　〈讀《日知錄》札記 —— 顧炎武「六經皆史」思想辨析〉一文,主要辨析學界在追溯章學誠「六經皆史」說時,往往溯及亭林《日知錄·魯頌商頌》之言「《孟子》曰『其文則史』,不獨《春秋》也,雖六經皆然。」然而作者指出亭林斯語並無實齋「六經皆史」之思想意味,其意不過是把「其文則史」當作和「述而不作」意思相近的「信實」之意,「史」在此是作為形容詞使用。故作者認為亭林本無實齋認為六經只是聖人垂訓後世的六種史著,故言「事變之出於後者,六經不能言。」「訓詁章句,疏解義理,考求名物,皆不足以言道。」因此作者謂顧、章二語不能比同而論,顧炎武有無「六經皆史」思想?實是一個疑問。

劉又銘

〈顧炎武以氣為本的宇宙觀〉,《第四屆清代學術研討會論文集》,1995.11,頁159-178。

〈顧炎武「以情為本」的心性論〉,《中華學苑》(臺北:政治大學中國文學研究所),第49期,1997.1,頁79-96。

〈顧炎武的氣本論〉,收入氏著:《理在氣中 —— 羅欽順、王廷相、顧炎武、戴震氣本論研究》(臺北:五南圖書公司,2000.3),頁77-108。

　　在〈顧炎武以氣為本的宇宙觀〉一文中,作者意欲修正過去港、臺學者界普遍偏論顧氏對經學、理學以及陽明學的態度,而未深究顧氏本身的哲學觀點及認為他無哲學思想之偏差。作者取鑑大陸與日本學界的研究情形頗與臺灣有別,他們對顧炎武多認為在其經史考證學下實有一個「以氣為本」的哲學基礎,或稱為「重氣的哲學」、「氣本論」、「氣一元論」等,故作者本文欲補充該方面之研究不足。作者認為自明代中葉開始一直延續到清代,有一包括王船山、戴震在內的「氣本論」哲學思潮。作者並借論劉人鵬之言,明末至清,思想轉趨客觀的現實歷史文化,學術則轉趨

經史與經濟之學，並認為即是當時的學術與哲學時代色彩。故本文中，作者以炎武「盈天地之間者氣也」的氣本思想為基點，分論其所主「天地之化，專則不生，兩則生」的「兩端造化論」；「天地絪縕，萬物化醇」的「氣善成化論」；「氣之盛者為神」的「氣盛即神論」；「天地之理，殊塗而同歸」的「理殊而一貫論」；「非氣則道無所寓」的「道在器中論」等諸多氣本觀點，作者並結論以顧炎武是那個時代裡「最為道地的氣本論哲學家」。

又，〈顧炎武「以情為本」的心性論〉一文，是學界首見的專論顧炎武心性論之篇章。學界一向多謂顧炎武排斥心性之學，但作者指出顧炎武所排斥的，只是「用心於內」的心性義理之學，實則顧炎武另建了一個既不同於陸王，亦不同於程朱，乃以「氣本論」為進路，而強調「以情為本」、「以文章行事為體」的心性學系統。作者強調只要不囿於宋明理學的思想典範，如實掌握顧炎武心性論的獨特形態，便不會一味認定顧炎武狹隘地排斥任何形態的心性之學。

作者該文係立足在前文突出顧炎武「氣本論」宇宙觀之基礎上，進論在顧炎武思想體系中，與其經世思想及經史考證相呼應的心性論。作者指出從王廷相開始的「氣本論」學者，在人性論上係直接以「氣」為性命的根源，而不是如程朱理學在「氣」之外另以一個超越的、絕對的、純粹至善的、可以遍在皆同的「理」作為性命根源，並謂此心性論能夠反映當時整個社會逐漸形成的、肯定一般人情之「欲」與「私」的不可逆轉基底意識。文中，作者羅列了諸多取證於顧炎武《日知錄》和《顧亭林詩文集》的論述，以證成舉凡人民對於財利和甘食美服之所欲、官員對祿利之所需、人們對容貌姿色聲名之所好等，炎武之心性論皆能予以基本上的肯定，此就人情欲求言。再說到人情之有「私」，則炎武亦論以「人之情孰不為其身家者？」「人之有私，固情之所不能免矣。故先王弗為之禁。非為弗禁，且從而恤之。」「天下之人各懷其家，各私其子，其常情也。為天子為百姓之心，必不如其自為，此在三代以上已然矣。」此即炎武在

「氣本論」立場下有別於宋明理學的新人情觀。作者並指出炎武這樣的思路，蘊涵著一個「以情為本」，而「性即情」、「性在情中」的心性論範型，蓋炎武主張「性」與「情」同質同源，性就在情中，所以其理論形態絕不同於朱子學與陽明學。作者復論炎武反對子貢之歧孔子「文章」與「性與天道」為二，炎武再三強調「性與天道」和「文章」（包括言語、典籍）、「行事」（包括出處、去就、辭受、取與，甚至施政實務）不二，故炎武乃主張「性道與文、行不二」和「性道不在文、行之外」。因此作者總結顧炎武並非單薄地以經世思想和經史考證反對宋明理學的空談心性，在此之外，他對於心性課題仍有一份嚴肅而根本的思索與用心，雖然算不上精密，但不可否認地，他乃以與其整體思想一貫的心性之學來抨擊宋明儒的心性學說。

至於收入作者專著《理在氣中 —— 羅欽順、王廷相、顧炎武、戴震氣本論研究》的〈顧炎武的氣本論〉一文，則是作者對顧炎武氣本論思想的集結之作，撰文立意，主要在於破除一般傳統將顧氏歸為朱子學一路之誤解，並呈現炎武氣本論立場之整體思想系統。本文除了涵蓋前述宇宙論、心性論之要義外，還包括炎武氣本論立場下的修養工夫論，如：孝弟忠信，志在救世的「行己有恥」；觀其會通，知止明善的「博學於文」；踐跡行道，習與性成的「學行並進」等。作者並總結炎武是在「博文」和「有恥」之教兩端交互並進下，以具體言行精進不已而終於定性成性的，既沒有余英時所謂「歧知識與道德為二」，也沒有勞思光所言「重在認知一面」的問題，而是兩相涵濟，共同構成其氣本論立場下一套完整的成聖成德之學。

除上述外，尚有餘論如：羅聯絡〈危微精一與四海困窮 —— 評顧炎武與友人論學書〉（《孔孟月刊》，第2卷第5，1964.1，頁13-14）；胡秋原〈顧亭林之生平及其思想〉（《中華雜誌》第5卷第7期，1967.7，頁12-18）；黃秀政〈顧炎武的「行己有恥」說〉（《孔

孟月刊》第15卷第7期，1976.3，頁44-45）；簡明勇〈顧炎武的生平及
思想〉（《中華文化復興月刊》第11卷第6期，1979.6，頁95-109）；
胡楚生〈顧亭林對於清代學術之影響〉（氏著：《清代學術史研究》，
臺北：學生書局，1988，頁17-24）；曾聖益〈《日知錄》與顧炎武之
經世思想〉（《中華學苑》第46期，1995.10，頁107-139）等。學位論
文有陳邦禎《顧亭林先生學術思想研究》（1987年中國文化大學中文
所博士論文）；孫劍秋《顧炎武經學之研究》（1987年政治大學中文
學所碩士論文）；李慶龍《顧炎武經史論——明末清初學術之變遷》
（1989年臺灣大學歷史研究所碩士論文）等。

6. 呂留良（**1629-1683**）

　　呂留良工於詩文，八歲善屬文而造語奇偉，其著作繁多，如《詩
經彙纂詳解》、《易經彙纂》、《易經評解》、《禮記題說》、《天蓋
樓遺稿》、《天蓋樓四書語錄》、《四書講義》、《呂子評語》、《呂
氏醫貫》……等，據《清代禁燬書目》有數十種之多，惟除了發明朱學
而與清廷同一學趣的《四書講義》等外，其所著書幾皆遭到禁燬而多數
亡佚，光緒間始有《呂晚村先生文集》重刊，民國初《呂晚村詩集》亦
刊行。呂氏論學宗旨率以程朱為歸，嘗有言曰「幼讀經書，即篤信朱子
細注，因朱子之注而信程張諸賢，因朱子程張而信孔孟。」「凡朱子之
書，有大醇而無小疵，當篤信死守，而不可妄置疑鑿於其間。」其《四
書講義》即為發揚程朱學說而作，但並非章句析解、依文釋字之屬，其
引申推論，寓理於敘事之中，感懷身事而藉端發抒之說，所在多有，
《續修四庫全書提要》稱以「自成呂氏之書，非一般遵朱不敢失尺寸者
可以同語。」惟呂留良在死後四十餘年，因曾靜反清一案牽連而慘遭
「戮屍梟示」，其子與孫輩或同遭戮屍、或被誅殺、或被發遣寧古塔為
奴，雍正並令朱軾等人纂成《駁呂留良四書講義》，以指斥其著作之舛
誤者。關於呂留良思想之相關研究，述要如下：

錢穆

〈呂晚村學述〉，《故宮圖書季刊》第3卷第3期，1973.1，頁1-8。

　　錢穆在所著《中國近三百年學術史》中已曾述及呂氏《四書講義》根據朱子，闡揚民族思想，引起曾靜之獄。但錢穆深感呂留良因講《四書》，乃遭戮棺判屍之奇禍，家人亦遭戍關外，成為清代文字獄中最特出聳聽聞者，亦宋以下理學史中所少見。此外復感於徐世昌所作《清儒學案》有關呂留良事蹟，皆摭述張履祥、陸隴其兩家著述之有關呂氏生平事，「殆似未見晚村集也」，是以他復稽之《呂晚村文集》而撰為斯文，意在「以補往年學術史舊著所未詳」。該文所論並與其學術史舊著，具有詳略之互異。

　　錢穆該文主要論點如下：錢穆云晚村嘗自言「選文行世，非僕本懷。緣年來多費，賴此粗給，遂不能遽已。」晚村乃以批選八股成名，亦藉此以彌縫其生事，但呂氏選文實迥異於時俗選手。錢穆指出當時學界率分理學、舉業為兩途，舉業固然尊朱，但講理學者往往別有用心，未能闡發朱學精蘊。然而晚村之主要信仰，在於朱子一人，故他對於當時講學家之用心加以深非，他突出尊朱立場地強調治舉業亦當結合理學，當以舉業時文辨理道、闡聖學。而在晚村認為講理學終無過乎朱子者之認定下，其批選時文，正為「以此為辨理道、闡聖學之藉手。」即他欲藉批點時文以闡明聖道、尊信朱子，以使眾人能藉由時文以進窺程朱墜緒。所以錢穆認為晚村在不喜當時理學家講學所為之情形下，雖然未如亭林、梨洲等人轉治經史，而始終落在時文圈套中，但是他有心扭轉學術風氣，故藉士子競趨之時文作為闡明朱子義理之取徑，「乃獨以批選時文成為中國學術史上一特出人物，此則晚村之所以為晚村也。」又說「晚村殆是以狂者之性格，而勉為狷者之行徑」，錢氏不僅對於晚村深寄同情之意，而認為「可為同時晚明諸遺老致同樣之追念」，並且極致對晚村闡明聖學的推重之意。

胡楚生

<黃梨洲與呂晚村 —— 比論黃呂二人之政治思想>
<呂晚村「四書講義」闡微>
<「呂留良四書講義」與「駁呂留良四書講義」>
上文皆收入《清代學術史研究》，臺北：學生書局，1988年初版，頁
1-15、45-78、79-98。

　　胡楚生〈黃梨洲與呂晚村 —— 比論黃呂二人之政治思想〉一文，文雖
比論黃、呂二人之政治思想，但主要係為突出黃宗羲和呂留良二人反對專
制政權的啟蒙思想而作，是以本文所涉論，圍繞著「設君之意義」、「君
臣之關係」以及「封建與井田」等主題展開。並且全文乃緣錢穆《中國近
三百年學術史》所言：「梨洲《待訪錄》，自晚清以來，極為一時傳誦，
而晚村《四書講義》則注意者尠，身後聲名，固亦有幸有不幸」，作為出
發點。換言之，胡文是為了彰顯晚村思想中具有如同梨洲傳誦人口的反專
制政權啟蒙思想，以「發揚先哲潛德幽光」。其所列舉，譬如《四書講
義》有言「人主之心，有公有私。」「古之天子諸侯卿大夫，皆視其祿位
為苦事，今則皆視為樂事；惟以為樂，而民生之苦，有不可言者矣。」要
皆與梨洲批判專制帝制之啟蒙思想，「若合符節也」。胡文並指出晚村之
民族思想、春秋大義，且絕不見於梨洲書中，是為兩人議論之最迥異處。

　　至於〈呂晚村「四書講義」闡微〉一文，則作者析論晚村論學宗旨
率以程朱為歸，嘗曰「今日闢邪，當先正姚江之罪。」可見晚村極其顯然
的「尊朱闢王」理學立場，故胡楚生於文中立有晚村「發揚程朱學說」、
「拒斥異端思想」等主題探討。而晚村之謂異端思想者，主要指鄉愿、佛
老、詞章、功利、楊墨等，但晚村闢王學亦往往有過激之詞。此外，作
者亦指出晚村《四書講義》還突出立身行己、明辨義利公私、申述君臣關
係、闡釋封建井田、尚論歷代得失、強調民族大義等主題探討。作者並認

為雖然呂留良在二十五歲時因共同參與抗清的叔父呂宣忠死難、兄長與摯友也先後去世,「生才少壯成孤影,哭向乾坤剩兩眸」,他曾經為求避害而一度進入科場為諸生,但旋即深悔「失腳俗塵」而歸隱,並賦詩曰「誰叫失腳下漁磯,心跡年年處處違。雅集圖中衣帽改,黨人碑裡姓名非。苟全始信談何易,餓死今知事最微。醒便行吟埋亦可,無慚尺布裹頭歸。」故胡文言呂留良「無愧一代大儒」,其志節行事,較之明末黃梨洲、顧炎武、王船山三大儒,亦絲毫不遑遜讓。

又,〈「呂留良四書講義」與「駁呂留良四書講義」〉一文,文中論及晚村雖歿,其《四書講義》、《四書語錄》、《呂晚村文集》等作猶得以流傳,結果導致鄉人曾靜因好呂留良選文多「夷夏之防」、「井田封建」等排滿語,遂乘間鼓動川陝總督岳鍾琪應效其祖岳飛抗金而反清,卻反遭鍾琪計誘並密奏其事,浙江總督於呂留良家中搜得若干藏書,雍正讀後言「朕繙閱之餘,不勝惶駭震悼!蓋其悖逆狂噬之詞,非惟不可枚舉,抑且凡為臣子者所不忍寓之於目、不忍出之於口、不忍述之於紙筆者也。」雍正十年此案定讞,呂留良及其子葆中皆戮屍梟示、毅中著改斬立決、呂氏孫輩發遣為奴,為了表示寬大,曾靜免於處治,惟乾隆即位則立斬之。於時雍正並遣朱軾、吳襄、方苞……等人查閱呂書,纂成《駁呂留良四書講義》以駁斥晚村諸說。胡楚生該文即依據呂留良《四書講義》和朱軾等所輯之《駁呂留良四書講義》,分別枚舉、評析雙方論點之為公為私?是耶非耶?其所得到的結論是互有短長,如:「所駁較有理致,而呂說未免失當者」、「所駁無關宏旨,而呂說未見全謬者」、「所駁特為牽強,而呂說實具精義者」、「所駁以偏概全,而呂說別有宗主者」。胡文結語並總論以呂書因係弟子所輯,內容不免有踳駁、冗雜處,其中「有精粹之義,亦時有膚泛之詞」,但朱軾等所輯之《駁呂留良四書講義》,亦曲意逢迎,諂媚其主,其取材既已偏宥,「所為詰駁,自亦不能出之以是非公允之心。」所謂呂書有可取之處,善讀者應揭其精英而棄其糟粕,駁書則實未足以服人之心。

7. 陸隴其（1630-1693）

陸隴其嚴辨門戶，他指王學「異端」正是造成宗社丘墟之罪首，曰「明之天下，不亡於寇盜，不亡於朋黨，而亡於學術；學術之壞，所以釀成寇盜、朋黨之禍也。」直以教弛俗敗、宗社覆亡之大罪歸諸王學流行，至謂「繼孔子而明六藝者，朱子也。非孔子之道者皆當絕，則非朱子之道者皆當絕。」陸隴其在清初因批判王學最力，被奉為清初朱學之正宗，然臺灣學界對陸隴其的相關研究甚少，多只出現在學術史、哲學史一類著作中，直至晚近的2008年始有楊菁：《清初理學思想研究》，專論清初理學家，書中有陸隴其專章：〈廓清學術的健將——陸隴其及其理學思想〉，惟其不在本研究計畫之時間範圍內。

8. 李光地（1642-1718）

李光地曾奉敕編纂《朱子全書》、《性理精義》、《御纂周易折中》等代表清廷官方哲學範式的典籍。李光地是從一開始的康熙與之志趣未合，到後來深孚康熙之心的館閣理學名臣，康熙後來說「知光地者，莫若朕；知朕者，亦莫若光地。」李光地之於學，深好易學，尤精於易，所纂《御纂周易折中》薈萃自漢至明諸儒之說，凡三百餘家，「易之道於是大備」！而《御纂周易折中》所代表的，是從宋明以來直到清初，可以被視為「宋易」延續發展期的清初易學思想，其有別於後來清代易學主流的，以漢儒經注作為詮釋經典基礎的「漢易」階段。後者先緣清初黃宗羲《易學象數論》等一系列圖書辨偽學而展開，以證據確鑿的方式摧陷廓清了易之道家、道教色彩，對於周敦頤、邵雍的圖書象數說展開強烈抨擊，導致朱熹易學權威地位動搖。不過《御纂周易折中》在清代易學發展史上，仍有其不容抹煞之代表性一席地位。

臺灣學界開始對李光地思想出現關注及研究，是晚近二十一世紀初的事了，近年來頗不乏以李光地作為研究對象的學位論文，但在二十世紀尚可謂鳳毛鱗爪，惟二十一世紀的相關研究並不在本研究計畫範

圍內，故以下僅為附記：楊菁《李光地與清初理學》（2000年東吳大學中文系博士論文）；康全誠《清代易學八家研究》（2002年中國文化大學中文所博士論文）；李梅鳳《李光地〈周易折中〉案語研究》（2002年彰化師大國文系碩士論文）；鄭雅竹《李光地易學研究》（2003年高雄師大國文系碩士論文）；郭佩琦《李光地〈榕村四書說〉研究》（2004年臺北市立師院應用語言文學所碩士論文）；林俞佑《李光地經學思想之闡微》（2006年逢甲大學中文所碩士論文）；高志成《王夫之、李光地對朱子易學的繼承、批判與發展》（2007年彰化師大國文系博士論文）；黃彥菱《李光地之知本明性思想研究》（2007年臺北市立教育大學中國語文學系碩士論文）。

9.王夫之（**1619-1692**）

　　船山哲學在明清之際的各家思想中最為突出，其學術體系博大精深且縝密，其理、氣之辨尤具突破性意義。對於明清以來漸受重視的氣論思想，船山深刻地建構起重氣的存在論範疇、天道觀，其「氣本」立場的宇宙本體論思想，在明清氣學的發展史上，具有極大的開創性與建構理論之功。惟在清初諸儒中，王船山最為闇然不彰，入清後他僻居山區，不薙髮、不仕清，專意著作而罕為人知。其著述在當時並未流傳，遺書沉埋近二百年，直到西元1842年才由後代子孫王世佺刻成《船山遺書》，後來曾國荃又加補刻，其學始獲彰顯。不過運會流轉，在清初諸儒中，則船山是最受現代學者青睞而熱衷研究的對象，在過去學界對清代思想罕有正面評價的情形下，船山思想不但相對得到了極大宗的研究，也普遍獲得高度肯定。學界對於船山思想的重要研究成果，述要如下：

李國英

〈王船山學說〉，《孔孟學報》第12期，1966.9，頁109-132。

　　該文是臺灣學界早期研究船山思想的發表篇章。文中，作者立有「船山思想之體系」、「船山重有、重動之說」、「船山論性」、「船山言理及欲」等綱目，目下則分別歸納條列錄自船山《張子正蒙注》、《思問錄》二書之相關論說，並略加說解。如作者指出「體用一源」是船山的中心思想，其於體、識重一「有」字，於用、識重一「動」字，以此反對釋老之「無」與「靜」。又論船山性論係建立在「理氣一源」、「體用一源」之基礎上。再者，船山強調由體生用、即用顯體，故其論一切關係皆不離實物，所論理與欲亦皆如此。是文對於船山思想研究有篳路藍縷之功。

羅光

〈王船山的易學（上）、（下）〉，《湖南文獻》第1卷，第6、7期合刊，第8期，1972，頁249-251、頁238-241。

　　在〈王船山的易學（上）〉中，作者指出船山的遺書中以《易經》、《四書》和歷史類的注釋數量最多，其中《易經》的注疏居第三位，有《周易內傳》、《周易內傳發例》、《周易大象解》、《周易稗疏》、《周易改異》、《周易外傳》等共二十卷。不過在思想內容上，則關乎《易經》的注釋堪稱最多，因為船山史論的評論原則多引申《易經》思想，《四書》注釋亦然，故作者特別表出船山易學，撰作斯文。

　　文中，作者先述船山注易的目的在為研易者指示途徑 —— 船山批評京房，反對穿鑿象數；批評王弼，謂其義理解易一概摒棄象數，亦使易之原意不明；批評漢易，反對專言卦氣、卦辰、納甲、卦變，再加上緯書等，使易入於法術之流；批評通儒，指漢一班自占卜之術看待易學的學者；批評邵雍與朱熹，邵雍把易學又引入漢易路徑、朱熹則偏重占術 —— 故船山《周易內傳》自述其注易之目標，在於「合四聖於一軌，庶幾正人心，息邪說之意云。」船山認為易有象數與義理，《易經》乃講論天地變

易之道，以卜吉凶，以定人道者，而人道為人生大道，應在吉凶之上，故他主張發揮易之義理。總言之，《易經》即以人道合於天道，以吉凶通於善惡，應天命以盡人性之書。是以〈王船山的易學（下）〉便主要發揮船山易理，作者引據船山注易之說，而標出：乾坤並建、變化、人道、吉凶等數義，以說《易經》之易理。其要如謂：「乾坤並建」、「錯綜合一」是為天道原則。陰陽、乾坤為《易經》中心，陰陽是太極之實，乾坤是太極之德，充乎宇宙之素只有陰陽，而陰陽兩不相離，常相結合。「動靜」為陰陽交感之幾，「剛柔」則是陰陽之性情，《易經》常用剛柔而不用動靜為說。易之變化為「神」，「陰陽不測之謂神」，而易之變易有神、有位、有時，當未成形時，神妙莫測，成形以後則按時而有位。再者，《易經》乃以天道治人事者，天道為宇宙變化之道，人道則效法天道而行，故易為占卜之用，「蓋筮者，知天之事也」，而知天者，「樂天知命而不憂以俟命」，故知易便能知命、立命而行仁。是為全文大要。

傅士真

〈從歷史觀點略論王船山的學術思想 —— 王船山對我國傳統學說的發展及其對人類社會史的新論〉，《臺北商專學報》第2期，1973.6，頁267-293。

該文意欲涉獵的層面極廣，致有拉雜或未加深論以及未能確切論證處，文中，作者並有意地綰合船山與王充思想，惟在證據上亦有未足服人之處。該文比較完備的部分在於論船山之歷史觀點，作者提出船山具有歷史進化觀、世殊而道異說。船山並嘗對「道統論」、「三代論」等加以指謬，而提出「理勢論」、「時宜論」、「徵實論」、「資治論」、「實踐論」、「均衡論」、「安定論」等史論觀點。

唐君毅

〈王船山之天道論〉、〈王船山之性命天道關係論〉、〈王船山之
人性論〉、〈王船山之人道論〉、〈王船山之人文化成論（上）、
（下）、〉，皆收入氏著：《中國哲學原論‧原教篇》，臺北：學生書
局，1979年印行（臺再版）。
〈王船山之人道論通釋〉，收入《中國哲學思想論集‧清代篇》，臺
北：牧童出版社，1976.8，頁97-134。

　　唐君毅堪稱臺灣學界最早從事於船山思想研究而有系統論著的學者，
嘗撰〈王船山之性與天道論〉、〈王船山的文化論〉等，發表於南京《學
原》第1卷第2、3、4期，〈王船山之人道論通釋〉，發表於《學原》第3
卷第2期，是文並收入《中國哲學思想論集‧清代篇》。後來上述各篇並
皆收入其所著《中國思想原論‧原教篇》，是書自第二十章至第二十五
章，即上述所羅列之各篇。在上述各篇中，作者系統地探討了船山哲學從
天道到人性、人道、文化等各方面之義理主張。
　　先說船山之人文化成論，作者於書中特揭朱子學重理、陽明學重心、
船山學重氣之思想及學術核心，以見宋明以來義理學發展脈絡，又論船山
特重歷史文化意識，此亦緣自船山思想重氣的緣故。故凡禮、詩、樂、政
治、經濟、歷史評論、歷史哲學等，在船山學中皆具有重要地位，亦船
山之所以開出偌大思想及文化體系的內在因素。作者此數義之發明，皆為
學界所經常援引。再說船山之天道論，作者書論涵蓋了船山之「道即器之
道」、「乾坤並建」等重要主張。船山論所謂「道」，謂即「器之道」，
他乃本於先肯定器之真實，才能肯定道之真實的看法，異於程朱「理先氣
後」之義。他又認為「太極為乾坤之合撰、陰陽之渾合，太極不先於乾坤
陰陽。」故作者揭出船山「乾坤並建」之說，謂其不取漢人「乾元、坤元
只是一乾元」之說，亦不取宋儒「一氣流行成二氣」之說，船山蓋持論
「乾坤陰陽，自始即相待而有」之看法，後之學者亦對作者此義頗有所

取並發揮。另外作者又謂船山認為天地萬物皆以乾坤為其蘊,故整個宇宙為「動而無息」者,可名之為一「絕對之流行」、一「絕對之動」,而相對之動靜,即涵於此絕對之動,並所以成就此絕對之動者,是以船山言現實宇宙是真實不虛、變不失常的。至於船山之人性論,則作者特為闡明船山持論「性善氣善」、「命日降、性日生」、「性相近」諸義。蓋船山曰「理即是氣之理,氣當得如此便是理。理不先而氣不後,理善則氣無不善。……天地之道唯其氣之善,是以理之善。」故船山持氣善主張,並反對人之性只受於人之初生之際之說。蓋天以其氣授理於人為「命」,人以其氣受理於天為「性」,而天之氣化流行無時或息,則人之氣質亦無時不與其所接之天地萬物相感應,是以人亦自化自新不容已,故船山言命日降而性亦日生,人之性乃「日生日成」也。再者,船山論才情欲本身非不善,人之不善,不可歸於氣稟,亦不可歸於緣性而生之情欲,如好勇、好色、好貨之類。人之不善,係由物之來幾與吾之往幾不相應以正,即感有不當,其不當位,是以船山強調心要能知性知理、知幾審位,盡心尊性以嚴人禽之辨,此義並可以參看作者所另撰的船山之人道論一文。說詳下文析論:

〈王船山之人道論通釋〉一文,即作者用以析論船山之人道論者,其內容環環相扣而體製完備、析理入微。文中,作者先自船山論「人之所以為人」挺立「人道之尊」,惟船山所論,不同於常言每謂「人禽之別」之「幾希」在「四端」的說法。船山論心性才情皆本於天道論,而人既分於天之氣化,則他認為人禽所別「不但在於心」,他從「人心之性必徹於形,人道之用必見乎器」的角度,強調「自性而形,自道而器,……件件有幾希之異。」故人所異於禽獸的幾希,「需隨處立個界限」,壁立萬仞。因此人禽之異,其根本固在性善,但性徹於形,通於情欲,所以人能存其性,則其情欲亦與禽獸似同而界限迴立,仍是壁立萬仞,「不可概謂甘食悅色,便與禽獸同也。……人欲中擇天理,天理中辨人欲。……與禽獸立個徹始徹終,盡內外底界址。」於此可見人道之尊。

　　既已挺立人道之尊，作者接著論船山之修為論，即「如何做聖賢？」之論。於此，作者強調船山本於橫渠之論「誠」以及心之用在於「思」之義，而以〈中庸〉之「思誠」與《易》之「存誠」為教。其所異於陽明「心即理」、「即心觀理」和朱子「即物窮理」者，在於「即心觀理」不能別有理、無理之心，「即物窮理」則或濫物理於人心之理。故船山欲竭此心之「思」功，使知人心之理而行此理，並以此立人道之正，斯即船山「思誠」之修養工夫。再接著作者論修養之具體內涵，所謂「繼之者善」：船山言「善，有體有用」，故他乃以四德（仁義禮智）配元亨利貞，為「善之體」，又以三德「智仁勇」為「善之用」，後者為發昔賢未有之說。作者並論船山言工夫特重「持志」，蓋船山突出「心之官則思」，而「志」則能主宰規定心之思，使常「定向乎道」者。故船山認為徒以「致良知」為事，未能識志，需能定向乎道而後有志，因此他亟反對心之「湛然虛明」說法。又由於船山重持志，故復需重「養氣」，因心與氣不相離、理與氣不相離，是以船山認同孟子說養氣之道在「集義」，因為「理以治氣」、「託乎氣以有其理」，故船山言「舍氣以言理而不得理，……舍氣言志，志亦無所得無所成矣。」養氣必配義與道才能至大至剛，唯義能長養之，以此船山亟反對靜坐、存夜氣、調伏其氣之說。此皆船山之論內心修養工夫。

　　再者，就應事接物之工夫言，則船山特發「忠恕」之義，以使心之理、心之欲、物之理、物之欲皆能合一。故作者特為闡明船山不以「虛靈明覺」為教，不以「主靜」為教，不以「無情無欲」為教，反對「喜怒哀樂之未發之中為寂體」之說。由於船山重養氣，而身體由氣成，故他不輕視此身，又以心能持志，耳目五官之小體皆心之神明所寄，故他反對孤恃一心而賤身之說。此外，他言立功業也不諱言利，是以作者言船山強調的是不違道以取富貴，不徇功利而悖道義，不以才揜德，不以小體役大體，不違理以徇欲，不任氣而失理──「要以天性充形色，必不可於形色求作用。」最後作者復釋船山論道德實踐之「至善」，船山要求極於善乃為至

善，故謂世間只有不及於善之不善，無有過於善之不善，「必到至善地位方是歸宿」。至此則聖賢精神可以不朽，而不求個體靈魂長存，因此船山又破輪迴只言氣化往來不窮之微意，蓋「生踐形色而歿存政教，德徧民物而道崇天地。」故無斷滅之可憂，無寂滅之可懼。船山之言人道贊天，斯其至矣。

陳忠成

〈王船山論習與性〉，《孔孟學報》第32期，1976.9，頁191-204。

　　是文專論船山之論習與性與情之間的關係，並確切闡明船山認為不善之根源在於情與習，所論頗有獨到處。作者先自船山的「習與性成」切入，強調習慣養成，性情也跟著造成，至於性何以能日生日成？則作者接著討論船山之論性與氣，並突出船山從宇宙論落實到人性論的重氣思想以及突出「繼善成性」的看法。作者揭出船山「性由氣生」、「氣善性善」、「氣日生日新，性日生日成」等主張，而既言性由氣生、習與性成，則「言氣而早已與習相攝矣」。船山認為先天之性天成之，後天之性習成之，所以善習養成善性，惡習養成惡性。但是惡性能隨惡習而成長，其惡端安在？即惡根是什麼？若無惡根，如何能成惡習？於此，則船山在伊川言氣質之偏，朱子言物欲陷溺，荀子言從人之性、順人之情外，將性之不善根源歸諸於情。他認為乃若其情，「可以為善，則亦可以為不善也。」不善之起，正在氣稟與物相授受之交，其兩幾相遇或有不當其時、不當其地、不相應以正者，則情不善——「當位不當位之吉凶悔吝，其上下往來者，情也。」故情便是善惡之幾。因此船山論養性之道，當在「察情治習以養性」，務使人知幾審位而以禮簡束其身，以防閑情之不當。

朱維煥

〈王船山宇宙觀心性觀之探源與闡釋〉，《學術論文集刊》第4期，1977.6，頁47-69。

　　該文以述為主，主要歸納船山言論以論船山之宇宙觀和心性觀。其宇宙觀如：體用相函、即器明道、即器言理、太極、陰陽、動靜、闔闢往來、氣化日新等；心性觀則曰「分氣函理以成性，體健效順而繼善」、「妙合明覺是為心」、「心統性情」、「命日受，性日生」以及船山論不善之由、正心誠意、持志養氣等諸義。該文屬於通論之作。

牟宗三

〈黑格爾與王船山〉，《古今談》第174期，1979.4，頁3-7。

　　作者認為黑格爾和王船山都不算是好的哲學家，但卻都是好的歷史哲學家。作者指出凡辯證必有具體、異質的成分，但黑格爾的學問在於「辯證的綜和」，黑格爾卻不事於分解，他只從「絕對的有」、「空無的有」自身起辯證。那麼作者認為黑格爾的貢獻為何？作者謂在於他關於歷史、國家、法律、藝術等方面的哲學，即整個人文世界方面的哲學。以此，黑格爾的路向不同於西方哲學主流以邏輯思辨為方式、以形上學知識論問題為對象的「抽象的解悟」。至於作者之比論黑格爾與王船山，正在作者認為船山亦是如此。其言船山哲理近似黑格爾「辯證的綜和」之系統性，船山論性命天道也是一個綜和的講法，他把心、性、理、氣、才、情都貫通在一起講。船山通於古今往來而為一，通過一連串的歷史事象，直見有一精神之實體在背後盪漾著，故見歷史為一精神表現之發展史，因而歷史的每一步驟每一曲折，皆可得而解、得而明。因此作者指出船山不是歷史主義、現象主義，他乃確見到創造歷史之本原，而據經以通變，會變以歸經。是故作者謂黑格爾和王船山都是經由「具體的解悟」進路，開創出人文世界價值世界之學問的。

曾昭旭

(1) 專書

《王船山哲學》，臺北：遠景出版社，1983.2。

(2) 論文

〈王船山之人道論──心之創造與主觀實踐之履行〉，《高雄師院學報》第4期，1976.1，頁31-96。（文收《王船山哲學》，頁405-508）

〈王船山之人文化成論──性之凝成與客觀事業之成就〉，《高雄師院學報》第6期，1977.11，頁115-144。（文收《王船山哲學》，頁509-556）

〈述王船山對佛老莊之批判〉，《孔孟學報》第38期，1979.9，頁191-214。（文收《王船山哲學》，頁215-251）

〈朱子、陽明與船山之格物義〉，收入氏著：《道德與道德實踐》，臺北：漢光文化事業公司，1983，頁111-126。

〈論王船山在學術史上之地位問題──兼論清代學術之性格與梁著、錢著《中國近三百年學術史》之觀點〉，《第一屆清代學術研討會論文集》，1989，（文收氏著：《在說與不說之間──中國義理學之思維與實踐》，臺北：漢光文化事業公司，1992，頁115-126；《清代學術論叢》第一輯，臺北：文津出版社，2001.10，頁231-239）

〈論儒家工夫論的轉向──從王陽明到王船山〉，《鵝湖》，17卷5期，1991.11，頁1-7。（文收《在說與不說之間──中國義理學之思維與實踐》，頁99-114。）

〈論大易的義理結構模型與王船山的兩端一致說〉，《在說與不說之間──中國義理學之思維與實踐》，臺北：漢光文化事業公司，1992，頁53-64。

〈王船山兩端一致論衍義〉，《鵝湖》，21卷1期，1995.7，頁9-13。

　　曾昭旭是國內致力於船山哲學的著名學者，所著《王船山哲學》是對船山學從事全面性探究的講論，堪稱臺灣學界船山學的大成之作。該著體大思精，全書共分三編：首編述船山生平。二編析論船山學術，又分船山之經學、諸子學、史學及其他。其中經學涵蓋了船山之《易》學、《尚書》學、《詩經》學、《禮》學、《春秋》學、《四書》學，諸子學則涵蓋船山之佛、老、莊學等，此編係依書立義，重在提點各書精要。三編則綜論船山之義理系統，此編蓋欲通觀船山之全部著作，尋繹其義理脈絡，而予以系統之解釋。是編復分就：1.「船山義理之根本方向」，以論船山與宋明儒在根本方向上之異同，主要說明其嚴斥陸王、不滿程朱、歸宗橫渠，並點明船山在中國學術史上之地位。2.「論船山之即氣言體」，闡明船山論氣、理、道、性之層遞關係及其體用圓融義。3.「船山之天化論」，說明船山所論天之實存與天地萬物之用，並突出「天化成物以待用」、「天化成人以載性」等義。4.「船山之人道論」，以論船山強調心之創造與主觀實踐之履行。5.「船山之人文化成論」，以說船山論性之凝成與客觀事業之成就。是書所論幾已涵蓋所有涉及船山學術及其哲學不同面向的議題討論，其體系完整而析理精密。

　　作者除《王船山哲學》之船山學專著外，其《在說與不說之間──中國義理學之思維與實踐》一書，實亦秉船山「兩端一致」之論，試圖發展為一種學術方法的實驗之作。有關作者之單篇發表論文，前三文業已收入《王船山哲學》，故以下僅述其在1983年《王船山哲學》專書出版以外的發表篇章。

　　〈朱子、陽明與船山之格物義〉一文，作者比較朱子、陽明與船山三家之「格物」思想，並論以朱子、陽明側重立本，船山則重視由本貫末。有關朱子、陽明的格物義，於此不細論，至於船山部分，則作者主要指出關於知，船山明顯地分別出「體證良知」之知和「攝取知識」之知的不同，船山心目中的格物，是以認知外物的結構之理為義，其不同於朱子以主觀的道德經驗為對象的格物義。而雖然「致良知」於事事物物的良知推

擴義，原屬陽明所有，但良知推擴並不能僅依靠正心誠意，還需有對於對象之正確知識為助，此義則為陽明所未發而船山補足者。是故作者認為順著船山格物義，是可以開出科學方法並建立起客觀知識來的，而中國內聖外王的傳統道德學，便亦可以逐步開展其內涵而圓成一體。

　　〈論王船山在學術史上之地位問題──兼論清代學術之性格與梁著、錢著《中國近三百年學術史》之觀點〉一文中，作者提出一種在普遍流行於學界的清代學術重要著作──梁著與錢著《中國近三百年學術史》之外，而能夠涵蓋並補充是二作之觀點。即作者在二著所各持固定觀點之顯「兩端」殊異，卻未能通觀「動態的道」之外，以一種能夠涵蓋實存歷史曲折歷程與延續傳統文化生命的角度與觀點，看待船山哲學與清代思想。作者於文中指出，梁著持科學觀點，錢著持道德（道統）觀點，是為兩人出發點的根本殊異。那麼什麼才是能涵蓋上述層次之觀點與系統呢？作者提煉出船山哲學的「辯證的道德史觀」，認為才是船山哲學終極關懷的根本觀點，是為呈現並對應船山哲學以及清代學術的最適當角度和定位。所謂「辯證的道德史觀」，強調在層次上是高於諸觀點，而能夠動態地統屬諸觀點的「主體的觀點」，是一種在活動中的觀點，是歷史發展歷程中動態地呈現，而容許有一串連續的觀點與角度。準此，則「一切分殊而固定的觀點只是這主體之分化」，故歷程中的每一個橫截面雖然都有其特殊觀點之殊相，但最後又都能回歸於道、折衷於道。故「兩端一致論」是既能說明船山「每一橫截面的觀點，皆能融通於母體大流」的「辯證的道德史學」方法論，也是能涵蓋梁著與錢著固定觀點的「主體的觀點」，一如孔子言「聖之時者」所著眼。要之，作者揭出船山哲學是「動態的道」而不是「靜態的理」，故船山哲學既批判陽明學，又重視心性之學；既深研心性之學，又轉向生動實有的「氣」學，其不能歸類為宋明理學家或清學學者，其地位正是在明清之際能夠縮明學與清學為一體的大儒。

　　〈論儒家工夫論的轉向──從王陽明到王船山〉一文是作者較顯新儒家色彩的篇章。作者承繼牟宗三以證體為準，判陽明的致良知教為本質工

夫，「乃儒學之正宗」，朱子則雖在現實上成為顯學，「也只是儒學的別子為宗」之說。但主張轉從在良知大本已被證立後，從事「探討良知如何推擴發用以建構廣大悉備的道德秩序」的角度看待朱子學。換言之，作者強調工夫理論的建構次第，並指出宋時正當理學的證體階段，其工夫核心落在對道德心的體證──「內聖」上，導致朱子強調認知心的橫攝系統，因時勢所隔，而「在確立道德根源這一時代課題上成為歧出」。所以作者言「朱子學之所以複雜繳繞有問題，是因放錯了時代。」不過作者亦強調儒學要從內聖到外王，則在良知大本已獲證立之後，其工夫論便不能仍以「證體」階段的「逆覺體證」為主，而是必須進至以「達用」為主的工夫論，那麼此一合內外、德業為一體的新工夫修養形態及理論建構，便是由船山學加以完成的。惟作者終不脫新儒家意識形態地認為：本來應該可以開出儒學工夫論新路的船山學，其所以仍不免及身而滅、後繼無人的原因，正在「滿清入關，使慧命斬絕」。並認為接續船山未竟事業的責任正在三百年後的當代新儒學，則其說就不免未能正視清代開出新義理學，並忽視歷史文化「理勢合一」之發展性了。

　　〈論大易的義理結構模型與王船山的兩端一致說〉一文，亦作者突出船山「兩端一致」說之專篇。該文以船山的「乾坤並建」說連繫起其與大易的共同義理結構模型，如《易繫辭》有言「乾，陽物也；坤，陰物也。陰陽合德，而剛柔有體，以體天地之撰，以通神明之德。」船山亦曰「兩端者，虛實也、動靜也、聚散也、清濁也，其究一也。」惟有關船山的「兩端一致論」，因作者另有一文專門探討該主題：〈王船山兩端一致論衍義〉，二文可以互相參看，故以下合論之。〈王船山兩端一致論衍義〉是作者建立起船山哲學「兩端一致論」的重要篇章，該義實亦散見於《王船山哲學》一書中。該文中作者先自船山所著《尚書引義》、《老子衍》、《莊子通》之書名切入，以見船山「以述為作」的著作精神，是既不背原典，又不為原典所限，自我創造與原典義蘊相互發明並融通。接著借言《老子衍》之「天下之萬變，而要歸於兩端，兩端生於一致」，分就

生命體證實踐（行）和經典詮釋方式（知）兩個領域，論船山「兩端一致論」之不同形態。其中生命體證領域復分就「本體宇宙論意義」和「工夫論意義」，經典詮釋領域分就「教化意義」和「學術意義」等角度論述，而這兩個領域也是相互滲透、圓成一體的。先就「本體宇宙論意義」言，乾坤實為一體，船山說「乾坤並建而捷立」，真實具體存在的宇宙生命體，其現象都是陰陽錯綜、乾坤合撰的，生命的每一當下都是完整的，故如〈乾〉、〈坤〉二卦之純陽純陰，非謂宇宙真有純陽純陰孤立實存之二元。乾坤二元是人心之暫時分析，以象生命之純德，並非本體發用所展開的諸般現象，故此只為虛說而無兩端互動事實的「純形式的兩端一致論」。至於具有辯證歷程的兩端一致論，那就不以天道言，而是以人道之「工夫論意義」言了——於此，一端是結構性的身體（物、氣質、情），一端是作用性的心靈（心、性），而在性情通貫、心物通貫的工夫過程中，事實與價值的交互作用是互為體用，「即事實即價值」的。再就詮釋經典領域言，中國義理學所使用的語言都是一無限開放系統，詮釋者與經典之間是為互相發明的關係，既是六經注我，也是我注六經，六經亦因我而更開生面，故能顯「教化意義」之藉闡發經義以教化當世人。再者，當詮釋者在表詮義理時，其著書立言必須配合不同的現實條件以呈顯不同之所當，則其所論斷並非單純的道德判斷，而是曲折地說真理如何配合歷史事勢，是「此一時也，彼一時也」之複雜歷史判斷。作者最後並總說「體驗實踐」和「言說詮釋」之「兩端」，亦是兩相呼應、相融一體而「一致」的——「言說所以啟導實踐，實踐所以豐富意蘊而發為言語，又足詮釋其所行。」因此最終，整個生命的存在與流行，即涵有一切自然與人文的成素在其中，歷史文化亦得以日生日成。船山對比辯證思維之內外本末、一體圓融，亦於斯可見。

呂實強

〈王船山的經世思想中維新的傾向〉，《近代經世思想論文集》（臺北：中研院近史所，1984.4），頁105-114。

　　作者該文之著眼點，在於船山思想中頗有與當世諸家，甚至前賢先聖不同之處，即其經世思想中具有一種以理性主義去解釋歷史的維新傾向。作者認為這是有異於晚清革命黨宣揚其「華夷之辨」與新儒家盛讚其理學哲學之外的，從歷史觀點說的劃時代貢獻。文中，作者論及船山反對政治之虛妄附會，批判將陰陽五行衍生出來的五德三統說推衍到政治制度，如改正朔、易服色等。又論船山否認正統綿續，謂其基本理念為天下者有德者居之，天下非一姓之私，凡能造福生民者即天命所授，無須究其統與不統。復論船山倡言社會進化、人心向善，反對所謂上古醇厚而愈後愈澆薄之說，並倡因時制宜日益維新說等。故作者總結船山是一篤實之理性主義者，一切價值判斷與制度取捨，皆循理而行。

林安梧

《王船山人性史哲學之研究》，臺北：東大圖書公司，1987.9。

　　林安梧一向頗致力於儒學的批判與重建，認為應該興發儒學的歷史性而締建一歷史性的儒學，揚棄制式儒學，以開發批判性儒學及生活性儒學。是著之旨趣，則在於提出「人性史」概念以為船山「通向實踐」的歷史詮釋和歷史批判之鑰，且謂船山正是以「人性史」作為對佛、老、莊、申、韓、陸王、程朱等意識形態之「批判的武器」。

　　是書先說明船山哲學是在理學重「理」、「心」、「氣」三脈相激相盪下展開的，重理和重心，由於天理之超越性和良知之內在性都不重歷程義，所以都偏重在道德層次立說，惟有重氣，因突顯「存在的歷史性」而重視歷程義，才真正重視歷史文化。故相較於朱子重理、陽明重心，則船

山重氣，正是其義理趨向重視人文化成的內在因素。而對於船山突出圍繞著人而言的「存在的歷史性」，作者乃以涵蓋自然史哲學、歷史人性學、歷史哲學的「人性史哲學」一詞，代替一般稱船山哲學為實在論、唯氣論、唯物論的說法。因為船山認為人是宇宙氣化流行所摶聚成之最秀者，是天地之心，是能詮釋與潤化並締造宇宙者，人亦在此歷史文化宇宙中長養自己，復參贊此歷史文化宇宙。同時在船山學以人為中心，也以人為詮釋起點下，其整個理論體系又強調通極於道，「道」是船山理論的最高預設，故「人」、「道」與「歷史」並皆為船山哲學核心，是以作者即自「道之歷史性」、「理勢合一」的「道器合一」角度，以說「歷史即是人性史」。他同時還說明稱為「人性史哲學」，其中一個目的也是為了區別傳統儒學長期停留在「天理史觀」，天理史觀論者往往與「道德主義」、「復古思想」相結合，而以一超絕於人間世的天理懸隔於上，認為人們當趨向此永恆的終極目標。對此，作者批判「以『道德』或『天理』來涵蓋了『歷史』，歷史不足以成為歷史。」所以他稱深具歷史意識的船山，是「中國歷史意識發展的先驅」。此外，作者亦指出船山學乃以「兩端而一致」的對比辯證思考方式，通過詮釋眾多經典，「因而通之以造乎其道」地建構了一己之哲學系統。其所詮釋，皆依「安於心」、「順於理」、「適於用」而展開其說，所以作者說船山詮釋經典已經脫離了移情作用，進至一種「造乎其道」之統括了理解、詮釋、批判、重建等歷程，並經由「詮釋的轉化」而上逐於道的「創造性的詮釋」。

胡楚生

〈王船山「老莊申韓論」發微〉，《國立中興大學文史學報》第17期，1987。（文收《清代學術史研究》，臺北：學生書局，1988，頁25-34。）

〈船山史論中之民族思想〉，《孔孟學報》第53期，1987.4。（文收《清代學術史研究》，臺北：學生書局，1988，頁35-43。）

〈試析王船山所論老子思想的基本瑕疵〉，《中國書目季刊》第25卷第3期，1991.12，頁25-32。

〈王船山「老莊申韓論」發微〉一文，作者指出船山《薑齋文集》之〈老莊申韓論〉，乃最具代表性之船山闡釋治道之作，不過其文辭簡奧，且僅發其凡，至斯義不明。實則其《讀通鑑論》、《宋論》等評論史實之作，皆對此篇隱微曲折之義多所推闡與發明，故作者認為「可取資印證，轉相發明」，爰有斯作。文中作者述船山所論治道，謂其推尊儒家仁政，轉而不能始入於老莊，但言其已陷邪曲。又並此不能者，降為申韓，斯為最下矣──作者揭出此義，以為船山論治道之綱領，文中並各舉原典，縷縷詳述以證成上述船山治道思想。

〈船山史論中之民族思想〉一文，作者專就船山之「夷夏之防」立意，文中並引證《讀通鑑論》云「有一人之正義，有一時之大義，有古今之通義」，論以船山所最突出的「古今之通義」，即指夷夏之辨，文中主要多引述《讀通鑑論》所論以證成其所提出觀點。

至於〈試析王船山所論老子思想的基本瑕疵〉，該文「瑕疵」之謂是針對老子思想而言，所以是「述」，而非「評」船山所論，此需先加以釐清者。作者根據船山《老子衍》，提出船山批判老子思想之著眼主要有三，為不公、不經、不祥。其中不公、不經，指老子思想言論的缺失，不祥則指老子思想對世人所造成的流弊影響，文中並引據船山原典以分述各項。基本上作者持肯定船山批評的立場，但也略為老子多用「正言若反」的語言方式提出辯解，故謂可以「曲諒」其「瑕疵」，同時認為雖然船山批判老子思想，但並未全盤否定老子思想之某些價值。而綜觀作者上述各文，可見作者頗多採「述」的歸納闡釋方式。

曾春海

〈闡船山易學之宇宙論〉，《哲學論集》第10期，1977.12，頁76-131。
（文收氏著：《儒家哲學論集》，臺北：文津出版社，1989.5，頁360-
417。）

　　作者收入所著《儒家哲學論集》之是文，集中焦點在船山易學之宇宙論上。文中第一層次先標出船山「道器相須不相離」、「理氣一源」和「體用合一」等基本主張，以及船山論「太極」、「太極與一陰一陽之道」、「以『乾坤並建』釋周易生生之宇宙觀及卦爻構成法」等思想綱要。其下再分就船山論「陰陽為太極實有之氣」、「陰陽與剛柔」、「陰陽與動靜變化」，以及船山認為蘊涵了「變通律」和「對待調和率」在其中的「實有而健動之宇宙觀」。最後作者復論船山之「乾坤並建義」以及「乾知大始，坤作成物」之生生宇宙觀，並藉陰陽十二位數和易卦錯綜相比的旁通系統等易卦構成法，以示宇宙之變化。除是文外，作者書中另有〈船山易學之研究綱領〉一文，可作為深入認識船山易學之先行導論。

董金裕

〈王船山與張橫渠思想之異同〉，《哲學與文化》第20卷第9期，
1993.9，頁883-893。

　　該文緣起作者有見於船山不滿陸王，又對於程朱雖有稱述，仍不免有微辭，唯獨對橫渠有褒而無貶，且自銘墓誌曰「希張橫渠之正學而力不能企」，故試圖比較船山與張載同持氣論思想之異同。文揭三目，為：對惡之來源的看法、對情欲的態度、對歷史演化的觀點。文論船山肯定橫渠認定氣兼具形上、形下意義的說法，但反對橫渠區分天地之性與氣質之性為二。橫渠對情欲多自負面立論，船山則認為天理、人欲並非截然相反對。橫渠從氣之聚散角度論氣與萬物，但言其循環不已，未能揭明其意義，致

為朱熹譏以「大輪迴」，船山則自「生生之謂易」、「開物成務」推衍出造化日新的道理，故他反對厚古薄今，擺脫三代信仰。作者並總結船山對於橫渠非徒為踵述之，而是能夠別開生面，審時度勢，掌握時代脈動。

朱浤源、蔣秋華、朱榮貴

〈王夫之民族思想重觀〉，《哲學與文化》第20卷第9期，1993.9，頁905-922。

　　該文題為「重觀」，其所別出一般析論船山思想「華夷之辨」與民族思想者，在於作者指出不能單純從民族學、文化人類學的角度看船山的民族思想，而應以社會科學，尤其是政治學的視角切入，始能相應地理解船山之民族思想。

　　文論船山民族思想極為龐雜並間有立論彼此矛盾者，其「環境倫理學」係立基在其重氣的宇宙論以及張載的「變化氣質」說。其或謂夷狄非人之論——「蟊賊我而捕誅之，則多殺而不傷吾仁」，係指夷狄與中國處在戰爭的敵對狀態而言，至於和平時則船山強調應設防夷狄，甚至輔助夷狄。換言之，船山多是從政治角度出發，而非一般民族思想或文化性問題，不可一概而論。再者，船山的夷狄政策還區分為亂世與治世兩種情形：亂世夷狄入侵時，他主張異族漢化、同化夷狄，此出自船山欲保衛漢文化傳統的目的，避免被異族同化，故為「權」；但治世時，則他以漢民族優越感否定夷狄漢化政策、反對少數民族漢化，此為「經」，是以其《黃書》中有「自畛其類」之民族共存理念與主張。要之，船山亟反對夷狄入主中原，亟防止民族同化，故他反對民族混居、通婚及和親，更痛斥後晉石敬塘向契丹稱臣割地以及宋高宗對金人的妥協政策。而對於君權，船山亦提出「可繼、可禪、可革」，「『華夷之辨』高於『君臣之義』」等主張，是為對於君權神聖性之極大挑戰，並顯示出突破當時思想格局的活潑性，這些思想且更早於呂留良與曾靜等人。最後作者總結到船山《黃

書》是標準的經世之作，是船山「早期的政治宣言」，其「公天下」，但絕「不可使夷類間之」的主張，使船山的民族思想在本質上離不開國家思想。自其「華夷之辨」到「夷夏大防」，其實正是一種朦朧的國家觀念與政治性考量，於其「天人」、「君臣」、「邊防」、「中國」、「治統」、「治亂」、「正統」、「夷夏大防」諸問題之討論，正可見船山在朦朦朧朧之中已提出具有現代意義的國家觀念了。所以船山所論，基本上是政治問題而不是文化問題，惟船山始終存在將「華與夷」和「人與禽」相比擬的刻板印象，其「自然哲學氣化論」和「地理決定論」也帶有大漢民族主義與狹隘民族主義的色彩，這使得他的民族思想具有開明、超越時代的理性一面，但也有時代、客觀上以及過於道德主義和感性的侷限。

　　又附及之：1993年之《哲學與文化》第20卷第9期係船山思想專刊，文集中除前述二文外，尚有相關議題，如呂實強：〈王船山民族思想的再省查〉、孫廣德：〈王船山思想中的君主角色〉、張永儁：〈析論王船山「君相可以造命論」之民主精神〉等。另外也有以歸納、述論船山思想為主的，如潘小慧：〈從王船山本體論看其人性論〉、杜保瑞：〈從氣論進路說船山的人道論思想〉，並皆突出船山思想的氣論進路，潘文並以船山性論為主題，強調其性論思想突出「天命之謂性」、「理氣合一」、「理欲合一」、「日生日成」、「繼善成性」等諸義，並分別引述船山原典證立其說。杜文則說顏元「沒有根本惡的氣化世界觀」、「崇德廣業的人道廣大論」以及「治仁的功夫論」等。另外又有羅光〈王船山形上哲學思想的系統〉，分自太虛、人、歷史等船山哲學核心概念，引述船山原典略述船山思想，並皆附記於此。

趙雅博

〈王船山宇宙生發的思想（上）、（下）——為紀念逝世兩百週年而寫〉，《孔孟月刊》第32卷第5、6期（總377、378期），1994.1、2，頁22-29，31-39。

　　該文專論船山重氣而突顯「乾坤並建」的宇宙生發思想。作者認為船山對宇宙生發，其所敘述的，並不多是它的主動原因，而更是它的材料因、它的經過與完成後的全貌。作者並總結船山論氣涵「太和之氣」與「太虛之氣」而言，就其為氣觀之，一氣耳，無分於己，但就其性質內涵之不同，則有「未可名之為氣」和「實為氣之氣」，前者即神氣，簡稱為神，或清氣，後者即成形之氣，為濁。就構成萬物言，此成形之氣又分為陰陽二氣，有二故能和合，而又神在氣中，即「自其合一不測而謂之神，非氣外有神也。」是故神氣又在成形成物之陰陽二氣中。接著作者論船山之太極陰陽──船山反對「太極生兩儀」之說，他認為太極中含有陰陽，但陰陽不是由太極生，「有」不同於「生」，同時太極也不是在陰陽之上，沒有陰陽而孤立存在的，所以陰陽就是太極的內涵或固有性。在船山心中，陰陽就是太極，或太極的構成部分。此外，船山又肯定「乾坤謂陰陽也」，「陰陽皆具乾坤之德而用不窮也。萬象體乾坤而各有為體，陰陽有畸勝而無偏廢。」故太極即乾坤合撰、陰陽渾合，斯即「乾坤並建」之義了。作者亟肯定船山「乾坤並建」說不只包括宇宙天地萬物的生發，還蘊涵了一切從天地乾坤陰陽到卦爻人事的吉凶變化，合宇宙人事於乾坤一爐而治之，並且船山的解釋是從《周易》中找到根據的。作者復為進一步之闡釋，謂船山論以純陽只能施，不施便無從變化；純陰只能受，不受亦無從變化，故《周易》才提出「乾元」為創造之原動力，為最高明，「坤元」為接受創造之原動力，萬物資以成長。惟若不提「乾元」而單提「乾」，則孤陽不生，陽需配以陰，才能生發萬物，是故「乾坤並建」乃宇宙生發之原理，其不僅在宇宙實物如此，在由天而轉入人事而成卦，亦是如此。因此乾坤並建就是陰陽並建，故乾坤由陰陽爻之交錯，變易成六十四卦，而統此乾坤並建並成為終始相關者，即引出一太極，是以船山反對「太極生兩儀」之說，他認為如此則是陰陽以太極為父，然而船山是認為陰陽之外無理，乾坤之外無太極的。復次之，作者說船山「乾坤並建」說非二元論，亦非絕對的一元論，而是二元合為一元，其陰、陽雖

各效其功能，各著其性情功效，然而陰陽非有偏至之時，剛柔非有偏成之物，乾坤並立，陰非陽無以始，陽必藉陰以生萬物，並謂斯即「大哉乾元，萬物資始；至哉坤元，萬物資生」之注腳。

林文彬

〈王夫之論《周易》「扶陽抑陰」之教〉，《國立中興大學臺中夜間部學報》第1期，1995.11，頁1-25。

　　該文揭出船山易教之「扶陽抑陰」為題，在眾多研究船山思想的撰作中有其特殊性。作者本於船山說解卦辭屢言「易之為教，扶陽抑陰」，「聖人於此，寓扶陽抑陰之深義」以立說，但亦指出其末悖船山「乾坤並建」之旨。此係船山認為《周易》占義不占利，是要明進退得失而非預卜吉凶禍福，所以特別稱揚剛貞守正的陽道，並將「扶陽抑陰」譬為「大易之教」，故船山引申《周易》之「尊陽」傾向於人倫結構。作者又言船山認為大自然變化本無吉凶得失可言，但當天道顯現於人事時，根據陰陽原則就有吉凶悔吝、進退得失的象徵義，所以作為溝通天人的《周易》，便是據陰陽爻以及卦爻辭示人以吉凶禍福，故本文主要即例舉船山對各卦的說辭為證，以證立船山主張：陰以近陽為得、陰盛則戒陽、消長資剛而定。其謂船山認為易教凡陰近陽則往往有利，若是陰盛——譬如船山釋〈剝卦〉謂「此卦陰自下生，以迫孤陽之去」等，則易教便「戒陽」當早為之防，故其卦辭曰「不利有攸往」。作者並謂船山「陰盛則戒陽」之說充滿了憂患意識，與歷來說解亦大相逕庭。再者，陰陽消息，資剛而定——船山釋〈萃卦〉有曰「陰以養陽，柔以保剛，小人以擁戴君子。」釋〈鼎卦〉之「元亨」亦曰「柔道行，而抑必資於剛。……卦德之美，在陽之元，而以上之剛以節柔為亨。」其意蓋謂陽尊陰卑，陽主治而陰主養，故資剛而節柔為有利。要之，作者係立足在船山發揚《周易》之「扶陽抑陰」精神以及對卦辭陰陽結構之廣泛、具體詮釋，以進求其中所蘊涵

的船山人文主張，如健動的精神、憂患意識以及「陽尊陰卑」的天人秩序，像是君臣、父子、夫婦、華夷之道等。

張新智

〈王船山「占學一理」說初探〉，《中華學苑》49期，1997.1，頁27-41。

　　是文拈出船山易學之「占學一理」以為論述旨要。「占學一理」係出船山《周易外傳發例》曰「錯綜合一為象；彖爻一致、四聖一揆為釋；占學一理、得失吉凶一道為義；占義不占利，勸戒君子、不瀆告小人為用。」作者解釋「占學一理」，說以「占」與「學」融通互貫，「即占也，即學也。」並謂其根基於「四聖一揆」之「後聖以達先聖之意，而未嘗有所損益。」再者，在「占學一理」下，「占」與「學」何別？船山《周易內傳》有曰「觀象玩辭，學易之事；觀變玩占，筮易之事。」即凡重點放在觀象與文辭上者，為「學」之事；重點放在觀變知變與卜筮者，便是「占」之事。另外作者又指出，易道之「學」與「占」只為君子謀，不為小人計——船山《周易內傳發例》又嘗借《禮》載「筮人之問筮者曰：義與？志與？」以說「義則筮，志則否。」故合於公義者，筮之，為遂己志者即不筮，是以「占義不占利」乃以「義利之辨」為其判準。如此，則君子便能藉由易道之「占學一理」，而得以善用陰揚，以盡人事而贊化育。

　　除上述所述論外，臺灣學界仍多研究船山思想之篇章發表者，惟所涉論議題，則大抵不出前述船山專著及已發表之專題論文。略述如下：

朱榮貴

〈王夫之「民族主義」思想商榷〉，《中國文哲研究集刊》第4期，1994年3月，頁521-548。

　　該文所涉論議題之範疇，除另以黃宗羲《留書》與船山《黃書》相比

外，其他諸如王夫之的民族觀、種類論、氣質論、什麼是「夷狄」、文明與野蠻的分野、同化夷狄的問題、正統論……等，皆與〈王夫之民族思想重觀〉一文大抵近似。

黃懿梅

〈王夫之的生平及思想〉，《中華文化復興月刊》，11卷4期，1978.4，頁74-84。

該文主要略述船山生平、重要著作，並提煉船山思想之大要，如其歷史思想以及包涵「乾坤並建」、「主有反無」、「體用一源」、「主動廢靜」、「道器相須」數義在內的形上學思想內涵，所論與唐君毅等大抵同一範疇。另，作者嘗撰作碩士論文《王船山的倫理學》（臺灣大學哲學研究所，1974），附記於此。

林明宜

〈王船山人性論之結構——以《讀四書大學說》為主要範圍〉，《思與言》，33卷4期，1995.12，頁29-53。

該文主要依「天命之謂性」、「繼善成性」、「命日受性日生」以及論「不善的來源」、「天、人、物之關係」等綱目，述論涵蓋船山論心、情、才在內的人性構成，其範疇大抵近於本報告前文所述論。

此外，關於船山思想之其他論作尚多，譬如周伯達〈船山哲學述要〉（《湖南文獻》第6、7期合刊，1972.10，頁255-259）；蕭天石〈船山思想述要（序傳山遺書）〉（《湖南文獻》第8期，1973.6，頁226-228）；薩孟武〈王夫之的民族思想〉（《湖南文獻》第8期，1973.6，頁231-233）；胡鴻文〈王船山的知識論〉（《湖南文獻》第5卷第2期，1977.4，頁8-15）；唐斌成〈王船山主體性思想述評〉

（《湖南文獻》第23卷第3期，1993.7，頁10-14）⋯⋯等。另外，學位論文有李增財《從讀通鑑論宋論淺窺王船山的思想》（1972年輔仁大學哲研所碩士論文）；曾春海《王船山周易闡微》（1976年輔仁大學哲研所博士論文）；劉健明《王船山之天道論》（1980年文化大學哲研所碩士論文）；戴景賢《王船山之道器論》（1982年臺大中研所博士論文）；劉紀璐：《論王船山哲學中「歷史中之天理」的問題》（1983年臺灣大學哲研所碩士論文）；陳章錫《王船山詩廣博義理疏解》（1984年臺灣師大國研所碩士論文）；柯義龍《王船山民族思想之研究》（1984年臺灣大學法律研究所碩士論文）；林安梧《王船山人性史哲學之研究》（1985年臺灣大學哲研所碩士論文）；林文彬：《王船山莊子解研究》（1985年臺灣師大國研所碩士論文）；劉榮賢：《王船山張子正蒙注研究》（1985年東海大學中研所碩士論文）；林碧玲《王船山之禮學》（1985年政治大學中研所碩士論文）；苗崇聖《王船山的人物觀之研究》（1985年政治大學政治研究所碩士論文）；王季香《王船山格物致知論》（1985年高雄師大國研所碩士論文）；許長謨《王船山經世思想析論》（1988年臺灣師大三民主義研究所碩士論文）；傅正玲《王船山美學研究》（1989年東海大學哲研所碩士論文）；胡森永《從理本論到氣本論——明清儒學理氣觀念的轉變》（1990年臺灣大學中研所博士論文）；杜保瑞：《論王船山易學與氣論進路並重的形上學進路》（1992年臺灣大學中研所博士論文）；林文彬：《船山易學研究》（1993年臺灣師大國研所博士論文）；林宣慧《論船山實踐進路的兩端一致論》（1993年中央大學哲研所碩士論文）；李美惠《王船山人性論之研究》（1997年中央大學中研所碩士論文）；傅淑華《王船山〈老子衍〉之研究》（2000年中央大學中研所碩士論文）；陳章錫：《王船山禮學研究——以兩端一致論為研究進路》（2000年中國文化大學哲學所博士論文）等。

10.陳確（**1604-1677**）

　　陳確一生不圖仕進，山居鄉處，只著書立說；他和梨洲同出劉宗周門下，梨洲曾嘆「環視劉門，知其學者亦絕少」，但卻肯定陳確「於先師之學十得之四五」。又說陳確爲學「無所瞻顧」、「不肯隨聲附和」、「多驚世駭俗之論」。在經學思想上，陳確持「學莫先正心」的王學立場，他反對以官方哲學的程朱理學作爲儒學正宗教義，反對朱子〈格致補傳〉之「一旦豁然貫通」說法。他說「道無盡，知亦無盡」，「格致」不是「一截功夫」，故批判朱子「一旦豁然」和「知止」之說皆「去禪彌近」。他繼其師之《大學古文參疑》後，並著《大學辨》以攻訐朱學，提出《大學》廢經主張，而與閻若璩《尚書古文疏證》並稱清初之辨僞名篇。不過在陳確「直接山陰一綫之緒」的蕺山弟子身分外，他實際上與理學並不相契，從精神趨向言，他甚至相當程度地站在理學的對立面，接引著清代新思想風趨。他用以扭轉儒學「謀道不謀食」傳統的「治生論」，便論以「治生尤切於讀書」，迥異於理學的「理／欲」對立觀，若此皆使得即連同門的梨洲也感到不勝驚駭。關於陳確的思想研究，如：

詹海雲

〈陳確人性論發微〉，《第二屆清代學術研討會論文集》，1991。（文收《清代學術論叢》第一輯，臺北：文津出版社，2001.10，頁281-318。）

　　該文論陳確之人性論頗面面俱到，對陳確思想具有清楚釐析之功，在系統闡述陳確人性論內涵之際，也能發揚陳確新義理觀具有呈現「一個新的合乎情理的人欲觀思潮已漸形成」的思想意義。

　　作者先就「虛實、難易、知行、一兩」等論題，闡明陳確論聖學之內涵，並揭出陳確講學宗旨在於「素位」之學，「素位」者，「因其現在

所居之位而為其所當為，無慕乎其外之心。」故能素位者，便能「明乎善」而不致「思出其位」。接著作者論陳確「人性論要旨」，其謂陳確性論出自孟子「性善」說，此論具有對清代新義理觀釐清趨向之作用——雖然清儒之性善論頗異於宋明理學，甚至多認為宋儒誤解孟學，但清代逐漸成形的新義理觀，其思想大本出自「性善」說則確乎無疑。作者指出陳確「性善」論和宋儒的殊異，在於他反對有一先天具足的道德（天地之性）存在。陳確從「乾道變化」和「利貞」的天道化生歷程，認為善之完成是「繼善成性」，必須有一發展變化的過程，才能具足完成，因此他亟反對理學的「復初」說。又，陳確學出蕺山，陽明「知行合一」與蕺山「慎獨」之教，以及蕺山縮合「義理之性、氣質之性」和「道心、人心」等說，都對陳確思想具有啟示催生作用，是以陳確亦「尊心」地主張「正心決定格致方向」，且以「正心」作為「指南之鍼」，以使人之行為方向不致偏差。接著作者再論陳確之「人性論要義」，文中分立三綱——「性一元論及擴充盡才處見性說」、「氣稟無關善惡論及氣情才有善無惡說」、「天理從人欲中見，人欲正當處即天理」，是為本文之核心論述。作者強調人性有「自然屬性」和「社會屬性」之不同角度，前者為人的生物性，後者為人的本質，即人禽之別。陳確雖然認同性善，但就宋儒的人性二分法言，他只承認氣質之性，並肯定其有善無惡。他將不善歸之於「習」，故他反對氣情才或氣質有惡之說，反對理學主張「變化氣質」以及氣稟清濁決定善惡、人欲必須淨去的論點。他說人欲不只是社會功利欲望，「忠孝節義」也是一種道德欲望，況且「富貴福澤」之欲，即聖人亦不能免，是以他贊成孟子之言「可欲之謂善」。所以他強調「習」的重要性，且謂涵養道德不是要「變化氣質」，而是要「變化習氣」，他正是以「習」說明性善是一發展完成之過程。最後作者再論「陳確人性論之評價」，文中涵陳確人性論在儒學發展史上之地位、陳確人性論之商榷。作者還針對陳確與宋明儒的關係，總說「陳確尊心重欲，近於王學，而遠於朱學；主性善則修正王學，將形上本體轉向形下工夫；救學人於重圍之內而力廢《大

學》，則是既異程朱，亦背陸王，有導夫新路之企圖。」總結本文，是對於陳確思想能為完整闡釋並述評的研究單篇。

另外，有關陳確思想的學位論文，如劉清泉《陳確批判傳統理學的思想探究》（1996年清華大學中文系碩士論文）；陳熙遠《時代思潮與轉折點上的異數——陳確思想試析》（1990年臺灣大學歷史所碩士論文）等。

11.唐甄（1630-1704）

唐甄的思想理路迥不同於清初眾多經生思維，其《潛書》之作，係出於他身為下士的真情實感以及個人迫切的生活困難，故書中所剴切痛陳的切膚需求以及富民思想，不但深切代表了下層百姓心聲，也使《潛書》一書充滿了思想原創性，這在儒學傳統中是極其難能而可貴的。因此《潛書》在上層知識分子暨傳統經學思維以外，正是以儒學中罕見的活潑思想創發力，提供另一種貼近民生隱曲的經世思想形態，其批判性格極其強烈，在明清之際深具啟蒙精神，堪稱十七世紀本土性的啟蒙思想。有關唐甄思想的研究成果，述要如下：

熊秉真

〈從唐甄看個人經驗對經世思想衍生之影響〉，《中央研究院近史所集刊》14期，1985.11，頁1-28。

該文的切入點極其特殊，作者藉由存在上層與次層知識分子間的兩種不同經世思想形態，探討個人經驗對於形塑其經世思想所可能產生的影響力。上層知識分子如顧炎武、黃宗羲等，其福國淑世的設想常由上而下，從國家的強弱興衰、社稷安危出發，然後及於人民福祉，所以往往是以朝廷或政府利害為本位，不脫傳統政治哲學「民為邦本，本固邦寧」之以強

盛國家為終極目標的立場。至於次層知識分子則經常呈現一種由下而上的思考模式，而亟欲改善與其個人痛苦經驗相關聯的社會基層狀況，又以其不受師承和學術傳統約束，其思路容易有突破傳統思想藩籬的潛在因素，能孤立地朝獨特方向發展，較少受當代思潮左右。但不可否認地，後者的教育文化背景也可能限制了其高瞻遠矚的能力，明清間位居學術邊陲，生活極其顛沛困頓的唐甄，正是作者所論次層知識分子的典型代表。

以此，作者特別著重對唐甄下士的貧窮生活描寫，因為「貧窮對他是如此真實而迫切的問題，這使他對人生世事發生了許多異於一般士人的感觸，也從而成為他關懷國家社會情勢的一個根本的動力。」幾乎所有唐甄提出來的經世見解，都與他優蹇困阨的真實生活經驗息息相關。作者於文中復指出唐甄最突出的經世論述，是「養民」與「富民」主張——其政治經濟的終極理想是努力求富；其論吏政良窳的考察標準，是以能否實質為百姓創造財富為著眼，極力主張推動各種經濟生產事業，並強烈批判「虐取於民」的敗壞吏治。他強烈控訴數千年帝制而驚心動魄的「帝王皆賊」論，出自他真實目睹晚明張獻忠殺戮暴行的翻天覆地大動亂，然而張獻忠也有可能殺出一個新王朝，這使得他深刻體會到專制帝制的殘酷本質。要之，作者認為唐甄的見解常反映出切身經驗對他構思上的影響力，其生平經歷正是鼓動其經世情懷，並直接孕育他殊別於一般經生思維的經世構想之最關鍵因素。

高大威

〈唐甄思想析論〉，《第四屆清代學術研討會論文集》，1995.11，頁179-205。（文收《清代學術論叢》第一輯，臺北：文津出版社，2001.10，頁385-404。）

該文指出唐甄思想被後世過度輕忽，唐甄在近世學者眼中似是一個可以越過不論的人物，實則重視子學並具有子學色彩的唐甄思想，在明清之

際有諸多突破當時思想高度的進步思想、啟蒙意識，相當值得一書。

文中，作者先對唐甄思想溯源，並論以唐甄推服孟子與陽明王學，是即唐甄雖然主張實用主義，卻與狹隘功利主義不同的内在原因，接著述論唐甄實用主義思想的基調。該文相當突出之處，在於作者通過比較唐甄和顧炎武、顏元的學術路向差異，指出唐甄針對理學空疏不切世用的弊病，其對治之道並非擯落心性之學或轉向考據學，而是視修養與事功為一體，將心性之學和經世思想完美結合。唐甄一方面主張「功出於心性」，另方面亦未過度膨脹根本的心性之學，並未認為德性之知本身能開出見聞之知，他肯定見聞之知的客觀價值與一定程度的獨立性。據作者指出，在中國整體文化觀都偏重價值理性而輕忽工具理性的氛圍下，有關「利用厚生」與「治國平天下」的方法建構，並未隨著理念而同步成熟，實際上儒學發展是「道之學」壓倒了「器之學」。故作者肯定唐甄所論，使得「非以道德為内涵的學術因此獲得了積極發展的生機」，「有裨於突破主德主義的藩籬而建立主智的專門之學」。——他高度評價唐甄能打破以「意圖倫理」、「價值理性」為主導的慣性思維，而有「責任倫理」與「工具理性」的意識。再者，關於對君主的批判意識，作者亦指出唐甄批判君主的強烈程度超過黃宗羲。儘管在當時，唐甄和梨洲猶未能擺脫對「聖君賢相」的期待，未能解開君臣間的綱常紐帶，但他們已是在當時的儒學體制内對傳統君臣之倫進行挑戰，並突破此一忌諱議題了。此外，作者又揭出唐甄思想中的「重人情」思想趨向，以及唐甄能夠戳破傳統知識分子「不恕於妻而恕於人」之立身矛盾的「夫尊妻卑」男性霸權迷思，具有轉向體現人道主義精神的特色。要之，該文作者亟肯定唐甄的實用主義在矯正過去的袖手空論之病時，並未轉向另一個「唯用是適」的極端去。唐甄重視實用，卻沒有否定乃至迴避形而上問題，相反地，他試圖從正面去解決這個難題，從而建立了體用無間的理論根據。

唐甄是極其難得的本土性啟蒙思想家，但學界對唐甄思想的研究

歷來不多，學位論文僅見田原剛《唐甄潛書思想研究》（1983年臺灣師大國研所博士論文），逮及晚近始復見謝釆儒《唐甄事功思想研究》（2004年彰化師大國文系碩士論文），以及單篇論文：王若嫻〈唐甄潛書中養民思想之研究〉（《環球技術學院學報》第4期，2004.3，頁83-95）；〈試論唐甄《潛書》中的抑尊思想〉（《東方人文學誌》4卷1期，2005.3，頁49-64）；〈試論唐甄《潛書》中的夫婦倫常觀〉（《美和技術學院學報》25卷1期，2006.4，頁281-293）等。

12.顏元（**1635-1704**）

　　顏元強調「習行經濟」的經世實學，其著述主要是由《存治編》、《存人編》、《存性編》、《存學編》合編而成的《四存編》，貫穿其間的思想主軸，是他超越時代思維與思想空間而具有時代穿越性的對理學之批判。他在學界數百年濡浸的理學風氣下，獨標孔子之「習而行之，以濟當世」，以主張實行、實用之學。他復自實然氣化層面落實言性、言理，至謂「程朱與孔門體、用皆殊」。因此顏元的思想歷程，是從早年的程朱信徒轉變爲後來激烈反程朱的反理學代表，其思想特色先導了清人強調實用、重視道德「經驗面」的價值新取向，是爲對於儒學長期以來強調「形上面」價值和「以義統利」的「重義輕利」、「求利害義」等思想基調之大力扭轉。對於顏元思想的研究成果，舉要如下：

韋政通

〈顏習齋思想述評〉，《東方雜誌》第1卷5期，1967.11，頁86-90。（文收《中國哲學思想論集‧清代篇》，臺北：牧童出版社，1976.8，頁153-166。）

　　〈顏習齋思想述評〉一文，文論顏元的思想可以稱為「唯用論」，實用觀念是顏元思想中的唯一領導原則，「有用無用」是他抨擊宋儒的基本

設準，而顏元唯用論的精華，又在於他對「習」字的意義發揮上。再者，既以「有用」為價值，則顏元自是斥宋儒無用，且反對其「主靜」與「居敬」的工夫論，因此顏元也反玄學，其理由相同地，都是因為缺乏實用價值，徒為主觀構想而缺乏效驗、游談無根等。此外，顏元所強調的富強之道，亟突出一技一藝之價值，亦與傳統儒家頗不相同。

　　文中除了「述」顏元思想外，其精彩更在韋政通復針對「氣質善惡的爭議」，對顏元思想進行「評」的部分：1.韋政通先論氣質有積極義與消極義，顏元與宋儒並未對焦——顏元從氣質的積極義一面看氣質，但宋儒是從氣質的消極義一面看氣質，宋儒視氣質為惡，是因其能障蔽義理之性，使義理之性不能充分實現，非言氣質本身為惡，故宋儒知氣質之「能違」義，是消極的，顏元知氣質之「能助」義，是積極的，他們對氣質之性的認識，根本是兩個不同的角度。2.顏元從性善與氣質之天資之美都是先天的，皆「天所命」，而推出性善則氣質亦善，韋政通則認為沒有必然性。而且顏元不承認有義理之性與氣質之性的區別，一說到性就是氣質之性，且以為此氣質之性即孟子性善之性。韋政通說宋儒就進德工夫視氣質為惡，顏元則就天資之美、氣質之效用而言其善，若是孤立地看，二說皆能成立，但顏元據此駁斥宋儒氣質性惡之說，則不相干。3.關於惡的來源，顏元說以「引蔽習染」；韋政通指出依顏元，「引蔽習染」和「氣質之性」最大的不同，是氣質為人本有，習染等則為人所本無，本無，故可除。不過韋政通認為雖然顏元將惡的來源全歸於後天，但人自身也必有其被引動的因素，否則人盡可無動於衷，此即「應外物而起之自然生命的欲望」，即人「由引而蔽而習染所以可能的真根據」。而此自然生命的欲望，可概括在氣質範疇中，因氣質之性所涉，皆生命領域中事，而非理性領域中事，所以他說顏元對惡的來源問題的答案，只對了一半。此外，他並指出，宋儒講氣質性惡，並不是錯，而是對生命中惡的成分體現得太膚淺，因為即使氣質被轉化了，人的道德是否即能暢通？仍大有問題。

　　韋政通曾全面研究清儒思想與顏李學派，在顏李學研究以外，又

撰有顧亭林、戴東原等思想研究，並涉獵清代公羊學派到康有為一系列思想研究，集為《近三百年思想研究》一書，是韋政通第一部研究中國思想的著作，但因諸多因素，是作至今未出版。其中除顏李學研究分別發表於香港《人生》——〈顏李學研究（上）、（下）〉（《人生》第266、267期，1961.12，頁2-8、10-15）；〈顏習齋駁宋儒氣質性惡說平議〉（《人生》第269期，1962.1，頁18-24）；〈顏李學之結局〉（《人生》第272期，1962.3，頁16-18）。另外，戴震等文則另發表於《民主評論》。

黃建一

〈顏習齋之哲學及教育思想〉，《新竹師專學報》第1期，1974.11，頁169-199。

　　該文主要述論顏元的實學思想，又因顏元實學思想包括其本身的哲學思想以及落實為教育實踐兩方面，故該文分述顏元之哲學與教育思想。文中除傳略外，在哲學思想上，作者突出顏元理氣合一、性形不二、氣質純善、引蔽習染、排斥宋儒等主張。蓋顏元強調「性形不二，一片工夫」，「治耳目即治心思」，「形，性之形也；性，形之性也。舍形則無性矣，舍性則無形矣。」故他力持氣質純善說，至於惡之所起，則他歸諸於引蔽習染所致。作者並說明顏元之力斥宋儒，係因他反對宋儒及宋學近禪、讀書靜坐、窮理居敬、無用之學、論性違背孔孟、談玄式講學以及反對朱子之博學主義等。再說到顏元之教育思想，則顏元主張習事見理、格物致知、實利主義、反敬習動，並定有明確學規如慎威儀、肅衣冠、勤赴學、敬字紙、習六藝、戒曠學、行學儀等，以見其尚實、習行、隆禮、明倫、尚武、專精之實學精神。

孫廣德

〈顏元與李塨之實利思想〉，《社會科學論叢》（臺北：國立臺灣大學法學院），第27期，1978.11，頁41-73。

　　該文以顏元和李塨作為述論對象，但因李塨思想大抵繼承與發揮顏元思想，且其對靜、敬之見略近程朱，後來也頗用心著述，是以該文主要偏重顏元的部分。文中緒論先以顏元實利思想比論西方功利主義和實用主義，作者認為顏元學說有兼取二者之義，但亦有若干殊異，並未盡符西人主義之說。繼則說明我國最早系統性實利思想者首推墨子，其後宋李覯、王安石、陳亮、葉適等人稱「功利派」者，雖有重視功利態度，實際上並無系統功利思想。至於顏元、李塨，則以實利思想為其思想之全部，除實利思想外，頗少其他主張。

　　正文部分，則作者分就顏李學之論性、言利、求致用、重效果、尚習行等實用之學加以述論。重要觀點如：作者謂顏元重「習」之說顯示了「主動、主有為、主力行」等意，故他對於道家主靜、主敬的心性存養之法，自是亟加反對。而言利，乃是顏元實利思想的中心課題，故其論政，特重土地之分配使用，主張斟酌變通恢復井田之制，以便養民，又主張均田，以為教養諸政的根本，還要求薄稅斂、汰冗費，以足民食等。再者，顏李學的中心思想在求致用，故倡為實用之學與實用之事，而強調「三事、六府，堯舜之道也；六德、六行、六藝，周孔之學也。」顏元且以「正德、利用、厚生」之「三事」作為實學實事的總綱，以包括孔子前之一切實學實事。職此之故，顏元亦反對著述，是為對宋以來學者致力於著述，以致著述過多過濫之反動。此外，「求致用」必然「重效果」，亦必然「尚習行」——作者說顏李學言性重「習」，寓強調經驗與行為之意，則其雖未必否認理性，卻必然相對輕視理性；雖未必否認思慮，卻必然相對輕視思慮，故其學乃以「習行」作為整體學術之重心。最後，作者復總結顏元實利思想並未如西方功利主義徹底，有時也徘徊在實利與非實利之

間，有其邏輯不夠謹嚴處，且其偏激反對著述，實則本身亦難於做到，是以作者言顏李學在補偏救弊、針砭傳統之餘，非謂其可以取諸家思想而代之也。

鮑國順

〈顏習齋「孔孟程朱判然兩途」述論〉，《第四屆清代學術研討會論文集》，1995.11，頁207-255。（文收《清代學術論叢》第一輯，臺北：文津出版社，2001.10，頁353-366。）

　　該文集中探討顏元學思歷程之與程、朱「由合到分」的轉折過程，並對顏元所提出「孔孟程朱判然兩途」之命題加以評析。

　　文中將顏元與程朱思想的關係分為早年、中年、晚年三個階段，顏元早歲維護程朱，聞有質疑周程張朱者，即「忿然力辨，如詈父母。」惟當顏元三十四歲，代父居祖母之喪時，「式遵文公《家禮》，尺寸不敢違」，卻深感拂戾性情──「過朝夕不敢食，當朝夕，欲哀至，又不能食，幾乎殺我。」事後並大病一場。因此顏元乃以《禮記》與《家禮》互校，始發現《家禮》刪改失當，同時也發現周公、孔子的三物、四教才是正學，故書為《存性編》、《存學編》。顏元對於程朱之學顯違性情的切身之痛，是他質疑理學的關鍵，而文公《家禮》則是直接的導火線。不過從中年直到南遊中州前，顏元尚曲意依違，「不忍悖少年引我之初步」，「欲扶持將就，作傳統之餼羊」。但他南遊後，因見「人人禪子，家家虛文」，幾乎已經動搖社會根基，讓他體認到程朱學風對社會的深刻負面影響，斯時他始轉成「必破一分程朱，始入一分孔孟」的強烈反程朱立場，而論定「孔孟程朱判然為兩途」，他則「不願作道統中鄉愿矣」。鮑國順先「述」顏元與程朱分合之心路歷程，後「評」顏元「孔孟程朱判然為兩途」命題之得當否？他並指出，對程朱學術作如此嚴詞批判者，顏元是近世學術史上第一人。前此，學界對理學的批判多集中在陸、王，並歸咎亡

明之禍於陽明學派與王學末流，重以清廷提倡程朱理學，士人鮮有敢予輕評者，故顏元之揭竿別具學術史意義。不過鮑國順也強調，顏元批判程朱僅限於學術部分，對其人格則仍然尊敬之。另外，所謂孔孟、程朱判然，也僅能就顏元的實學觀點言之，並非出於純哲理分析，故亦有失於浮淺，不夠深入之遺憾。

黃滿造

〈顏習齋之「習行」思想〉，《中華學苑》第48期，1996.7，頁189-204。

　　該文主題明確地集中焦點在討論顏元的「習行」思想上，包括對「習行」釋義及其內容探討。在釋義上，作者據顏元《四書正誤》之言：「學之不已，如鳥數飛」，以訓「習」字，並指出「習」具有積極的「教人習善」與消極的「戒人習惡」兩重涵義。至於「習行」內容，則作者分就顏元強調三物、三事、六府、四教等「習行」之學，以及在「習行」之教上，顏元要求必須切於實事、循序漸進、經常反省以闡明之。此外，作者又論顏元在勸人習行之餘，其本身也能躬身實踐，非徒為高調而已。

賴文華

〈顏元復古思想初探（上）、（下）〉，《哲學與文化》第23卷第5、6期（總264、265期），1996.5、6，頁1628-1636，1723-1732。

　　該文以學界論定顏元的「復古」思想傾向作為全文切入點，文中借論梁啟超《清代學術概論》的「復宋之古」、「復漢唐之古」、「復西漢之古」、「復先秦之古」等四個層次，以為辨析顏元「究竟要復什麼古？」之書寫基礎。任公嘗有言，顏元明目張膽排程朱，又菲薄傳注考證之學，是「宋學、漢學者，兩皆吐棄」。作者亦舉證顏元《存治編》欲「法三代」之治，對三代井田、封建、學校等都主張「斟酌復之」，以證論顏元欲復之古即是回到周孔之道的「先秦之古」。蓋顏元欲復周孔之古，故他

對於訓詁、清談、禪宗、鄉愿等皆力加反對，以為「此四者滅堯舜周孔之道」。不過歷來對顏元的復古思想亦頗有迂腐、不切實際的負面譏刺，因此本文作者自「經世理念」的角度，頗為顏元辯護——述及井田，作者揭出顏元欲使百姓均田之想，其意在解決明清間土地大量兼併，農民謀生不易的難題，所以顏元亦自言「因時而措，觸類而通，在乎人耳。……可溝則溝，不可則否；……可井則井，不可則均。」他並不是要拘泥於古代的「溝洫之制」、「經界之法」，而是要求不要「使一子富而諸子貧」，顏元強調天下土地應由天下人共享，不應集中在少數人手中，其真正的目的是要實現均田理想。述及「兵農合一」，則作者亦揭明顏元「人皆兵，官皆將」的理念。顏元反對募兵制，認為自兵農區分後，我國國勢便趨於衰弱，百姓亦趨於羸弱，且募兵只能召來滑棍之徒、烏合之眾，如之何禦敵？故他主張「治農即以治兵」、「兵農合一」的井田兵制。至於「舉人才」，則顏元主張興學校而重「徵舉」。顏元批判明清試以八股時文的「科舉」所取，多無用之人，「時文百千舉而不見一賢」。正是在這樣的背景下，他主張復行古「徵舉」之制，因為徵舉多有用之人，尚能「三、四舉而得一賢，或三、四邑而得一賢。」此外如去郡縣、復封建以及禮樂治國等，亦皆顏元主張復行古周孔之道者。要之，顏元的復古思想是出自針砭時風，他非漢非宋，唯以經世實學為務。雖然不可否認地，也難免有不合時宜，並非所有事物都能「古為今用」的困境，是以該文作者亦認同梁啟超和錢穆所言，顏元具有「被『古聖成法』四個字縛住了，一定要習唐虞三代的實務」、「泥於隆古」的缺失，但是學界倘能以「師古之意，不必襲古之跡」的角度來理解顏元所論，則對於顏元的復古思想或許能有更多的同情。

楊瑞松

〈修身與平天下——顏元／朱邦良對儒家身體之學的重構及其歷史意涵〉，文收黃克武編：《公與私：近代中國個體與群體之重建》（臺

北：中研院近代史研究所，2000.6），頁112-147。

　　該文意欲在有關顏元評價的不確定性 —— 從三百年前的知識權力圈邊陲人物，到二十世紀初思想史論述之不可或缺人物，以及從現代科學文明的優越性、儒家傳統的延續性，到現代中國反智現象的傳統根源之眾說紛紜外，另尋新研究取徑，以探討他如何在遵循儒家信仰的曲折歷程中，以其對身體之學的重構來理解儒家修身與平天下的理想？文論在得知身世以前的朱邦良，即認祖歸宗後的顏元，他深惡科舉而寄情遠古三代美好社會，但在無法違逆祖父期望下不得不再三應舉，在灰心心態中他曾以朱子《家禮》和《小學》作為奮力追求生命意義的修身準則，認為程朱學存心養性的修為主張，標示了一種超越世俗科舉成就功名的崇高且可行理想，故「以道自任」成為他生活的精神指標，在日常生活中體現「儒者氣象」是他信仰的核心課題。然而當他以孝孫代出亡之父為祖母守喪，在嚴苛遵循《家禮》卻大病一場並意外得知身世後，他從血緣的生命認同危機引發出精神信仰危機了 —— 他恍然大悟朱子學與其所理解的古典儒學之差異，是偽學欺世。他將長期累積的對社會價值、對科舉不滿都投射到朱子身上，並轉為激烈批判朱子。顏元之學主要是以身體習行之學作為判別真偽學的主軸及標準，他相當程度理想化和醜化地以「堯舜周孔正學」對立於「周程張朱假學」。他在真儒假儒極端對立的論述架構下，以提倡習禮與兵學，對立被他極度化約成靜坐讀書之學並加以痛批的朱子學。他以「約之以禮」作為實踐真學的重心，習行各項禮儀如冠禮、士相見禮、祭禮成為他和弟子的最主要活動。故作者謂顏元終其一生，可以說都活在他所建構的繁複身體行為控制機制下，欲以具體行為實踐其思想信仰，而「以禮修身」就是他力圖恢復周孔正學的焦點所在。該文之外，作者碩士論文亦以顏元為對象，曰《追尋終極的真實 —— 顏元的生平與思想》（1988年清華大學歷史所碩士論文），附記之。

　　除前述羅列外，仍有相當數量的通論性質篇章，如楊衛中〈顏習齋研究〉（《臺北工專學報》第8期，1975.5，頁307-335），分述顏元傳略、著作、成學時代背景、基本學說（論性、論修養、論學）、論功利、經世思想（論治教、論經濟、論兵事）等，文末並略事分析顏學衰滅原因。王新春〈顏習齋所挺顯的實學進路〉（《孔孟學報》第68期，1994.9，頁260-285），論顏元「性形不二」的徹上徹下之善以及突出「踐形盡性」的「全體大用」之學，試圖縮合顏元重氣重形的性論，與其強調「體用一致」而主張習行三事三物的實學主張。林晉士〈顏習齋之人性論述評〉（《孔孟月刊》第33卷第1期，1994.9，頁26-34）；〈淺析顏學中衰之原因〉（《鵝湖》第20卷第8期，1995.2，頁20-29），前文述要顏元人性論之「性即物則，舍形則無性」、「氣質無惡，乃作聖之具」、「惡由引蔽習染而來」、「踐形盡性，習以成善」等義並略事評價，後文簡論顏學內在理路缺乏深入思辨又反對讀書著作，外在客觀因素則學統繼承乏人，又與程朱學派對立，時運也不利其發展，致造成顏學後來的中衰。黃順益〈顏習齋的儒者本質論〉（《孔孟月刊》第33卷第8期，1995.4，頁41-46），簡論顏元強調「儒學即明德親民之學」、「儒學即有用於世之學」、「儒之處也惟習行」、「儒之出也惟經濟」等說。此外，上有陸冠州〈論顏習齋之闢佛〉（《孔孟月刊》第29卷第10期，1991.6，頁42-46）；馮榮輝〈顏習齋先生言行錄讀後〉（《孔孟月刊》第10卷第1期，1971.9，頁20-24）……等，餘論尚多，茲不具論。至於學位論文，除《追尋終極的真實——顏元的生平與思想》外，尚有曾素貞《顏元的四書學研究》（1995年政治大學中文系碩士論文）；高太植《顏元的經世思想》（1988年政治大學政治所碩士論文）等。

三、乾嘉學術之高峰發展暨乾嘉新義理學

　　對於作為清代學術典範的乾嘉學術研究，由於梁啟超《清代學術概

論》、《中國近三百年學術史》等代表作,皆標榜其實證方法論而未能肯定其思想性,錢穆《中國近三百年學術史》也從理學角度評價清學思想性,而新儒家等更是素惡清學。故早期臺灣學者對於乾嘉學術的思想性普遍傾向排斥、貶視的態度,二十世紀後期及進入二十一世紀後的研究傾向,則學者已較能拋開歷史、政治、情感等因素,進行比較客觀公允的重新評價與探索。

㈠思想通論

徐復觀

〈「清代漢學」論衡〉,《大陸雜誌》第54卷第4期,1966年4月,頁1-22。

　　該文所謂「清代漢學」指乾嘉學派,是以文中先述惠棟、錢大昕、戴震、阮元、江藩等人之治學方向並摘錄其部分言論。但作者認為「清代漢學」歪曲了漢宋兩朝學術的本來面目,給中國現代人文學科研究以不良之影響,故文中對於清代漢學係採否定之負面立意方式,謂其與漢代學術間具有大疆界,只是藉「漢」壓「宋」而已,並非真正知漢,並認為清代漢學家是在「完全不了解宋學」中排斥宋學,故全文語多批判。作者同時也不滿梁啟超以清代漢學和歐洲文藝復興相比,作者持宋學立場地為宋學發聲,認為宋學「格物」觀念及其努力也都深具「近代」意義等。至於清代學術,則作者一面倒地認為其未臻思想境界,算不上學問。惟縱觀全文,作者的門戶之見極其顯然。

張壽安

〈禮、理爭議 —— 清道嘉漢宋學之爭的一個焦點〉,《清代經學國際研討會論文集》(臺北:中研院文哲所),1992.10,頁291-322。

〈禮、理爭議 —— 清道嘉漢宋學之爭的一個焦點〉一文，清楚梳理出針對戴震欲「取程朱而代之」所建構的新義理系統，時儒及後繼的三種態度：1.翁方綱、程廷祚等宋學立場者，強烈護衛程朱道統而與戴震展開直接辯駁。2.漢學界雖然在訓詁名物方面對立於宋學陣營，但對於戴震的新義理學實不了解，深感質疑並激烈爭論，反對收入戴震遺集中。3.戴震新義理在凌廷堪、焦循、阮元思想中得到更進一層的發展。作者於文中並揭出，雖然漢、宋學取徑不同的對峙早已有之，但一主訓詁、一主義理而各有偏勝，因其交集有限，尚無法在體系上形成對峙，直至戴震新義理出現後，凌廷堪又繼之以「以禮代理」之說，阮、焦等人也都棄理崇禮，此時雙方才有了聚焦的焦點，也才形成「水火之勢」。文中作者並列舉嘉慶間張成孫與方履籛的論辯實例，以為學界激烈論辯理、禮的說明。尤其到了道光初，方東樹撰為《漢學商兌》，強烈批判戴、阮等人，理、禮之爭更是達到了高峰。再及於道咸間，學界亦有黃式三與夏炘、夏炯的論辯，要皆可見理、禮爭論確為嘉道以降學術界的一大論題，儼然成為漢、宋學的門戶之爭。

鄭卜五

〈乾嘉漢學形成的主要因素探析〉，《海軍軍官學校學報》第6期，1996.10，頁215-225。

該文對於乾嘉漢學之形成，反對以外緣的因素，如謂對王學末流之反動，或以文字獄、政經發達、遠紹楊慎和焦竑之博洽風尚，以及強調學術自身之內在邏輯等諸說為釋，作者認為經世致用才是考據學興起的內在因素。該文之寫策略係針對乾嘉漢學代表人物的吳派惠棟、皖派戴震，以析論其經世致用立足點差異的方式，呈現出乾嘉漢學的關懷重心。文論惠棟之反宋信古，旨在通經致用，因五經是經綸政治的典則，故惠棟以經學之訓詁破宋明之語錄。至於戴震，則他在受惠棟影響而轉變學術旨趣後，除

亦本諸通經致用外，更為重視經書原意的闡發，故他乃以考據為骨幹，闡發聖賢義理為方針，經世致用為目的。

蕭義玲

〈從方法論的發展看清代諸子學的興起〉，《孔孟學報》第75期，1998.3，頁153-168。

　　關於清代諸子學的興起原因，作者頗質疑梁啟超所言清代學術發展是「以復古為解放」的「有意」復古之說，其欲對清代諸子學的興起，提出從方法論出發的不同角度解釋。文論十八世紀的乾嘉時期確是清代諸子學興盛的關鍵，但興起的原因應該追溯從明末陳第到顧炎武所建立起來的方法論「典範」──從陳第《毛詩古音考》到顧炎武《音學五書》，具體實踐了「博考」古音學及「本證」、「旁證」的訓詁方法論。其後王念孫繼承顧炎武所言「考文自知音始」，其《廣雅疏證》亦遵循「就古音以求古義」、「訓詁之旨本於聲音」之進路。而作者更在比對了王念孫以訓詁為主的讀書筆記《讀書雜志》和《廣雅疏證》的大量末刊叢稿之後，發現《讀書雜志》的內容絕大多數都是叢稿所處理過的材料，故作者據此推論清儒之治諸子，一開始是由方法論指引而來，即經典考證要求「博考」之「旁證」需要。故自清初到王念孫以前的諸子學皆偏重校勘，不是為要追求諸子學說，逮及戴震提出「訓詁明而古經明」後，王念孫加以繼承，治經、治諸子遂皆轉向「訓詁」為重，清季且更走向王先謙《荀子集解》、孫詒讓《墨子閒詁》等諸子校釋之途。故作者梳理了一條從陳第→顧炎武→戴震→王念孫的方法論發展線索，認為清代諸子學的興起，不是因為復古精神，或為考證而考證，而是由於方法論的發展與轉變。

鄭吉雄

〈乾嘉治經方法中的思想史線索 —— 從治經方法到治先秦諸子〉，中研院文哲所「乾嘉學者之義理學」第四次研討會論文，2000.12.16。（文收林慶彰、張壽安主編：《乾嘉學者的義理學》，臺北：中研院文哲所，2003.2，頁481-545。）

　　該文收入《乾嘉學者的義理學》改題為〈乾嘉治經方法中的思想史線索 —— 以王念孫《讀書雜志》為例〉。作者意欲探討何以在乾嘉經學潮流後，諸子學於晚清忽然興起？為什麼乾嘉時期的王念孫《讀書雜志》要用過半篇幅討論諸子書？諸子學和經學間存在什麼關係？作者認為乾嘉經學潮流和晚清諸子學興起，即校勘訓詁和諸子義理間具有內在連繫，故謂晚清諸子學興起的線索應自乾嘉學術中找。再者，作者認為從王念孫「校勘訓詁」式的治諸子到章太炎「多明義理」式的治諸子，其求真求是的精神並皆源自戴震 —— 戴震治經以求真求是為最高目標，又以透過疏證字義獲得義理為終極關懷，是其訓詁考證包含了相當高度的主觀性。其弟子王念孫《讀書雜志》亦以釐清諸子文義語義為主，王氏父子並開始將古史諸子典籍中的古代語言和經書中的語言結合研究，亦以「經部文獻互相釋證」的方法運用到諸子學上，以「諸子文獻互相釋證」來突顯子部文獻的密切關係。故作者強調絕不能說治經與思想絕無關係，從乾嘉治經到治諸子書，從治經方法到治諸子方法，從經學潮流到諸子思潮大盛，鼎盛的乾嘉經學都是其中的一大因緣。作者對於該議題並有系列研究，嘗另發表：〈乾嘉學者治經方法與體系舉例試釋〉（文收蔣秋華主編：《乾嘉學者的治經方法》，臺北：中研院文哲所籌備處，2000，頁109-139）；〈《先秦諸子繫年》與晚清諸子學思潮〉（文收《紀念錢穆先生逝世十週年國際學術研討會論文集》，臺北：臺灣大學中文系，2001，頁443-478），並皆論及乾嘉經學考據與清代先秦諸子學復興的密切關聯。

㈡各家分論

1.戴震（**1723-1777**）

　　戴震幾乎是被公認最具思想高度的清儒，梁啟超稱戴震《孟子字義疏證》是「三百年間最有價值之奇書」，胡適說戴震是「朱子以後第一個大思想家、哲學家」，是八百年來與朱子、王陽明各自為思想史上「畫出了一個新紀元」的三個極重要人物，「論思想的透闢，氣魄的偉大，戴東原真成獨霸了。」清儒中固然船山哲學也深具哲學高度，但一方面由於船山隱遯終身，學說在當世不顯，影響不彰，另方面也由於戴震思想極具「開新」意義，是我國傳統思想與現代化思維居間轉折的過渡橋樑，是故論及儒學之現代化課題時，戴震是絕不容忽視的人物，長期以來學界對於戴震思想的研究著述也幾可謂汗牛充棟。

　　戴震，一位站在「新時代要求新義理」歷史時點上的思想家，他對義理學的滿懷熱切之情，卻不為當時考據陣營和理學陣營雙方所諒解──對其義理之作，紀昀「攘臂扔之」，朱筠說「可不必載，戴氏之可傳者不在此。」時人更譏為「空說義理，可以無作。」方東樹所言「古今天下義理一而已矣，何得戴氏別有一種義理乎？」、「凡漢學家所有議論，……皆竊朱子之緒論」，更代表了絕大多數清儒侷限於理學視角，而對戴震義理未能正確認識，遑論接受。實則由戴震領軍，若干揚州學者呼應，乃以經驗取向作為核心價值的「乾嘉新義理學」，是我國傳統義理學價值轉型，而從發揚價值之「形上面」轉趨經驗視域，並發揚價值之「形下面」的關鍵。戴震新義理學對於傳統儒學轉向現代化功利主義、個性發展、科學精神、民主精神等思維，具有極其重要的本土性啟蒙意義。以下擇要論述臺灣地區對戴震思想的研究成果。

林語堂

〈說戴東原斥宋儒理學〉，《中央日報》第6版1966.7.11。（復見於《臺灣日報》第8版，1966.7.11、《臺灣新聞報》第7版，1966.7.11。）

　　該文強烈批判理學理欲對立、理正欲邪之不近人情，作者認為孔孟之道皆取人情之正，子思《中庸》亦強調「發而皆中節」，何嘗有理正欲邪之辨？故謂程朱等人名為「排釋氏」，實受釋氏「無欲則無蔽」理論影響，而誤解了孟子。反之，作者盛讚戴震起了哲學革命的《原善》與《孟子字義疏證》二書，謂其能「近人情」地駁斥理學之理欲對立觀，是為能夠發明孟子本義之作。

　　惟作者該文措詞強烈，屢譏理學為「酸」，致在當時頗引起一番文字論戰，如艾奧林：〈評戴東原理字疏義──為林大師進一解〉（《學園》第2卷2期，1966.10，頁4-7），便力闢戴震論「理」之非，文曰戴震乃以「分理」之殊，涵蓋理學「一本」之理，另如韋政通等亦持論此說。又論宋明儒之理絕非戴震所言之為「意見」，孟子「寡欲」與周子「無欲」皆就「惡欲」而言，朱子言「欲盡而理純」亦指惡欲需消滅盡，而周子的「無欲」乃是「動靜合一」，凡此皆非戴震所言與老莊無欲混一者。再者，戴震強調「節欲」──「節而不過，則為依乎天理」，則作者一方面批判他將人欲邪正依「量」之多寡而定，另方面也指其所賴以節之的依據，正在天理，是即為宋儒所主張，是以作者總結戴震之「捨理而求情」，實與「捨情而求理」同皆「執一」之論。作者所論自有見地，不過戴震實也末嘗「捨理而求情」，要之，致辯雙方各有捍衛，很難同情地相應於對方。如朱熹確有言「飲食，天理也；要求美味，人欲也。」然「要求美味」之甘食美服等人欲，是否如作者所言專指「惡欲」，仍有斟酌餘地。此外，當時同聲批判林語堂前文者，還有姜漢卿：〈讀「說戴東原斥宋儒理學」書後〉（《學園》，第1卷第12期，1966.8，頁10-11）等，並皆對林文多加指摘，惟文多過激之言，非真能知戴者。

張光甫

〈說戴東原的知情合一主義〉，《中央日報》第6版，1967.1.15。

　　該文係作者認同林語堂前文的回響之作，作者所論也有其見地。該文避開了林語堂批判理學酸腐並導致被批判的問題不論，純就戴震思想中容易引起後世誤解的部分做一說明。作者亟認同戴震的「達情遂欲」主張，並認為儒學能夠傳世久遠，正因一切理義皆建立在體人情、遂人欲之上，此亦戴震所言「凡事為皆有於欲」，「使其無此欲，則天下之人生道窮促，亦將漠然視之，己不必遂其生，而遂人之生，無是情也。」不過作者也指出：這樣的主張很容易因後人忽略了戴震在工夫論中還強調要以「心知」為指導，以理智主義作為調節情欲的另一面，而誤以為戴震放縱情欲、敗壞道德。所以作者本文就是要抉發戴震所強調的：同情同欲還要藉心知之指導，務使「無過情，無不及情」，「幾微無爽失」，始謂之「理」，並突出戴震所言「人生而後，有欲、有情、有知」，極符合現代構造心理學中的Willing、Feeling、Knowing。因此作者結以「若說東原以『情感哲學』代『理智哲學』，未免忽視東原『重知』的主張了。」作者並認同林語堂前文，反對回到宋儒抑制情欲以說理的路上去。

張起鈞

〈戲答戴東原問〉，《孔孟月刊》，第6卷第2期，1967.10，頁14。

　　該文雖為短文且題曰「戲答」，卻頗堪玩味，作者撰為斯文，實欲解決儒學史上一個千古懸而未決的提問——戴震十歲時對塾師講授《大學章句》「右經一章」提問道：「此何以知為孔子之言，而曾子述之？又何以知為曾子之意，而門人記之？」師應以朱子注之。震又追問「相去幾何時矣？」師曰「幾二千年。」又問「然則朱文公何以知其然？」師無以應。作者本文即針對此一非僅塾師不能解，即考據家亦無從得知的問題，試站在朱子角度進行推論模擬。

　　作者謂《大學》文字駁雜，「經一傳十」之說乃婉言其經文和傳文水準不一，有良莠之弊，故所謂「右經一章」者，係朱子據其體大思精而兼

內聖外王之義，認為苟非具有大智慧之聖人懷抱者，思不及此，因此朱子依思想脈絡推定為曾子所作。蓋孟子言性善，而《大學》首標明德，復講誠正，明是孟子性善之流，則溯源孔子門下，孟子受業於子思門人，子思則受業於曾子，寧非曾子作之乎？故朱子言此。

　　作者復推戴震是問及於《中庸》卷首之朱子類似按語：「此篇乃孔門傳授心法。子思恐其久而差也，故筆之於書，以授孟子。」作者亦試圖回答朱子推論子思作《中庸》的過程。作者論曰：《中庸》一書，宋儒持為儒學最高至深之原理，若此書與孔子無關，而為孔子未有之談，宋儒竟奉此為儒家最高哲理，則置孔子於何地？理學又究何所本？然朱子實亦無從佐證其為孔子所書，且其文體思路亦不類孔子，故朱子效禪宗而別創「孔門傳授心法」一說。然而何以知其為子思所作以授孟子？作者又曰：《中庸》開篇言「率性之謂道」，明非「性惡」一路，必由孟子「性善」一脈傳衍而來。至其筆之於書者，必距孔子甚近，故有「恐其久而差」之語，但亦絕不在孟子之後，因為朱子推論孟子之後若有此大儒必已顯名於世（只是推測朱子想法，並非史實考證），但也應非孟子所撰，因孟子並未宣講或道及此一內容，而大張旗鼓如孟子者，似非含蓄自隱如斯之人。再者，孟子之師當世無聞，推想應非作者。曾子則篤實魯重，不類《中庸》文風之妙得玄理者，且曾子去聖未幾，尚不致有「久」而將差之慮。總上所推，故朱子認為捨子思而何求乎？作者如此一番推論模擬，亦頗能認同朱子理路脈絡明顯，蓋為至確之論斷。

韋政通

〈戴東原對宋儒的批判〉，收入氏著《中國哲學思想批判》（臺北：水牛出版社，1971），頁195-212。

　　該文一方面析論戴震對宋儒的批判，以彰顯其價值，同時也檢視戴震理論中的糾纏，立場頗為持平。作者認為清儒對宋儒最施予猛烈攻擊

的，是其初都為程朱信徒，後來卻從工夫實踐中覺悟宋儒矯情悖性而走向
反抗的顏元，和從考據中發現宋儒義理虛妄不實而展開抨擊的戴震。作者
肯定戴震「從活潑的生命中發現情欲」，是一個批判宋儒有利又有力的出
發點，但認為戴震太拘執於道統之爭，以致攪亂了宋儒、孔孟古意和自己
的思想分際，並將其所論屬於「普遍性」的耳目口鼻等「血氣心知」，和
宋儒所論屬於「特殊性」而有清濁純駁的氣質之性相混，其《孟子》講論
也頗與《孟子》原義有不合處，反形糾纏。作者分析戴震之論理，代表了
中國思想史上一種新發展，但實與宋儒並不相干，一者為客觀、經驗、分
殊之理，一者為主觀、先驗、渾然之理，根本是兩種意義，而通過戴震，
至多只能說明宋儒把理僵化在一點上的不足，並未能真正指出其中弊病。
不過作者也指出，戴震斥責宋儒以釋氏混儒，極具啟發性，如戴震提出宋
儒與釋氏混同的部分，有：無欲、復其初、天與心之辨、排斥知識、捨棄
人倫日用等。作者並指出宋儒不能真辨儒佛，他們只知從本體闢佛，卻借
用釋氏虛寂工夫，終至儒學反而走入逃空趨寂的歧途。宋儒又不重「分
理」，加重了儒家只有道統而無學統，輕忽經驗知識的缺陷，以至罕有處
理實務和改進實際事務的知識。兼以忽視現實人生需求，過分簡化複雜多
端的問題，一皆收束於發揚理性上，故有戴震之指責戕害人生、民生道苦
等。因此作者也認為戴震遂欲達情的理想，是對宋明理學的一大解放，是
人性的解放，也是當有的一步解放。在戴震的批判中，確實也暴露了儒家
在這方面的缺陷，是為反思儒學的很好線索。

　　韋政通更早嘗另有一文〈東原思想中的一個基本觀念：「血氣心知」
之解析〉（《民主評論》第12卷第4期，1961.2.，頁8-11），文中就戴震
之以「血氣心知」統攝古聖賢所言一切理，加以批判。文謂戴震「只是順
血氣心知一條鞭地滾下去，他一眼窺定味悅口、聲悅耳、色悅目之為性，
而不悟孟子雖亦視此為性，然又說『……君子不謂性也。』君子不謂性，
即表示孟子言性，正不由此立說。」故作者認為戴震未得《孟子》原義，
並認為戴震把孟子對齊宣王言「好色好貨，與民同之，於王何有？」、

「形色，天性也，惟聖人然後可以踐形」等話頭，都「放平看了」、「經驗事實看了」，作者強調若此皆應就最高境界處始能言之。不過作者文中只論戴震之以「血氣心知」論性，卻未論其工夫論，實則戴震並未如作者文中所稱，「直達直發直感直應」地要由血氣心知直接通往仁義禮智。戴震的理論重心正是落在要求經驗實踐的工夫論上，他是要強調道德實踐必須經由經驗意義的工夫涵養——「以學養智」、「以情絜情」之落實實踐，才能達到「乃語其至」的道德境界。戴震的主要用意，係以此對治長期以來學風偏頗發揚形上意義的價值，而未能落實經驗實踐的流弊。

余英時

⑴ 論文
〈戴東原與伊藤仁齋〉，《食貨月刊》復刊第4卷第9期，1974.12，頁1-8。
⑵ 專書
《論戴震與章學誠——清代中期學術思想史研究》，臺北：華世出版社，1980。

　　余英時是七〇年代對於清代思想史極有建樹的學者，除了通論清代學術外，其於戴震也有專門研究，《論戴震與章學誠——清代中期學術思想史研究》便是代表作。書中除涉論章學誠史學觀點者，此處不論外，有關戴震的部分，作者論及章學誠認為學人性情有「沉潛」與「高明」兩類，戴震表現「博雅」而實齋強調「成家」，實齋並認為他和戴震的區別，一如朱陸對峙之緣自兩人性情的「沉潛／高明」殊致。不過章學誠在戴震與時風同趨的「博雅」下，認為戴震有著複雜的矛盾——作者借英人柏林（Isaiah Berlin）分析作家與思想家的「狐狸／刺蝟」兩型：「狐狸知道很多的事，但是刺蝟祇知道一件大事」，以譬喻博雅考證和專家別識；又借柏林分析《戰爭與和平》作者托爾斯泰的性格，謂托翁在黑格爾歷史哲

學思潮下誤認自己背負著「刺蝟」任務，他非常嚴肅地在千變萬化的歷史現象中求取「一貫之道」，書中對此著墨頗多，實則他是擅長分析人事物且描寫細膩的「狐狸」性格，戴震反是。但作者本書正是轉以「狐狸」時風下的「刺蝟」信仰，說明戴震在「考證」時風下的「義理」偏愛。「考證」重博雅與分析而合乎「狐狸」性情，「義理」重一貫與綜合而為「刺蝟」所好，乾嘉學風則是一「狐狸」得勢的時代。實齋認為風氣斲喪性情，故作者謂「祇有『刺蝟』才認得出『刺蝟』」，實齋正是深知戴震有著濃厚「刺蝟」性情的義理知音。故實齋批判乾嘉學人「補苴罅積」，只識名物考訂而不識戴震義理，曰「乾隆年間未嘗有其學識，……譽者既非其真，毀者亦失其實。」── 戴震以義理獨見賞於實齋。上述是為該著中著名的論點，作者即由此展開對戴震學術路向的討論及若干澄清，所謂澄清，復涉日人對戴震義理的質疑，並牽涉中日儒學史之交涉紛擾，作者曾以專文發表，後來文收是著，即〈戴東原與伊藤仁齋〉一文。

作者〈戴東原與伊藤仁齋〉之作，乃緣起於日本學者青木晦藏指出戴震思想酷似日本古學派大儒伊藤仁齋（1627-1705），其所著《孟子字義疏證》也與仁齋《語孟字義》從書名到內容都極其近似。由於仁齋早於戴震一世紀，日人推演青木氏之論，而謂仁齋「一元氣」論與另一古學大師荻生徂徠（1666-1728）之「氣質」說，皆對清代考據學具有影響力，是近世中國經學史上劃時代的思想 ── 余英時本文即代戴震暨清代考據學辨誣。全文自中國思想史的發展角度，力辨中日儒學史之平行發展。

作者先論仁齋著作並無證據曾在清中葉輸入，徂徠《論語徵》、《大學解》、《中庸解》則皆遲至1809年始傳來，十九世紀中國經學家頗有徵引其說者，其中《論語徵》尤受重視，劉寶楠《論語正義》嘗兩引其說，戴望、李慈銘、俞樾等人亦曾加以評騭，惟其事乃在嘉慶以後，尤以晚清為然 ── 據此，則日人言仁齋、徂徠影響乾隆朝漢學之發展，頗為不實。作者全文自思想史的角度，多方證論戴震與仁齋所論，確屬「閉門造車，出而合轍」之巧。作者指出十七世紀的日本和明末清初的中國，儒學

動向有極近似之背景。仁齋、徂徠之學皆由程朱入手，後來又轉過來批評程朱，若此皆與清初王船山、顏元及後來的戴震同一取徑。而日人多謂仁齋之學承自明末中國學者吳廷翰，吳廷翰則受同時期學者如王廷相、羅欽順重氣論所影響，此後中國思想界則自劉宗周，下逮清初陳確、黃宗羲、王夫之、顏元等人，所論「理、氣」關係皆採氣論進路，並皆反對區分「義理之性／氣質之性」，戴震思想便是此一歷史背景下之產物。再說到仁齋論性反對「復其初」，徂徠同之，徂徠又重功利、實用、復古重禮樂、拈出《周官》鄉三物（六德、六行、六藝）以為教，凡此皆與顏元如出一轍，而其主張返之《六經》以求古道，也與亭林「經學即理學」之說近似。再者，仁齋作〈大學非孔子之道辨〉，與陳確《大學辨》論斷《大學》非聖經賢傳也同一立場，而陳確長於仁齋。至於仁齋與戴震最近似之理論：言理、言道、言性諸條，仁齋乃以「擴充」論性，其《語孟字義》又云「天地之間只是此一元氣而已。可見非有理而後生是氣，所謂理者只是氣中之條理而已。」「（理）從玉理聲，謂玉石之文理，可以形容事物之條理，而不足以形容天地生生化化之妙。」若此，戴震所論確實與之絲絲入扣。然而戴震處在中國思想史氣論興起的歷史背景下，復主張「由詞通道」，強調「訓詁明而後義理明」，則凡如「理」字初訓玉之紋理以至於條理，以及其論性、道、理之「重氣」思想等，在戴震系統中皆屬必然結論。故作者言「凡此之類皆因雙方所根據之文獻相同，所面臨之學術問題相近，所處之思想史的階段相似。」其時中國有「尊德性／道問學」之此消彼長，日本也有「經驗派／理性派」之彼起此伏，故在中國有清代考據學興盛，日本則有德川時代之復古學派興起，因此作者總結無須致疑於中日思想家有任何彼此剽襲事也。

陳榮捷

〈論戴震緒言與孟子私淑錄之先後〉，《大陸雜誌》，第57卷第3期，1978.9，頁6-9。

　　《孟子私淑錄》是戴震義理之作的末刊稿，埋沒近二百年，抗戰時期始重現，由錢穆抄錄刊出以廣其傳，並撰文〈記鈔本戴東原孟子私淑錄〉，發表於1942年3月四川省立圖書館《圖書集刊》創刊號，余英時《論戴震與章學誠》（香港：龍門書店，1976）並將之附錄於書後。文中，錢穆析論戴震四本哲學著作的書寫先後順序為：《原善》→《緒言》→《孟子私淑錄》→《孟子字義疏證》，學者多從其說。

　　陳榮捷該文即立足在錢穆之次序上，而修正其說為：《緒言》在《孟子私淑錄》之後，非如錢穆所言《私淑錄》是《緒言》和《疏證》間的過渡作品。文中，作者舉證諸多實例，分別比較《私淑錄》、《緒言》和《疏證》的字句改訂關係，認為最後定本的《疏證》依《私淑錄》、《緒言》而改訂者各半，字句綱目或有《緒言》先於《私淑錄》者。然大體言之，《緒言》之思想與事實皆較《私淑錄》似勝一籌且加精詳，《緒言》更有見於《疏證》而不見於《私淑錄》者，故作者總結以「《緒言》實比《私淑錄》更為擴大，更為精明」，至於東原之改定《疏證》，則「《私淑錄》、《緒言》兩稿，隨意採用，未必細檢文句，斟酌去取」，但「思想之精密豐富，《緒言》實超乎《私淑錄》之上。孰先孰後，不亦昭然若睹乎？」作者該文對於學界論定《孟子私淑錄》與《緒言》之成書先後，具有釐清之功。

成中英

〈儒家思想的發展與戴震的善之哲學〉，《幼獅學誌》第18卷第1期，1984.5，頁30-66。

　　該文篇幅甚長而析理精深，牽涉面廣，全文乃以一種宏觀儒學全程的視野與視角，展開對儒學長程演進以及戴震新義理學的客觀評價，是一篇能從哲學高度清晰闡釋戴震哲學所內蘊哲理，而對戴震思想極其有功的重要研究成果。

　　該文的立腳點，在於作者持信不應把儒家視為一思想軌範或禮法制度，而應將全幅儒學歷程作為討論倫理與形上理念之開展範圍。文中，作者把儒家思想發展分為四大階段的前三階段，因溢出本計畫範疇，故不論。至於明末清初，發展批判性儒學的第四階段，則作者指出此際因儒者深切感悟宋明理學的流弊足以使人脫離善之實際踐履，而與現實隔絕疏離，是以轉向突出善要能落實在現實生活的理論建構，而戴震便是此一批判的儒學之高峰代表人物。作者文論戴震對理學的批判主要包涵兩層次：在形上學的層次，他反對理學家透過理的概念來把握實在；在倫理學的層次，他反對理學將人性二元化。以下略述之：

　　關於理，戴震強調它必須是個人生活中理性層面與感性層面的均衡表露，理自人之生機躍動的天性中衍生，而不只是抽離了合理的實用價值後的純粹理性。作者並澄清一個戴震往往被誤解的觀點，即戴震雖然反對宋明理學之理概念，卻從不曾反對理之所在及其重要性。而戴震之反對理學的理概念，主要因為在理學的形上學中，作為萬物普遍原理的「理」和人性中理性的部分被相提並論。然而此一理概念所牽涉的困難，在於我們無法以先天且抽象的方式來感知，且當出現歧見異議時，理之究竟歸屬往往倒向有權勢、力量的一邊，而不可能有一放諸四海的內在途徑來裁斷，這就難免導致以勢服人，打著理的旗幟以壓制對手見解。因此戴震亟強調理必須有以人的共同情感之一致反應為標準的考驗，理不能與人之情欲分離而單獨討論，如果心所以為理者，其不能獲致天下一致的反應或應用，此理便是「意見」。故戴震的理概念包涵事理、情理與心知能知理等必須徵諸經驗的角度。理除了可稱為物之型則外，又包涵分理，故謂「理義在事情之條分縷析」。作者並認為戴震此一對理之陳述，較諸「格物」之說來得更確定而清晰。再從倫理學角度言：情欲之本質為善，因其來自整個宇宙的生命材質，惡起於其未能通過天下一致與適用於天下的考驗，是以情欲為德性的真實基礎。而理既為具體事物所固有的型則與結構，藉人之認知能力得以展露，情欲則是現實生活的具體代表，那麼理就應當存在人

的情欲中，而情欲之善的本質則需透過外在關係加以限制與修正，以使個人情欲得以意義圓滿地證成。故於此，作者謂戴震對理學的批判逐一針見血——宋明理學將理置於情欲所不及處，而一旦他們貶斥情欲為無理可說，則其所引為道德原理所賴以成立的根據，除了獨斷的「意見」外，便無可假藉的依憑。再說到「欲」在個人生命中的地位問題，戴震更以為理學與孔孟背道而馳，他認為原始儒家未曾將仁與現實生命之事物分離，除道德生活之具體事象外，實無任何抽象之理存在，孟子言性也是就個人生命之材質的整體而言。以此，戴震認為理學將人性分為義理之性與氣質之性，反而和荀子之性惡論有部分契合。

　　至於戴震之建立善的哲學，則作者突出戴震強調「道」具有創生（實在為道之生生的活動，「氣化流行，生生不息」）、條理事物（善與性皆道之特性，「繼之者，善也；成之者，性也」）、分化事物（使事物成為事物自身）等功能，反對把人之才與人之性分為二，反對天理與氣質相對，其所關切者，是如何去滿足天生的情欲，而不侵犯道之普遍的創生活動中所顯示的中正與平和？再者，戴震持信天地之德與力就是在倫理之德性中透顯，而天地的形而上之德也就是人類價值與德性的根基——戴震以倫理名詞之仁、禮、義來分別指稱道之創生、條理、分化的天生才質，認為天地之常軌正是透過這三種形而上的德性以顯露，而人道，即是由以仁、禮、義為名的道之形而上德性引生並對應於仁、禮、義之道德的德性，其乃透過人最切身經驗的情欲，因時制宜地表現出適當行止的君臣、父子、夫婦、長幼、朋友等倫理關係。蓋戴震視善與性為互相交錯而不可分，可稱為善的事物必能與天地之性相協合，故他論以「善，其必然也；性，其自然也，歸於必然，適完其自然，此之謂自然之極致，天地人物之道於是乎盡。」作者認為戴震正是透過其自然之性及其必然之善的學說，來表達原始儒家之倫理學，他利用人與道以及兩者之辯證關係的存有論，來統合義務論與自然主義，使人之本性與道之本性的發展與實現，得以置於完美均衡的狀態。最後，作者復論戴震強調通過認識一己之私、偏、

蔽，以增益一己之「恕」與「學」，來達到去惡與邪行的工夫論。

何佑森

〈論「形而上」與「形而下」——兼論朱子與戴東原〉，《臺大中文學報》第1期，1985.11，頁77-90。（文收氏著：《清代學術思潮》，頁11-24）

　　該文看待宋清兩代思想的分歧，認為問題的癥結在於形上與形下這兩個基本概念的分別。文中之涉論朱子思想者，皆析理精闢，惟其不在本報告討論範圍。而由於戴震在清朝攻擊程朱最力，故文中之涉論戴震者，如言「東原所探討的，只是經驗或感性知識上的問題，而不是哲學領域內的問題。」、「清儒提倡實學，只講形下，只重認知，而將知識與道德一體兩分。」、「由於戴東原講的是『形以前』和『形以後』，所以他特重肉體和物質的生命，而不重精神和道德的生命。」便頗失公允，其所致誤自不待辨。然而這也正代表了臺灣學界在早期推尊理學思想的學術氛圍下，清儒之思想性往往被不友善對待，以及未能被正確認識及被肯定的普遍現象。

王開府

〈戴東原性理思想述評〉，《國文學報》第18期，1989.6，頁157-184。

　　該文如題目所示，分為先「述」後「評」兩個部分，在「述」的部分，作者說明戴震主張陰陽五行之氣是形而上的，是道、是性，而理是氣所達到之純美精好的常則，故戴震可以稱為「氣一元論」或「唯氣論」、「氣理論」者。戴震認為人透過「以情絜情」可以發現事情之自然分理，因此理在事情、理存乎欲，非在氣外或欲外另有理，更非「性即理」，而人性本善，但善有差等，故需益之以學問涵養，以使德性成長而並非「復其初」。又，自然中有必然，故為一本，但自然不能自完其自然，還需透

過發展的過程，才能實現「理」，因此理氣非對立，理欲不衝突。至於作者在「評」的部分，則亦指出諸多戴震的理論缺失，如作者認為戴震未能區分物理、事理與倫理，不能區分實然、宜然與應然，戴震所言「理義在事情之條分縷析」，往往有以自然律、事務律決定道德律的傾向，不符孟子「義內」精神。又論戴震只重視心知照察「理」的認知功能，未能兼及道德意願，而其謂「自然歸於必然」，亦未慮及人有自由意志可以決定其天命之性之實現否，即人能自己為道德負起責任，才能談「應該」。而戴震雖然指出理氣二元、理欲二分的缺點，卻不能積極地正面建立「自由意志」的觀念，故作者說戴震只談自然與必然，不談自由，終嫌不足。作者並總結戴震的性理思想，認為他對宋明儒有甚深之誤解，對於孟子思想也未能精確掌握，惟作者頗能肯定其性善有差等及德性成長論之說。

鮑國順

〈戴震與孟荀思想的關係探究〉，《第一屆清代學術研討會論文集》，1989。（文收《清代學術論叢》第二輯，2001.11，頁65-83。）
〈戴震與段玉裁的師弟情誼與學術關係〉，《中山人文學報》第1期，1993.4，頁51-69。

　　〈戴震與孟荀思想的關係探究〉一文，主要認為戴震思想近荀遠孟。文述戴震生平義理思想的最後定論，雖然名為《孟子字義疏證》，但是歷來辨者極多，多謂其同於荀子一路，如與戴震同時的程瑤田已經認為戴震與荀子性惡說「相為表裡」，另外如章太炎、錢穆、韋政通和該文作者等並皆持論此。文中，作者多方證論戴震之自血氣心知論性、由智達仁的工夫理路、人禽以心知別等，強調「生生」與「生生而條理」的生命哲學和工夫修為，在在皆與荀子同歸「崇智重學」一路。至於戴震為何斥荀宗孟？則作者提出三點理由：1.出自戴震的反宋學立場。作者認同章太炎言戴震因見朝廷動輒藉「理」以殺人而悖於情理，故撰為《疏證》一書，並

認為戴震對於別理義於性外，即「二理義於性之事能」的荀子，也與別氣質於性外的宋儒，同在摒除之列。2.戴震雖遠孟，但其以善為人性本有，非與性相隔之說，同於孟子。3.戴震為標榜其義理乃己所發明，故未嘗稱道荀子，以示與荀無涉。作者是文可代表相當多數同持此論的學者之共同看法。

　　然作者所論戴震之斥荀，係採取他因「反宋學」二本之論而一併見棄，或意欲剝取荀子理論之負面揣測與立意，對戴震義理之理想性並未相應理解。實則戴震人性論在「禮義」外還兼涵血氣心知等自然之性，固出理義與情欲之「一本論」，但並不是著眼於形式意義，而是內容之實質區別。戴震欲矯理學「外情欲於性」之偏言義理之性及突顯形上面價值，其用心乃在另外建構「非形上學而強調道德創造性」的新義理學，是故儘管戴震重智重學的工夫論近荀，卻不能因此而泯除他和荀子在人性論上對「理義是否內在？」看法迥異之根本性歧異。而「理義內具與否？」才是「性善／性惡」所據以別之的關鍵，故戴震正是以其善性內具之「理義為性」主張趨近孟子的。因此戴震與孟荀雖各有分合，但他確是以能夠發揚孟子「擴充」之義而自認孟子解人的，此亦其撰作《孟子字義疏證》之本旨，則戴震近荀遠孟之謂，不僅違拗戴震本意，也與事實有難合處。

　　作者另文〈戴震與段玉裁的師弟情誼與學術關係〉，主要搜羅整理眾多史料素材，以述段玉裁初奉戴震為師，戴震謙不欲受，只願以友道相待，並繳還信札。惟段玉裁師事之心甚堅，一再懇請，後來戴震始接受師弟相稱，段玉裁並直至戴震歿後，皆未改對戴震之敬禮有加，且亟致力於維護師門。

黎建球

〈戴震人性論評析〉，收入氏著：《中國人性論》（臺北：東大圖書公司，1990.3），頁337-350。

　　該文結語儘管作者也表示肯定戴震人性論一反過去禁欲、絕欲、去欲的主張，而主張欲望的有為性，但其實全文皆以批判戴震人性論作為立論所在。文論戴震所指之性實是才性意義，即就其本能意義言，和其他物並無本質上的差異。又謂戴震人性論的來源，並無法指出人性的來源，而只能說明人性應用在現實自然世界的狀況，復質疑戴震的才質之性，和程朱的氣質之性有何不同？更批判戴震以曲全之理來說性之義，且認為人性既立基於自然之義，則善之自然性與主宰性及本根性，很難有一完整的融貫。故作者亟言戴震的人性論並不能稍減程朱思想對於當代的影響，其學說也未能替他在宋明理學與考據學之窠臼中開出一片新天地。惟作者是否對戴震義理有相應之理解？所論是否符實？恐也極有爭議，不過該文確可以作為反對戴震思想的代表理論之一。

釋慧嚴（黃依妹）

〈彭際清與戴震的儒佛論辯〉，《東方宗教研究》第2期，1991.10，頁229-252。

　　彭紹升乃篤信佛教，長齋佛前者，他認為「孔孟與佛無二道，程朱與陸王、釋氏無異致。」故戴震辭世前一個月嘗撰〈與彭進士尺木書〉，與之力辨儒、釋異趣。是書為戴震闡述性道思想的重要論述，洪榜撰〈東原行狀〉時曾載入此作，但遭時有「南王（昶）北朱（筠）」之稱的考據學領袖朱筠反對，謂「戴氏所可傳者不在此」，故為戴震子刪去之。戴震〈與彭進士尺木書〉主要乃與彭紹升辨儒佛之別，作者本文則立場持平地對雙方筆墨論諍展開析論，並指出彭紹升或可以提供部分晚清思想重佛之思想史發展線索。

　　作者文論戴震是一情欲合理主義者，因此他特重「心知」之「由博學審問慎思明辨而後篤行」的「學」的工夫，以節制不當情欲，且戴震之義理立場亟辨宋儒之「恃胸臆為斷」及其足以亂真地援引佛教義理，因此主

張「治經需先考字義」。彭紹升則強調去除物欲之「修」的手段，此蓋由於釋氏著眼於個人修身，依修行層面而言，確為禁欲主義且棄人倫生活如敝屣，因此戴震對傾向陽明心學的彭紹升以及陽明的良知明鏡說，亟致反對之意，實則兩人本是並無交集的論辯。惟作者文末亦指出，時至戴震弟子段玉裁及其外孫龔自珍的時代，則學界已經普遍能接受佛教思想而開啟公羊學派之門扉了。文謂龔自珍之信佛與彭紹升有著密切之關係，龔氏非常崇拜彭紹升，又在彭的弟子江沅的影響下成為佛教信仰者，而江沅子蘭同時也是段玉裁的入室弟子，故作者言公羊學派之接納佛教信仰或接觸佛學，可以溯自戴震與彭紹升的時代。

張壽安

〈戴震義理思想的基礎及其推展〉，《漢學研究》第10卷第1期，1992.6，頁57-83。

〈戴震對宋明理學的批評〉，《漢學研究》第13卷第1期，1995.6，頁15-41。

〈黃式三對戴震思想之回應〉，《第五屆清代學術研討會論文集》，1997。（文收《清代學術論叢》第三輯，臺北：文津出版社，2001，頁253-281）

〈戴震義理思想的基礎及其推展〉一文，作者先說戴震思想的可能淵源──梁啟超、胡適主張源自顏李學派，錢穆則主張源自惠棟，並受毛奇齡影響。又說徽州學派戴震、程瑤田、凌廷堪等人的思想，都在打破宋明儒「性即理」（或「心即理」）命題後，重新對性、理及其關係再做詮釋。作者指出「理內在人心」是宋明理學人性論的大前題，而戴、程、凌等就是要打破這個先驗的完美假設，重新在經驗界中考察人性、物理和事理。接著作者又論戴震思想成長過程的主要脈絡，即搭建欲、善、理三者的關係：《原善》主要依「自然而歸於必然」之邏輯論「欲」、「善」

關係；從《原善》到《緒言》，則討論重心進至「欲」、「理」之分界問題；然「理」如何得之？於是《疏證》又進至「情之不爽失」、「理存乎欲」的「理、欲不相外」主張。所以三書的思想成長脈絡為：1.論欲、性；2.論欲、善、理；3.論欲、理三階段。再者，作者復論戴震義理乃以道德踐履說「性善」，其「理」，則本諸事物以言「條理」。至於工夫論，主要在於「學以養智」和後來《疏證》所增益的「絜情」說，其「學」，除了客觀認知外，並有擴充、增益之意。總結全文，作者謂戴震新義理學的建樹性指向有重視人情人欲的滿足，以及理之客觀公認性和不可違逆情欲等。

〈戴震對宋明理學的批評〉文分兩部分：1.反理學的原因；2.對理學的批評。文論戴震批評理學，係出自「即經學求理學」以及反朝廷朱學、重視滿足生養之欲等原因。至於戴震對理學的批評，則作者突出戴震最異於前人處，在於他是從理學所以建立的「原因」去反理學──理學起於宋代禪學最盛時，理學之致力於形上本體論，本有補充儒學在形上論、本體論之不足，以與佛學抗衡的目的，而戴震之反理學即自此處切入。他反對理學捨人倫日用而貴道，又別理氣為二本，導致理欲對立，並且「詳於論敬，略於論學。」故戴震意欲建立起實事踐履的新義理學，以取代雜揉釋道之言、趨向玄虛的宋明理學。

〈黃式三對戴震思想之回應〉一文，主要通過析論黃式三《儆居集》中闡釋戴震義理的〈申戴氏氣說〉、〈申戴氏理說〉、〈申戴氏性說〉等三文，以探討戴震義理在其身後的發展情形。作者一方面申說黃式三在發明戴震義理之餘，也藉戴震以闡揚一己之思想，另方面亦以該文突破胡適對後學發揚戴震義理的「主知」預設價值取向。胡適之《戴東原的哲學》一意突顯戴震強調的「心知之明」，反對戴震工夫論中另一居於同等重要地位的「以情絜情」說。復以「主知」為軸，以檢視戴學之後傳，凡對於發揚戴震「絜情」說的學者，如淩廷堪、焦循、阮元等人之於「絜矩之道」推擴等，都予以否定，認為未得戴學真傳。故作者是文便是在視域上

擺脫如胡適「主知」線索之狹隘性，對戴震後學的義理發展，採取一種較多元廣角的觀察視角，肯定儒學思想在清代確是另立典範，別開生面。

岑溢成

〈戴震孟子學的基礎〉，「孟子學國際研討會」會議論文，臺北：中研院文哲所，1994.5。（文收黃俊傑編：《孟子思想的歷史發展》，臺北：中研院文哲所，1995，頁191-215。）

〈戴震一本論的淵源和特點〉，《鵝湖學誌》第20期，1998.6，頁71-94。

〈戴震孟子學的基礎〉一文，在學界多謂戴震《孟子》學近荀的眾說外，獨能深入剖析戴震思想中與「性善論」相對應的「一本論」，以揭示戴震性論主張無疑地是孟子性善論一路。作者文論戴震義理之作雖稱道「孟子」，但實際上他乃以先秦整體思想的《六經》、《論語》、《孟子》作為闡釋對象。在其《原善》、《緒言》、《私淑錄》與《疏證》等四部哲學著作中，他所賦予自己的任務，就是要從宋儒的詮釋中把儒家思想的原義解放出來，因此戴震對於宋儒的批判很多，也由此遭到了維護程朱立場的學者諸多反擊。作者於文中指出戴震批判宋儒的方法學基礎，係在：1.區別儒學與非儒學；2.區別儒學之正宗與支派。前者是外部的區別，後者是內部的區別，其中內部的區別，戴震通過對孟荀思想的抉擇來完成，外部區別則戴震以荀子和老、釋、告的對比來建立。故作者本文就是通過戴震對孟子「性善論」的抉擇，以析論戴震之性善論立場，而戴震之抉擇基礎和他理解性善論的方式，則是建立在戴震之「一本論」上──學界屢因戴震性論兼涵血氣情欲而將他判為荀子同路的誤解，戴震的「一本論」能釋疑，並能清楚揭示他的孟學立場，從形式意義言是「一本論」，從實質內涵言是性善論。故作者言「『性善論』是戴震《孟子》學的基礎，而『一本論』則是掌握戴震『性善論』的基礎。」戴震正是通過對孟子的抉擇來宣示孟子之為儒學正宗的。

　　所謂「一本論」者，戴震《緒言》曰「孟子知性之全體，其餘皆不知性之全體，故惟孟子與孔子合，其餘皆不合。」又說「主才質而遺理義，荀子、告子是也。……荀子二理義於性之能事，儒者之末聞道也；告子貴性而外理義，異說之害道者也。」於此，戴震清楚地說明了荀子為「二本」之論的儒者，告子則以其「外理義」而非儒學，所以荀子非儒學正宗，告子則非儒學。而戴震對於荀子的批評，在荀子「不知性之全體」──「荀子知禮義為聖人之教，而不知禮義亦出於性。……荀子之重學也，無於內而取於外。」戴震之不取荀子，在於荀子視「禮義」與「性」為二事，以為人性中本無禮義，而從荀子、告子、宋儒到老、莊、釋氏等，雖其思想內容不同，但都可以概括為形式上的「二本之論」，因此戴震之宗孟，正在只有「性善論」才是真正的「一本論」。作者復進論戴震的「一本論」，實質指血氣心知之情欲與禮義同歸一本，即禮義與情欲同源，故戴震「一本論」的重點就在「必然為自然之極則」，必然的禮義乃是自然人性的具體而充分實現。再者，宋儒之不承認禮義與情欲同源主要出於「理氣二元」的理論基礎，所以戴震又推此「一本論」及於論理氣關係，是以作者言「與『性善論』相對的『一本論』是存有論的，與「理氣論」相對應的『一本論』卻是本體宇宙論的。」不過本文純就人性論言，故作者總結：針對荀子而言，戴震「一本論」強調不僅情欲是性，禮義也是性，針對宋儒而言，戴震「一本論」強調不僅理是性，情欲也是性。另外，如前所述，戴震也認為在孟子以外，荀子畢竟仍是最接近孔子的，他到底還是純粹的儒學，「卓然異於老聃、莊周、告子而為聖人之徒也。」惟此則涉及「儒學與非儒學」的外部之辨了。

　　〈戴震一本論的淵源和特點〉一文，通過比對孟子之「一本」與明道、戴震的「一本論」，指出戴震的「一本論」具有形上學意義，具有豐富而複雜的內容──所謂「一本論」，如明道之說天人，否定任何預設的相對分別，是為徹底的「一本論」，惟此處不論。戴震則《原善》有言「血氣心知之性，人皆有之，非二本然也。」他並批評荀子「二理義於性

之事能，儒者之末聞道也。」其《緒言》亦強調「理」非與「飲食男女之發乎情欲者」分而為二也，又批評「荀子以禮義與性為二本，宋儒以理與氣質為二本，老聃、莊周、釋氏以神與形體為二本。」在戴震的理論系統中，他乃以「理與氣為一本」作為對「別理氣為二本」之否定，並為其所主張「一本論」的思想綱領，而由此進論「理、氣」，「性、才」，「血氣、心知」等皆為一本。因此戴震強烈批判朱子之「別理氣為二本」，他反對把「陰陽氣化」視為負面評價的「形而下」，他以「形以前／形以後」重新詮釋「形而上」與「形而下」，使得朱子所謂「生物之本也」的「理」消失無蹤，而理與氣遂「一本」地同皆化歸「陰陽氣化」。至於血氣、心知之一本，則戴震係以其同為陰陽氣化之自然呈現，即「同源」，論其同源異質，而才、性之一本，則由於其同源同質的緣故。再者，戴震之「一本論」乃以倫理道德為歸趨，故他之批評「理／氣」、「理／欲」等二本之論，並不僅僅由於存有論的理由，更因其被理學賦予一正一負評價的原因，是以他之主張「同源於陰陽氣化」的意義，除了存有論的「同源」外，更在於他主張其皆正面評價，皆同具正面價值。如此一來，遂使自然與道德之間，由「二本」之論的對治關係轉成順取的發展關係。故戴震歸趨於「陰陽氣化」的「一本論」，相較於宋儒的「超越主義」，乃是一種截然不同的孟子學，亦是一種截然不同的儒學。而戴震從「自然主義」的形上學衍生出來的「發展的自然主義」道德倫理觀，是為清代孟子學和哲學的主流，深具特殊的時代意義。

　　上述二文是眾多研究戴震孟子學的篇章中，能自哲學高度突出戴震孟子學意義的重要研究成果，其於戴震哲學之深刻認識與闡發，對理解戴震之孟子學有重要價值。

黃俊傑

〈戴震的孟子學解釋及其含義〉，收入氏著：《孟學思想史論‧卷二》（臺北：中央研究院文哲所，1997.6），頁291-326。

　　該文認為戴震解釋孟子學的理論基礎，可以泛稱為「一本論」，既是「合血氣、心知為一本」，也是「自然」與「必然」合一的思想。所以戴震的「一本論」在孟子強調倫理學現象「天之生物也，使之一本」的「一本」主張外，還泛及對宇宙論與人性論的問題討論，是擴大到解釋「自然」與「必然」同源循環關係的表述。戴震對孟子學和古典儒學的解釋，以及對宋明理學和佛、道思想的批判，都與其「一本論」思想立場有關。

　　不過該文作者認為戴震的孟子學解釋，雖與孟子有貌似偶合者，但歧出之處其實更多：1.作者認為戴震未能掌握孟子「即心善以言性善」之本質。文謂孟子人性論立場的最大特色在於擺脫經驗、實然觀點，是從先驗與應然的進路，而非順著生活機能與欲望來認取人性。但戴震卻從自然生命、經驗事實出發，就人倫日用等經驗事實以言仁義禮智、以言性，其實是「生之謂性」的人性論傳統。2.作者謂戴震將人性本質狀態與發展歷程混為一談，此亦勞思光等眾人所持說，不過該論點仍有商榷餘地。實則戴震的學說重心本即在於「性善→善」的歷程討論，即「善」之實踐歷程，而非對「性善」之本質討論，即非「證體」。戴震學說乃建立在肯定「性善」之大前提上，故此非他與宋儒之立異點。他之反對宋儒「理義／情欲」二元化，即戴震人性論之理、欲「一本論」，主要緣自他和宋儒對「如何落實善？」的工夫論，存在「通情遂欲／存理滅欲」和「客觀事為／內向存養」的觀點殊異，這才是他和理學的最大分野。惟學界每牽纏於對人性本質之「性善／性惡」判教，逐與戴震本意相遠。

　　再者，作者肯定戴震要求政治應該成為滿足人民欲求的機制，而不是成為道德教化的社區，故謂就掙脫傳統儒家將政治領域視為道德領域延伸的舊格局言，戴震思想具有相當的近代性。最後則作者總論戴震孟子學具有「護教學」性質，既護儒學之與釋道立異，反對理學援釋道入儒之雜禪，又持「性一元論」立場，反對區分「本然之性」與「氣質之性」，並批判理學之「理欲二分」。作者且言這同時也是十七世紀以降，東亞近世儒學的共同動向，如日本伊藤仁齋便也如是主張。不過作者認為，戴震孟

子學的方法論將詮釋學問題轉化成為訓詁學問題，其說與孟子學之大經大脈皆有所牴牾，遂使「孟子心學的超越性被扁平化了」，故全文結論以戴震的孟子學其實是「不成功的護教學」。

張麗珠

〈戴震「發狂打破宋儒《太極圖》」的重智主義道德觀〉，《興大中文學報》第12期，1999.6，頁59-96。

張麗珠長期致力於清代學術思想研究，在二十一世紀初並有專論清儒新義理學的「清代新義理學三書」系統論著出版，堪稱臺灣學界探討「清代新義理學」最完整的研究成果，惟其成果不在本計畫時間範疇內。該文則作者主要突顯戴震試圖建立一種具有經驗基礎，能在生活世界中被完成實踐的新道德學，戴震並自得地稱此一義理學作為是「發狂打破宋儒家中《太極圖》」。文論戴震的新義理學主要包括：落在經驗領域的道論，從踐履結果說的人性論，循客觀途徑以達而包涵「以學養智」、「以情絜情」兩端的工夫論。作者並認為通過戴震新義理學的建構以及「德性資於學問」等新命題建立，長期來理學歧德智為二途的「道德、知識」二元思想被打破了，理學強調內向存養省察、默坐證心、無欲則靜的工夫修為等，也被轉向成為和現實界緊密連繫的客觀實踐，是即戴震強調「通情遂欲」而具有重智主義傾向的新義理觀。

黃順益

〈戴震與惠棟的學術關係〉，《孔孟月刊》第38卷11期，2000.7，頁23-29。

該文主論戴震入都後學風轉變的可能原因，並略論惠戴二人學風之異同。歷來學者論戴震的學術淵源，主要有梁啟超、胡適持論的顏李學派和錢穆所持的惠棟二說，作者認為錢說較合於事實，不過他也認為惠戴二人

雖然論學有合，卻也有所別。文論二人學風之合，在於戴震踵繼惠棟志存古義、扶微學、尊古宗漢、訓詁考據之治學蹊徑，又嘗手校惠棟著作。其別則在惠棟重辨僞、輯佚而長於考證，戴震則志乎聞道，其學由小學、典章、曆數、水地入，而以明六經孔孟之道爲目的，更多自得之義理。至其原因，則作者析論由於地域文風濡染不同，兼以時代推移變異不同所致。

　　對戴震的思想研究，是臺灣學界研究清代哲學的另一個焦點，餘論尚多，其中簡論，或以述論戴震思想爲主的，如羅聯絡〈略評孟子字義疏證〉（《建設》第11卷第8期，1963.1，頁29-30）；周世輔〈戴東原的哲學評論〉（《幼獅學誌》第9卷第4期，1970.12，頁1-10）；史次耘〈戴東原學術思想精義〉（輔仁大學《人文學報》第2期，1972，頁215-219）；劉昭仁《戴東原思想研究》（《國文研究所集刊》第19號，1975.6，頁297-376；該文輯自作者1974年臺灣師大國研所碩士倫文）；劉文起〈戴東原對宋儒的評論㈠、㈡〉（《孔孟月刊》第19卷第9、10期，1981.5、6，頁40-42、39-42）；黃懿梅〈戴東原哲學之評析〉，（臺灣大學《哲學評論》第5期，1982.1，頁281-302）；陳正榮〈戴東原性理之學〉（《中華文化復興月刊》第15卷第2期，1982.2，頁16-19）；梁世惠〈戴東原性論的基本觀念──血氣心知〉（《孔孟月刊》第23卷第3期，1984.11，頁51-54）；陳振風〈戴震的思想〉（《臺南家專學報》第5期，1986.3，頁53-83）；尹任圭〈戴東原知識學研究〉（《哲學論集》第25期，1991.7，頁193-212）等，茲不具論。至於學位論文，有張光甫《戴東原教育思想研究》（1967年政治大學教研所所碩士論文）；王梓凌《戴震孟子字義疏證研究》（1975年臺灣大學中研所碩士論文）；梅汝椿《戴東原思想研究》（1976年中國文化大學哲研所碩士論文）；鮑國順《戴東原學記》（1978年政治大學中研所博士論文）；村上義雄《戴東原與伊藤仁齋思想之比較研究》（1979年臺灣大學中研所碩士論文）；羅聖《戴東原性善論之

研究》（1982年臺灣大學哲研所碩士論文）；劉玉國《朱子與戴震思想比較研究》（1986年臺灣大學中研所碩士論文）；胡建財《戴震反程朱思想之研究》（1988年政治大學中研所碩士論文）；劉錦賢《戴東原思想析論》（1989年臺灣師大國研所博士論文）；高在旭《戴東原哲學析評》（1990年輔仁大學哲研所博士論文）；林鯤洋《戴震之哲學思想研究──以性論爲中心》（1993年文化大學哲研所碩士論文）；趙世瑋《戴震倫理思想研究》（1994年中山大學中研所碩士論文）；柯雅卿《戴震孟子學研究》（1995年國立成功大學中文系碩士論文）；黃順益《惠棟、戴震與乾嘉學術研究》（1998年中山大學中文系博士論文）；羅雅純《戴東原孟子學之研究──一項從詮釋學的觀點所展開的批判與重建》（2000年淡江大學中文系碩士論文）等，而進入二十一世紀後，以戴震爲研究對象的更多如雨後春筍，惟又不在本報告範圍了。

2. 程瑤田（**1725-1814**）

　　程瑤田和戴震同爲徽人，並皆皖派大家，他在戴震新義理學受到眾人非議時，也在他著稱的名物考證外，以《論學小記》和戴震的義理新說同聲相應。其論如日「孟子性善之說，以情驗性之指。正孔子『性相近』之義疏矣。」「性善，故情善而才亦善也。」同皆反對「黜情」主張以及「情惡」一類說法。惟儘管戴震〈再與盧侍講書〉嘗稱瑤田「讀書沉思覼訂，比類推繳，震遜其密。」錢穆也以瑤田《論學小記》和戴震《孟子字義疏證》、焦循《論語通釋》比論，認爲「其精粹透露處亦視兩家無遜色也」。但學界對於程瑤田的思想研究歷來不多，其要如下：

鮑國順

〈程瑤田讓教思想述要〉，《第二屆清代學術研討會論文集》（高雄：中山大學，1991.11，頁159-174。（收入《清代學術論叢》第二輯，臺北：文津出版社，2001.11，頁85-95。）

〈程瑤田「誠意說」疏釋〉，《第一屆國際暨第三屆清代學術研討會論文集》（高雄：中山大學），1993.11，頁137-152。（文收《清代學術論叢》第二輯，頁97-108。）

〈程瑤田的心性論〉，《中山人文學報》（高雄：中山大學文學院）第2期，1994.4，頁45-56。

　　鮑國順一向頗用力於清代思想領域，也是學界少有的，對程瑤田思想撰有系列論文發表的學者。在〈程瑤田「誠意說」疏釋〉中，他明白揭出「易疇思想以性善為本，以禮讓為用，而以誠意為之樞紐。」而對程瑤田的性善、讓教、誠意等中心思想，他即以上述專章分別加以論述。

　　在〈程瑤田讓教思想述要〉中，作者主要闡述程氏「以『讓』代『理』」之教。瑤田論學強調人倫教化，尤以「讓」字為入手，既以讓自勵，復以讓教人，其堂、其室皆名以「讓堂」、「讓室」，他並自號「讓堂老人」。至於其「讓教」者，作者指出徽學崇禮，自江永、戴震以下多言禮學，故瑤田稟孔子「以禮讓為國」之教以及朱注曰「讓者，禮之實」，而主張「非退讓無以明禮」。瑤田曰「理但可以繩己」，若以繩人，則「人必有詭詞曲說，用相取勝，是啟爭端也。」故他重視人情地強調「言理者，必緣情以通之。」所論亦與戴震極力突顯「通情遂欲」的新義理觀同聲相應，作者認為瑤田「以讓代理」之教在清代思想史上具有重要意義。

　　至其〈程瑤田「誠意說」疏釋〉一文，則作者先闡明瑤田之論情、意──瑤田係以「由吾性自然而出之謂情，由吾心有所經營而出之謂意」來界定情與意，而當性發為情時，心未有不動者，心之動即是意之萌，故

瑤田又謂「情與意同居而異用」，是故人有好善惡惡之「情」，即有為善拒惡之「意」，「意乃依乎本然之情而順乎其所致之知者也」。而情發於性，為直達而已，其有所經營與主張者，乃意也，是以人之情無不善，其有不善者，皆「不誠其意之過也」，如此一來，瑤田思想之「以誠意為之樞紐」可知矣。再者，「慎獨」是「誠意」的工夫門徑，故瑤田又進論「慎獨」，於此，作者復指出瑤田論「慎獨」有別於眾說：歷來說「獨」者多以人己對稱，指己所獨居、人所不見，然而瑤田擴大了「獨」的涵義，他認為與人謀事之際，其造意為彼此所共見而眾人所不見，此亦是「獨」也，故曰「獨非專在內也，乃內外相交之際也。」倘吾人證諸以今日國際間屢有詭謀「密約」者——如出賣中國的《雅爾達密約》，則瑤田不啻為先見者。

再者，〈程瑤田的心性論〉一文，作者主要突出瑤田的實有觀點心性論。瑤田《論學小記》有〈述性〉四篇，其〈述性一〉有曰「有質、有形、有氣，斯有其性，是性從其質、其形、其氣而有也。」因此作者指出瑤田論「天命之謂性」，即自氣質之實體言，其所謂性善，也是據氣質而論，以此，他反對氣質之性和義理之性二分的說法。此外，瑤田主張人性本善，而善來自氣質，氣質秉自天命，故他論心、性、情的關係，認為心統性情，性發為情，情根於性，心性情三者皆有善而無惡。據此，他強調由情善以驗性善的「以情驗性」說，他並認為孟子亦是主張「以情驗性」者，孟子舉例怵惕惻隱等四端之心以說人之性善，正是人人皆可驗之於己的現象。斯為鮑國順論程瑤田心性論之大要。

臺灣學界對於程瑤田的思想研歷來不多，二十世紀前學位論文僅見李金鴦《程瑤田及其義理思想研究》，1996年高雄師大國研所碩士論文。

3. 章學誠（**1738-1801**）

章學誠是梁啟超和王國維揭開我國新史學序幕之前，傳統史學發展後期最傑出的史學思想家。其所處的乾嘉時期，考證風氣籠罩學界，

史學亦汲其流地趨向歷史考據學派，然而章學誠亟強調經學、史學、文學流別不同，他撰爲《文史通義》，即以考鏡源流、辨章學術作爲宗旨，欲釐析經學、史學、文學兩千年來的錯綜複雜關係。他既以「文史分趨」針砭歷來文士撰史之風，要求建立起史學專門之專家從事，又以「六經皆史」批判乾嘉儒者只知尊經考經而不知六經即三代之史，貶低了史學價值，同時亦照見時儒盲從時風之競趨考訂不當。我國清代以前史學成就，可以分就撰史與論史兩端言之，《文史通義》是被公認的我國傳統史學後期最傑出的史論，在我國史學發展即將邁入新史學之前夕，其精彩史論，恰似對我國二千多年傳統史學之綿長歷程饗以總結，以迎接另一個新史學局面的來臨。

余英時

〈章實齋與柯靈烏的歷史思想 —— 中西歷史哲學的一點比較〉，文收氏著：《歷史與思想》，臺北：聯經出版公司，1976.9，頁167-221。
〈章學誠「六經皆史」與「朱陸異同」論〉，文收杜維運、黃進興編：《中國史學史論文選集》（臺北：華世出版社，1976.9），冊2，頁814-854。（另收氏著：《論戴震與章學誠》，臺北：華世出版社，1980，頁45-81）。

　　〈章實齋與柯靈烏的歷史思想 —— 中西歷史哲學的一點比較〉，主要闡明過去學界對「歷史哲學」一詞，多重視黑格爾強調史學之哲學性的「玄想派」歷史哲學，如世界精神、理性、自由等，探討歷史知識之成立如何可能，而認爲中國史學缺少歷史哲學。但其實西方歷史哲學另有柯靈烏等探討歷史事件本身在整個發展過程中意義的「批評派」歷史哲學一脈，該文即自柯靈烏的觀點檢討中國傳統的歷史哲學。作者指出儘管我國的史學頗爲發達，但歷史哲學園地卻十分荒蕪，以「批評的歷史哲學」言，劉知幾和章學誠可爲代表，其中劉氏著重討論史籍體裁的利害得失和

歷史方法論等，未能邁出撰史體裁範疇；實齋則系統涉論史學及其相關問題，貫通全部中國學術史的哲學性思考，他所突出的「史意」細按之正是西方批評派的歷史哲學。故作者稱《文史通義》是我國唯一的歷史哲學專著，實齋最大的貢獻在於匯集了以往許多零星的歷史觀念，構成一套較有系統的中國歷史哲學。

　　作者繼實齋的歷史定位及評價後，文論 1. 中國史觀主要突顯人文傳統：孔子的歷史觀無疑是人文主義的，既承認人之意志自由，又賦予倫理色彩，自後我國「褒貶損諱」的「史法」即承續此一傳統而來。實齋則更推尊歷史的人文精神達於極端，而歸於「經世」，即「綱紀天人，推明大道。」 2. 中國史學強調「言」、「事」合一：實齋亟強調三代「政教合一」之「未嘗離事而言理」，並要求史著需兼具「事」與「文」與「義」，他以孔子所得之「義」為史家專業能力的「史德」，並自傳統史學之倫理層面看「史德」之「天人之辨」，故「義」即是使史學成為史學的那個要素，也就是史家的「別識心裁」。作者謂此亦頗同於柯靈烏視人類以往事蹟為一系列之「行動」（actions），而皆包含事件之「內在面」（inside，thought）、「外在面」（outside，event）。 3. 實齋突出中國史學「筆削」之義與「一家之言」：實齋之論「筆削」，在傳統政治倫理意義外，並且具備了近代史學涵義，其所突出的「所以通古今之變而成一家之言者，必有詳人所略，異人之所同，重人之所輕而忽人之所謹，繩墨之所不可得而拘，類例之所不可得而泥」，即「別識心裁」，頗與柯靈烏在討論用以說明史學思想自主性的史學三要素——史料取捨、歷史建設與歷史批評之前，認為先要有一「先驗的想像」作為依據標準，所指相同。故作者總說實齋與柯靈烏在歷史觀念上有諸多不謀而合的思想，並皆突出對「史學自主」的強烈要求——柯靈烏既與孔德強調科學普遍性，要求以歸納法建立通則並以事實驗證的「實證論」爭持。他堅持史學的獨立自主性，又肯定史學為科學，只是認為人文現象的研究不能完全等同於自然科學。又與溯源自蘭克，要求以訓詁考證為治史基礎，探求單一事件意

義而拒絕尋求通則,並強調事實獨立於史家主觀看法外,以維護史學之自主與尊嚴的「歷史主義」相爭。作者認為實齋所處的乾嘉考據學風背景與柯靈烏極為類似,柯靈烏與上述皆具實證論觀點影響的史學潮流對立現象,說明了中西史學在發展過程中有大體近似之處,故作者亦突出實齋「六經皆史」說乃針對當時尊經與考證學風而發之意義。

　　作者另文〈章學誠「六經皆史」與「朱陸異同」論〉,為當時之名篇。該文持論「『六經皆史』可以看作是實齋對東原『考證挑戰』的一個最具系統性的反應。」文論「六經皆史」雖非新穎之說,但亦非舊說之翻版,其為實齋用以抗衡清代學術史另一著名綱領——清初中心理論的「經學即理學」之反挑戰。更確切的說,實齋是為拒斥當時從清初顧炎武到乾嘉戴震的主流學風:「經學即理學」→「訓詁明而後義理明」的考證學。實齋「六經皆史」說立足在「道」之流變不拘以及突出「事」之歷史性上,其突破性在於以「六經皆器」打破了「六經載道」的傳統見解,以《六經》不能盡「道」之說,使學術重心反轉成「因史見道」、「因事見理」之史學重視,並建立「以史概經」、「以今代古」的理論根據,故實齋得以「六經皆史」說,有力挑戰了經學考證權威及其獨尊地位。

　　作者又論《文史通義》還有另一與「六經皆史」說相輔成的重要理論:「朱陸異同」論,該論藉義取互足的〈浙東學術〉和〈朱陸〉二文以表述之。作者謂二文中實寓有實齋「自道其學術之淵源」和「為自己在宋明以來的儒學傳統中找一個適當的位置」之用心,並認同倪文孫所言「浙東學術」只是實齋晚年的自我追認,實齋是藉清初能與浙西亭林並峙的梨洲及源遠流長的「浙東學術」作為自己的學統後盾,以與他判定「承朱學數傳而起」的戴震相匹敵。故實齋復判分「顧氏宗朱,黃氏宗陸」地將顧黃之學上溯於朱陸,作者以為此皆實齋出自乾嘉「考證挑戰」以及戴震經學考證和他的文史校讎「一顯一晦」下,刻意借朱陸以比擬他和戴震關係的心理。職是之故,實齋亟稱美浙東學術之「言性命者必究於史,此其所以卓也」,「上宗王劉,下開二萬,較之顧氏,源遠而流長矣。」且以

「浙東貴專家，浙西尚博雅」相應朱陸之「尊德性」與「道問學」，以標榜惟專家為能「別識心裁」、「成其家言」、「博而能約」。要之，作者言實齋所論主要針對戴震經學考證觀點而發，一方面可以照見實齋的心理「孤憤」，另方面亦可見實齋對「博而不約」的考證學風之輕視與偏見。故作者以此二文為治清代儒學發展史最當深玩之文字。

周啟榮、劉廣京

〈學術經世——章學誠之文史論與經世思想〉，文收《近世中國經世思想研討會論文集》（臺北：中央研究近代史研究所，1984.4），頁117-154。

　　該文之作，係因學界多集中焦點在實齋的史學理論、方志學、目錄學貢獻與思想史之意義上，始終未有論及實齋「學術經世」之命題者。然作者認為實齋的「學術經世」乃是支撐其學術思想全局之棟樑命題，且其「學術經世」觀念不同於明清時期的「經世之學」，其非指必須得「位」及行「經世之術」或「經世之務」者，而是突出以文史「明道」之謂。作者文論實齋批評乾嘉儒者只知尊經考經而不知六經本為三代之史，以致貶低史學的價值，故實齋的「六經皆史」說是其「學術經世」論之歷史證據，否則「學術經世」論即成無根處理。是以「六經皆史」固然可以視為對戴震的考證挑戰外，它其實亦是作為「學術經世」論的歷史注腳。作者復論實齋認為學術可自 1.明道，2.救學術風氣之偏，3.扶持名教等三方面產生「經世」效用。就實齋所說「史之大原本乎《春秋》」言，他認為《春秋》有二義：以事言，魯史性質與「周公之舊典」無異，只能「述而不作」；以義例言，則《春秋》乃孔子的史學著作，所謂「《春秋》家學」。故孔子對《春秋》的貢獻正在於闡明義理，蓋作史者必求其「義」，「義」也就是《春秋》之所以成為史學鼻祖的原因。所謂「義」，則除了「綱紀天人，推明大道」外，還兼涵「筆削」、「詳

略」、「類例」、「異同」等取捨與獨斷的史學著述之表達方式及選擇與識力，此亦實齋一方面強調六經非孔子所作，另方面又強調《春秋》乃孔子所作的原因。要之，實齋從史學的立場探究儒學的源流演變，標舉先秦儒學「經理世界」的基本宗旨，強調「經世」與「致用」目的，以補救宋明儒學偏於「尊德性」之「外輕經濟事功，內輕學問文章。」以及清中葉儒學偏於「道問學」，只知「考古」而輕人倫日用之綱常名教等學風流弊。

胡楚生

〈章實齋「六經皆史說」闡義〉，《中國學術年刊》第6期，1984.6，頁81-89。（另收氏著：《清代學術史研究》，臺北：學生書局，1988.2，頁171-181。）

是文主論實齋「六經皆史」說推本於「官師合一」，並溯源自實齋思想中最基本的「道器合一」觀點。文論實齋並不認同孟子稱孔子為「集大成」者，實齋謂「六藝非孔氏之書，乃周官之舊典也。」主張周公才是古代文化思想的集大成者，六經只是周公舊典，是「形而下」之「器」，且掌於周代官吏之手，所以六經是周代合治民教民為一的「官師合一」下所用以「經綸世用」者。因此實齋說六經初無「經」名，及有經名亦非尊稱，也只是指「即器存道」的周公「經緯世事」之政制典章紀錄而已。以此，作者亟反對一般學者從今日強調廣蒐史料的「古代歷史材料」角度，將「六經皆史」解釋成為「六經都是史料」，其謂此非實齋本意。

戴景賢

〈章實齋「道」與「理」之觀念及推衍〉，《第一屆清代學術研討會論文集》，1989。（文收《清代學術論叢》第二輯，臺北：文津出版社，2001，頁121-127。）

　　是文之作，主於闡發實齋學術中前人所未及之「道乃漸形而漸著」之說。作者認為實齋所建立者為一「文化史」之觀點，強調文明演進有一相承續而不得不然之勢，故道之顯用乃「積漸」而然，實齋即於此指出人類知識的侷限性。作者借《老子》之「道生之，德畜之，物形之，勢成之」以為說，其謂依「生」與「畜」言，道於天地為共通，依「形」與「成」言，道於萬物為殊別，惟《老子》對「物形」、「勢成」發揮未多，洎《易傳》始「資始」、「物形」兩面並重，故將道之「積漸而形著」的觀念擴及人文。而所謂物化之變有不得不然者，即是「勢」，實齋就是在道的成化過程中增入「事勢自然」的觀點，使過去、現在與未來在一「持續」發展的過程中成為一體，此一體，係不知其然而自然能然者，故文明過程並非全屬可知，惟「積久而著」乃有知之者、覺之者。故知識之發生固需智力，但非純恃智力所克為功，「知識」必有「時會」而後然。因此關於「形」與「著」，實齋認為「繼之」者則有勢，而「知識」的最終目標，便在知當身所處之勢之所謂「適當其可之準」，也即知識的重點，在於建立面對自己身處「歷史之時刻」，有足以做出人所可能最適當決斷的能力。這樣的文化史觀點，對於人性與社會，都是透過一「文明活動之發展」角度加以觀察的。

龔鵬程

〈文史之儒：章實齋〉，《淡江大學中文學報》第1期，1992.3，頁422-502。

　　作者對於民國以來汗牛充棟的章學誠研究，皆深不以為然，其謂所有研究篇章，包括梁啟超、胡適、張其昀、吳天任、張爾田、錢穆、余英時、侯外廬等人之研究在內，或從史料角度推崇實齋，或以史學要籍視《文史通義》及以史家目實齋，或從針砭經學考證的思想史角度看實齋學術，皆屬誤會實齋學說宗旨，作者甚至稱以「冤殺實齋」。作者另言實齋

所欲建立者並非史學，而是一種文史學，這種文史學之所以成立，則依賴其校讎學的方法，故又名為「文史校讎之學」。實齋所謂校讎，並非今日之謂版本校勘或綜合群書以比勘文字篇籍異同，考證訛誤者，而是辨正名物、考鏡源流、辨章學術，即作者指出的，討論流別才是實齋校讎的主要精神。且夫實齋所批判的對象，除戴震外尚有袁枚、汪中等，故作者認為，批判戴震所代表的學風，能否成為實齋學說的核心觀點？大有商榷。

　　作者文論實齋嚮往一個治統與教權合一的境界，並且具有反歷史主義的史觀，而「因襲」則是他論文史的要義——蓋考據學的根本核心在於辨偽，辨偽本身即是一種史學方法，是一歷史的還原工作，故以回歸經典治經實際上是治史，蘊涵著一種歷史主義的態度，抑且已以史學代哲學，如此則經、史豈有二致？作者言實齋的「六經皆史」說正是在這樣的脈絡中形成的，不過實齋對於「史」的見解與乾嘉主流學風完全不同，實齋認為歷史是流變的，歷史事物是因襲損益而成的，故凡沿襲、附益、增刪、祖述、旁託、擬作、合撰等皆是「言公」（「古人之言，所以為公也」，亦即「道公」），此其不同於「文必己出」之文學創作者。又，歷史客觀主義者，相信有一歷史原貌與真相，所以必須依文獻以言古史，此是考證史學派之基本方法與信念。然而實齋並非如此，他認為史學並不是要徵集史料、考證史事，而是要對史事加以決斷去取、裁之以心，即具「別識心裁」。此其要求「推明大道、綱紀天人」，獨斷於一心之「史義」，認為如此始能成其一家之言——總上，實齋認為「史體述而不造」，歷史，就是歷史的傳述活動，在傳述中，言說書寫皆是公眾享有之物，非私人據占之領域，而以文字為治，即是道，官師合一則非鑿空說理。實齋正是以此而嚮往三代之治，此其稱三代政教為「書同文以平天下」，故實齋批判「三代以後，官師分而學士始以著述為一家言」，此其所以不滿託文采以傳不朽的文士撰史及以文筆言史，他要求的是「敘事之文」之古文辭，並且強調必須是重視名教之「立言有本」。故作者突出實齋學說主要精神在於辨明學術源流，他強調唯有辨明學術源流，才能成為專門家數之文。

鄭吉雄

〈論章學誠的「道」與經世思想〉，《臺大中文學報》第5卷，1992.6，
頁303-328。

　　該文從實齋的經世思想，證明他的「道」完全規範在文化史的範
疇內，基本上與哲學無關。文論實齋從「變動」的觀念和文化範疇講
「道」，其道論是定義在人類出現以後，人文文化與生活的發展史上的。
他從眾人之人倫日用講「道」之形成，從制度的變化講「道」之發展，闡
明「道」就是人文文化的學術宗旨，故實齋之「道」，是「器」之成長、
發展與變化。實齋於此指出了「從文獻與制度中探究文化的演變與成長」
的學術路徑，同時也改變了理學對道的「不變」觀念以及從哲學範疇講
「道」的路徑。衡諸實齋提倡掌故之學，也就是保存文化的主張，而他從
「經世」角度解釋「經學」的「經」字，也都可以窺見他強調「史學所以
經世」的學術主張與宗旨。故作者言梨洲、二萬兄弟、全祖望和章學誠等
浙東學者，實皆自人文文化角度，將「道」寄託在有形的國家禮制和人類
的儀行上，其治學也都能不涉空論，而從歷史、禮制和文獻等方面，深究
中國文化之各種特徵與價值。

林安梧

〈章學誠「六經皆史」及其相關問題的哲學反省〉，《清代經學國際研
討會論文集》（臺北：中央研究院文哲所，1994），頁263-289。

　　該文試圖從學術史上至思想史，再調適上逐到精神發展的辯證歷程，
以考察實齋之「六經皆史」說及其相關問題。文中，作者強調實齋「六經
皆史」乃對於文獻考據權威之挑戰，故實齋之主張「別識心裁」與「筆削
抉擇」，與戴震之「訓詁明而後義理明」適成嚴重對反，因此作者先環
繞「六經皆史」做一思想史之背景考察與詮釋。文論清初李光地式的御用

朱子學，已將朱子的「道德的超越形式性原理」轉成「絕對的專制性原理」，則清廷之提倡朱學，與其說是連續，不如說是斷裂，乃有戴震另從血氣心知「自然人性論」立場之大加撻伐。不過作者另方面則認為戴震從亭林的「經學即理學」轉進「訓詁明而後義理明」，是為「下滑」，其謂由於戴震主智主義之指向名物訓詁、經典文獻的詮釋，「這意味著道德實踐主體的萎縮，生活世界的滑落」，故其於清廷「以理殺人」之剴切批評及衝決網羅的力量轉為有限，反使「絕對的文獻權威」與清廷「絕對的專制性原理」渾成一體。接著作者論實齋「六經皆史」命題，其謂該命題一方面係針對「訓詁明而後義理明」之考證觀點，而思有以轉變風氣，故以「六經皆史」說瓦解了通過考據經典文獻以見「道」的理解方式，轉採「推原」的歷史溯源法，將經學傳統歸於「官禮」之周公舊典。另方面則作者言，相對於戴震強調血氣心知的自然人性，則實齋強調「道不離器」、「理事合一」、「漸形漸著」的歷史人性，是一歷史主義者。但作者同時又說實齋另方面之以「官師治教合一」來闡明「即器存道」，甚至高倡「以吏為師」，卻有反歷史主義色彩在，如此則又難免隱含權威主義的性質，故他稱實齋為「反歷史主義的歷史主義」，惟所論與余英時頗相出入。

　　除上述研究篇章外，餘如甲凱〈章學誠的文史哲學〉（《中央月刊》第6卷第5期，1974.3，頁111-116）；羅光〈章學誠的歷史哲學思想〉（《哲學與文化》第9卷第2期，1982.2，頁36-40）；劉正忠〈章實齋的史意〉（《國立編譯館館刊》第24卷第2期，1995.12，頁221-234）；何兆龍〈論章學誠的「六經皆史」〉（《中國文化月刊》第198期，1996.4，頁39-49）；王保頂〈以史證經：章學誠「六經皆史」意義新詮〉（《孔孟月刊》第35卷第9期，1997.5，頁22-27）；江素卿〈論章實齋之準經衡史〉（《第五屆清代學術研討會論文集》，1997，文收《清代學術論叢》第二輯，2001，頁129-148）；楊志遠

〈章學誠的經世思想〉（《吳鳳學報》第5期，1997.6，頁41-76）；林文華〈評章實齋以「道」為出發的「六經皆史」說〉（《中國文化月刊》第248期，2000.11，頁1-35），並皆述論實齋思想及相關議題。此外還有諸多專論章學誠史學的研究，如甲凱〈劉知幾與章學誠〉（《東方雜誌》，復刊第8卷第3期，1974.9，頁53-56）；〈史法與史意——論劉知幾章學誠兩家史學的差異〉（《人文學報》（輔仁大學文學院）第6期，1977.6，頁125-142）；林時民〈章學誠史學的缺失〉（《中國書目季刊》第28卷第3期，1994.12，頁23-34）；〈劉知幾鄭樵章學誠的史學理論及其比較〉（《國立中興大學臺中夜間部學報》第2期，1996.11，頁201-222）等，所論尚多，茲不具論。

　　另外，學位論文有：羅思美《章實齋文學理論研究》（1974年臺灣師大國研所碩士論文）；洪金進《章實齋之方志學說》（1978年高雄師範大學國研所碩士論文）；林釗誠《清章實齋六經皆史說研究》（1985年國立高雄師範大學國研所碩士論文）；宋家復《章學誠的歷史構想與比較研究》（1991年臺灣大學歷史所碩士論文）；楊志遠《章實齋史學思想之研究》（1991年東海大學歷史所碩士論文）；張光前《章學誠的知識理論》（1991年輔仁大學中研所碩士論文）；王義良《章實齋及其文論研究》（1992年政治大學中研所博士論文）；張光前《章學誠的知識理論》（1992年輔仁大學中研所碩士論文）；朱敬武《章學誠歷史、文化哲學研究》（1993年輔仁大學哲學所博士論文）；呂敏慧《章學誠方志學研究》（1994年臺灣大學中研所碩士論文）；林勝彩《章實齋對乾嘉學術的批評與修正研究》（1994年中山大學中研所碩士論文）；宋天瀚《論章學誠的方志理論與「方志學」》（1996年文化大學歷史所碩士論文）；許晉溢《章學誠撰寫傳記之研究》（1997年文化大學歷史所碩士論文）；賴哲信《章實齋經世思想研究》（1999年輔仁大學中研所博士論文）等。

4.焦循（**1763-1820**）

乾嘉學術是清代學術的高峰發展，不論在音聲故訓、典章制度、校勘學、文獻學、金石學、史學、學義理學等方面，皆有迴出前人的斐然佳績，表現了博通、深入且精湛的特色。乾嘉學術除早期開闢榛莽的惠棟、戴震等大家外，大約起於乾隆中葉的揚州學派，亦堪稱能與吳、皖、浙學等地域學術並峙的重要成就。揚州學者如焦循、阮元、凌廷堪等，對乾嘉新義理學的發揚並皆有極大的助瀾之功。其中焦循是乾嘉後期私淑戴震的著名學者，他除了以易名家而撰有極負盛名的《雕菰樓易學三書》外，重要的義理學著作還有別出群經舊疏之外，堪稱近世經學鉅構的《孟子正義》以及《論語通釋》。惟學界過去對於焦循研究略嫌荒疏，述要如下。

何澤恆

⑴ 論文
〈焦里堂論性善義述〉，《文史論文集》（臺北：臺灣商務印書館，1985.6），頁477-512。（另收氏著：《焦循研究》，頁163-210）
〈焦循論語學析論〉，《臺大中文學報》第3期，1989.12，頁319-370。（文收氏著：《焦循研究》，頁89-162。）
⑵ 專書
《焦循研究》，臺北：大安出版社，1990。

關於焦循，近人專治其學之論著不多，何澤恆《焦循研究》一書，對於焦循研究堪稱先路。是著探討焦循經史之學，涉及對焦循易學、論語學、孟子性善說、史學之研究，並有袁枚、章實齋與焦循三家之文論和史論等論學之見相比論。

焦循是清代易學中極負盛名的專家，一生研易所得在其《雕菰樓易學三書》──《易圖略》、《易通釋》、《易章句》。在《焦循研究》書

中，〈雕菰樓易學探析〉一文是作者的焦循易學研究，文中，作者列舉實例以揭明焦循易學三書之主要發明，有「旁通」、「時行」、「相錯」、「比例」等數義，認為焦循易學宗漢、言數，主要乃以「數之比例」求「易之比例」，故焦循曰「義在變通，而辭為比例，以此求易，庶乎近焉！」至於焦循之治易方法及其易學宗旨，則作者指出焦循易學志在求其「通」，其易學三書亦皆統羅易之全經相關用語，予以歸納類比以求通解。是以焦循治易主張經傳合觀，凡卦爻辭、易傳之辭皆不主分別，殊別於朱子言「伏羲自是伏羲之易，文王自是文王之易，孔子自是孔子之易。」蓋焦循認為文王彖辭和孔子爻辭，皆非學究之注、經生之義疏，並非就一章一句枝枝節節以為解，而是「參伍錯綜，觸類引申」，必須加以通觀始能會通其義。斯亦其論學主張學、思並重，曰「證之以實，運之於虛」的為學之道。

　　另外，由於焦循《孟子正義》規模極其宏大，故作者〈焦里堂論性善義述〉一文，擇就其中焦循涉論於孟子性善義者，作為專論。文論焦循在清儒普遍不滿群經舊疏之氛圍下，獨任以《孟子》之役，成績斐然。焦循新疏《孟子》，其所別於宋儒處，主要在於他反對宋儒「性即理」之說，並有別於程朱以《中庸》說性善，而改據《易傳》以為說。他著眼於人類文化發展立場，謂「神明之德即性善」，強調人之心知之明，而發揚漢儒趙岐所主人有善性，但當「充而用之」之義。作者全文立足在翔實之原典基礎上，提煉出焦循釋孟子性善說之如下數義：1.以「心知之明」說性善；2.以「變通」言性善；3.以「欲」明性；4.以「權變」分辨人禽之性；5.以易「旁通」義說孟子性善；6.以「變通」義說命。總上，可以見出焦循深受戴震新義理學影響，極重視心知以及氣質的重要性，不過作者結語處也指出，焦循委曲迴護趙說，對宋元明儒雖有明通之說，亦在擯棄之列，是其亦不免於門戶之見。

　　至於〈焦循論語學析論〉一文，作者言焦循治易，原本家傳，治孟子，多淵源自戴震，然體例不同於戴震《孟子字義疏證》，其仿戴震體裁

而作者，在於《論語通釋》一書。該文除析論焦循《論語》學旨趣外，亦頗涉《論語通釋》之版本考據，其論焦循所持《論語》要旨，謂焦循於《論語》最要之論，在其「一貫忠恕」說之以「忠恕」為「一貫」。蓋焦循闡發《論語》之義特重一「恕」字，因他認為人之性情不齊，心則貴乎有容，故他亟要求旁通他人之情，不僅其《論語通釋》開宗明義即論此義，且不憚隨處引申，全書皆反覆言之。此外作者又論焦循強調聖人重事功，不諱言富貴，只是聖人之功利乃「及物」之仁，行義以達道，作者並謂焦循治《論語》之法即源於治易。不過作者也述及對焦循義理的商榷，如作者指出焦循《論語》大義最可議者，在其論君臣之義——文謂焦循倡言「以禮代理」，惟因過度重「禮」，導致只慎君臣大防，卻反對臣道之「犯顏諫諍」，故作者說他論君臣之道，獨嚴於臣，亦是執一之偏。

程石泉

> 〈雕菰樓易義〉，文收氏著：《易學新探》（臺北市：黎明文化事業公司，1989.1），頁239-342。

　　程石泉（1909-2005），哲學耆宿，曾據我國古易智慧對懷德海哲學提出批判，頗受西方學者注目。其一生多致力於易學與中西哲學研究，他將《易經》視為哲學書看待地治易五十餘年，著有「程氏易學三書」——《易學新探》、《易學新論》、《易辭新詮》，涵蓋易辭、易象、易數、易圖、易史與易理（如六十四卦之派生、相互關係、變動往來等問題）、易義（如易所含自然哲學、生命哲學、社會哲學等），以闡發易之形而上原理及其與西方哲學科學思想之關聯，對於易學研究貢獻極著。是論〈雕菰樓易義〉，即作者對焦循易學所做的深入而精闢析論。

　　焦循治易，在清代考據學風中不依傍前人，獨樹一幟。然以其自立系統，自創條例，且務求縱通橫通地以全易作為對象，條例雖簡，卻皆貫全易以為言，講一卦輒往往涉及數十卦，殊不易索解，致學界向來罕有能

夠發揮與驚評焦氏易者，因此作者撰為〈雕菰樓易義〉，據焦循「易學五書」——專明易例的《易圖略》、縱通橫通全經有若通易辭典的《易通釋》、逐字逐句明其所以的《易章句》、治易隨感錄的《易話》、述評他人易說的《易廣記》等，以通貫焦循全部易學之作，意欲發幽闡微其易學。

　　文中，作者指出焦循易學之貢獻主要有二端：一是焦循對於卦爻辭，能得乎卦與卦、爻與爻之間的相互變動關係，而提出旁通、時行、比例諸易例，且能輾轉證之以辭而自圓其說，作者並認為焦循易例遠勝虞翻，讀者確可以按圖索之而有所得。另一則是焦循對於《易經》所持的文化解釋。又，作者論焦氏旁通、時行、比例等易例，「藉此以通辭而已」。——夫卦有卦辭、爻有爻辭、十翼有十翼之辭，凡此無不指三百八十四爻之所之，以其當位、失道、變通、趨時而各各不同，焦循則自其同異處，抉發出旁通、時行、比例諸例以為爻之原理，藉以為通辭之門徑。總其要，則窮則變、變則通、通則久、久則窮，如此循環不已，括以一言，則「易」而已。作者亟稱美焦循易例皆有確定性而可以綜全易以為言，謂其為例也，無不一一具有確定之涵義，於卦爻之變動無不一一有確定之步驟。以之通辭，則縱通橫通而無所不通，非如他家易例之或含混其辭，或僅通諸某卦某爻，或前後矛盾中途變計。至於焦循之文化解釋，蓋易之為書所以準天道以立人教者，故焦循總其要，而以脩己、治人兩者為「人教」——治人者，所謂興神物以前民用，所謂變而通之使民不倦，神而化之使民宜之，皆所以治天下者。脩己之道，則所謂元亨利貞者時行者也，蓋能時行則能變通，能變通則能悔改，能悔改則無大過，無大過則仍可復為時行，故易所以教人有過必改，見善則遷，亦即「改過遷善」之一義。

賴貴三

《焦循雕菰樓易學研究》，臺北：里仁書局，1994.7。

　　賴貴三對於焦循易學素有專精研究，是臺灣地區知名的焦循專家，該著《焦循雕菰樓易學研究》，是其就讀於臺灣師大的博士論文出版。書中分自焦循易學的淵源、體貌、特色、參悟所得創獲等，以闡述其「旁通、相錯、時行」的根本易例，並綜論其以數理解易，假借治易之奧蘊，終以道德哲學之匯歸，以為孔孟道統證成。書論焦循之「易義考原」，如原畫卦、卦名、卦序、彖象、易辭、十翼、九筮之義等；「易說析論」，如論《連山》、《歸藏》、卦變、爻辰之義等。復標舉焦循易學特色，有「泛觀博覽，取精用宏」、「證之以實，運之於虛」、「參伍錯綜，引申觸類」、「好學深思，心知其意」等。再就後世對焦循易學的評價，分從肯定、批判與折衷等角度加以析論。最後作者並總結焦循視數理為超越於客觀事物外的先驗法則，而以形式化、符號化、邏輯化為其發展目標，故其基本數理觀，以「名起於立法之後」，故主「形」；「理存於立法之先」，故主「數」；論「形」與「數」之關係，則有抽象出來的存在原則駕馭之，故又衍生為「符號論」，焦循即以此推演自然及人文世界法則。是故焦循易學旨在建立一套完整的符號系統，以邏輯化、形式化、數學化的方法論，統一《周易》之象、數、辭、理等內涵，以達到其「一貫」的均衡論。同時作者也指出焦循「旁通、相錯、時行」的觀點，是一通過數量增減而循環反復的運動，並非事物由低往高的發展，證之以焦循人性論，則焦循帶有功利主義色彩的理性主義，既透露近代個性覺醒的朦朧曙光，也反映出他由「旁通」而「一貫」的均衡論特點。故他要求一切差別和矛盾皆融解於和諧的理想狀態，以此他重貫通、反執一，對學術發展中凡定於一尊的觀點皆有所批判。

　　包含上述《焦循雕菰樓易學研究》在內，作者在二十世紀前共有《焦循年譜新編》、《昭代經師手簡箋釋》、《焦循手批十三經註疏研究》等四本系列專著。其中《焦循手批十三經註疏研究》於2000年由臺北里仁書局出版，為作者借覽抄讀、逐字記錄焦循手批明崇禎間毛晉汲古閣刊本《十三經注疏》之焦循治經矞矢。由於焦循得書不易，珍若珠玉，早晚

課讀歷數十寒暑，天頭地腳皆題記批點，內容豐贍，尤以《周易》、《毛詩》為最，以此奠定了其經學之厚實根基。作者該著逐一對勘阮元《十三經注疏校勘記》，復詳校惠棟《九經古義》等漢學撰述，以觀其異同、明其得失、匡補闕疑、斟酌損益，提供學界作為研究焦循經學「辨章學術，考鏡源流」之資據，附記於此。此外，作者還另有〈焦循里堂先生見存著述考錄〉、〈清代揚州通儒 —— 焦循《雕菰樓易學》述評〉、〈焦循理堂先生手批《周易兼義》鈔讀記㈠〉等國科會獎勵。逮及二十一世紀初更有《臺海兩岸焦循文獻考察與學術研究》（臺北：文津出版社，2008.11）以及多篇論文，如〈焦循《尚書》學及其研究述評〉、〈焦循《毛詩》學綜述〉、〈孟子的《易》教㈠ —— 清儒焦循《孟子正義》與《易》學詮釋觀點的綜合說明〉、〈孟子的《易》教㈡ —— 清儒焦循《孟子正義》中《易》理詮釋〉、〈清儒焦循《論語》、《孟子》與《易》學會通簡述〉、〈焦循《孟子》學及其「以《易》注《孟》說」〉、〈焦循《孟子正義》易學思想析論〉、〈焦循手批《柳宗元文》彙評〉等單篇論文，惟上述諸作或為作者的考據之作，或為對焦循經學、史學、文學之研究，且多超出本計畫時間範圍外，故不具論。

林慶彰

〈焦循《孟子正義》及其在孟子學之地位〉，「孟子學國際研討會」會議論文，臺北：中研院文哲所，1994.5。（文收黃俊傑編：《孟子思想的歷史發展》，臺北：中研院文哲所，1995.5，頁217-241。）

該文檢討學界對焦循《孟子正義》的研究，認為尚未得到是書應受到的重視，故該文以焦循的《孟子正義》作為研究對象，意欲發揚之。惟文中除涉及對《孟子正義》成書之相關考證外，在義理部分，則作者僅擇就焦循之人性論與養氣說兩端加以討論。但根據作者所指出焦循論人禽之別主要在於「人能接受聖人之教化」，養氣說則謂焦循旨在疏釋趙岐注，故

作者說以雖其有疏釋義理之企圖心，但理論水平不足，致看不出有何新見解。然則於此，作者似未能掌握焦循繼戴震之後，並皆致力於發揚新義理學之理論重心，諸如「能知故善」、「趨利故義」、「即利即義」、「趨時行權」等有力突破前人傳統窠臼的新義理思想。

張麗珠

〈焦循發揚重智主義道德觀的「能知故善」說〉，《漢學研究》第16卷第1期，1998.6，頁1-26。

　　該文在學界眾多闡發焦循易學的研易之作外，相當獨到地深入焦循新義理學內部，抉發出焦循在戴震新義理學和易道思想雙重影響下所形成的新義理學核心，在於發揚人之「智性」上。焦循的「重智」道德觀，既呼應戴震從理學持論「性即理」的德性自足轉向到「德性資於學問」的價值轉型，同時亦突出唯「智性」為能知變而能「遷善改過」，故焦循以「能知故善」說一舉突破了儒學長期來的德性中心思想，反映了清儒中心意識之「形上之道→形下之器」落實走向，復改寫了性善說之內涵，使德性不再居於獨尊地位，他同於戴震地強調知識是成德的必要條件，智性才是「人禽之別」的關鍵。此外，作者又指出焦循並自易道之「變通得利」出發，而持「以利為善」立場地認為「仁義」由人「能變通」而來——「人性所以有仁義者，正以其能變通。……以己之心通乎人之心，則仁也；知其不宜，變而之乎宜，則義也。」所以人能「行仁義」，即「結果」，係由「能變通」之「原因」而來，則「能否變通？」才是能否落實道德的關鍵。故焦循之「趨時行權」變通實踐觀，亦築基在其於人之智性發揚上，因為能「權」即能「變而通之」，即能「以權用法」地落實對道之「窮則變，變則通，通則久」以及「變化之道，出於時行」之經驗實踐，而此皆有賴於「智性」之能夠通變。因此作者認為清代的考據學興盛，賦予清儒發展重智道德觀的條件，雖然清代新義理學不是如西方嚴格的智識主義，

不是以具有絕對證據基礎的知識訓練作為人格發展的主軸，但是其義理走向重視經驗基礎與實證精神，迥異於宋儒突出先驗與超越的道德形上學模式，亦復殊異於理學「道德／知識」分趨的義理模式。是故焦循綰合「德、智」所呈現的重智主張，為傳統儒學另外開闢了一條肯定經驗世界，並賦予發展外王治道以及社會道德重要條件的新義理學之路。

　　除上述對焦循思想的專書與專論外，國內以焦循為對象之相關研究，尚有蘇俊鴻〈焦循《加減乘除釋》內容分析〉（國科會微卷，1996）；陳進益〈焦循易學觀念「八原」之分析〉（《健行學報》第16卷第3期，1996.12，頁35-71）以及學位論文如陳進益《清焦循〈易圖略〉、〈易通釋〉研究》（1993年中央大學中研所碩士論文；廖千慧《焦循論語學研究》（1994年中正大學中研所碩士論文）；劉德明《焦循〈孟子正義〉之義理學研究》（1994年中央大學中研所碩士論文）；石櫻櫻《「執兩用中」之恕道 —— 焦循論語義理思想之闡發》（1997年逢甲大學中研所碩士論文）等。另外，1995年5月發表於《孔孟月刊》第33卷第9期的陳居淵〈從《易》學的通變理論看焦循對《孟子》的理解〉一文，針對學界過去未有探討焦循乃藉《易傳》以疏釋孟子思想之於焦循深層意識考察，故作者有極深入之剖析討論。作者指出焦循乃以易之通變理論作為詮釋孟子經權思想所依據，焦循正是藉易學重要理論的「時行」與「遷善改過」之義說「權」，所以焦循是通過易之通變理論以解決「權」之「反經合道」問題。該文可與作者另文〈焦循對漢《易》的繼承和發展〉（發表於《中國文化月刊》第195期，1996.1，頁2-17）互相參看，後文係根據熊十力說焦循易學為漢易變種，再加以深論和拓展。作者指出焦循的「時行」之說已遠遠超出易學本身之意義，展示了漢易「變易」理論向「通變」理論之拓展，不過因作者係上海復旦大學古籍研究所之大陸學者，僅附記於此。

5. 淩廷堪（**1755-1809**）

　　清學所爲世盛稱者，在其考據學，此人所共知；人所不知，或尙未盡發其蘊者，在其義理思想。就清儒在理學的「形上學」模式以外所建構的「非形上學」而言，堪稱集大成而能結合清儒考據特長與經驗取向義理新趨者，爲戴震，其後如揚州學者淩廷堪，亦能光大此學風。淩廷堪一生學問俱在研究《儀禮》禮例的《禮經釋例》一書，他從梳理《儀禮》的繁瑣儀則出發，以建立起禮學條例。他會通全經地在諸儀中求「例」，歸納出典章制度、宮室衣服、名物度數等諸儀通則與條例，以提挈《儀禮》綱領，復自「考禮」進至「習禮」，希冀通過習禮以使禮教內化，使發揚「以禮經世」之禮治理想。故清儒從事於三禮考辨，其學術成就固然循考據途徑以達，但是復興禮學的動機，卻是禮學經世之義理目的，即清儒期藉客觀禮制以爲治世之憑藉。故淩廷堪之禮學，是清儒中能夠結合名物度數與禮學主張，能對儒學從「內聖」修德通往「外王」治道加以具體實踐的代表性儒者。以下述要學界對淩廷堪思想之研究成果：

張壽安

⑴ 專書

《以禮代理 —— 淩廷堪與清中葉儒學思想之轉變》，臺北：中研院近代史研究所，1983.5。

⑵ 論文

〈淩廷堪的正統論〉，《第二屆清代學術研討會論文集》，1991.11，頁175-193。

〈淩廷堪的禮學思想 ——「以禮代理」說與清乾嘉學術思想之走向〉，《中央研究院近代史研究所集刊》第21期，1992.6，頁85-122。

〈淩廷堪與清中葉的崇禮學風〉，《中央研究院近代史研究所集刊》第22期，1993.6，頁309-334。

　　張壽安向以專研清代禮學名，亦是學界少數對於淩廷堪有專門研究的學者，其《以禮代理——淩廷堪與清中葉儒學思想之轉變》一書，是臺灣學界首見的研究淩廷堪專著。書論徽學從戴震、程瑤田到淩廷堪，有一明顯的「從理到禮」走向，淩廷堪尤為禮學大纛。而清儒從顧炎武倡為「經學即理學」、戴震主張「道在六經」以來的實學主張，直到淩廷堪之「以禮代理」，才完備了從思想到實踐的一貫體系，清代儒學在思想史上的意義也才具體顯現。書中，作者指出淩廷堪亟辨禮、理之異，斥宋儒為理義之禪學，而其看重五倫關係落實實踐的道德觀，則可以稱為「重課責」的道德觀。對於人性論，則淩氏不從《孟子》、《中庸》入手，他根據《大學》之「好惡」以言人性，故推尊荀子並肯定荀子傳經之功，因此在工夫論上，他主張「學禮復性」而強調「養情節欲」、「禮樂化性」。此外，淩廷堪在禮意的「尊尊」強調外，復兼重「親親」之義，他批判後儒過視「尊尊」而曲解經義，導致尊君太過並謬逆親親之義。接著作者又論乾嘉時期有崇禮思想之蔚起，如阮元、孫星衍等並皆崇禮，焦循亦舍理言禮，惟其時也有持反對意見的方東樹，他認為理是天理，禮則只是天理之節文，故謂崇禮不足以破宋儒窮理之學。另外，長於三禮之學的黃式三也有修正並闡揚淩廷堪復禮思想的「約禮求理」說，且與尊信程朱而反對淩廷堪「以禮代理」說的夏炘和夏炯展開辯難。最後作者復總論禮學思想在清代的社會實踐。

　　〈淩廷堪的正統論〉一文，主要討論淩廷堪史學思想中的正統觀。文中先略事檢討歷史上引起爭議的若干正統歸屬問題，譬如沈約作《宋書》譏北朝「索虜」，魏收作《魏書》則反譏東晉「僭晉」、南朝「島夷」等。接著論明洪武嘗立歷代創業帝王廟，不及遼與金；清順治則增祀遼太祖、金太祖於帝廟，使與漢唐並列，康熙並論以「除無道被弒、亡國之主外」，凡曾「君天下」者皆宜入廟崇祀，對於宋明儒者據一姓之統、夷夏之防、帝王行誼，而行春秋褒貶以定其崇祀與否，深表不然。但乾隆為「正統論」建立起理論依據，則肯定洪武去遼、金之祀而祀元世祖，不

失為「一統帝繫之公」。他著眼於「疆域可憑」之政權傳續，並論：1.因篡得國者擯而不列，故棄曹魏、司馬晉、朱梁。2.祖宗雖得國不正，但無礙子孫之賢者，則崇祀之，故棄晉武帝而晉元帝以下皆入祀。3.分崩之世不可無統，故以英毅之主入祀承統，如周世宗、元魏等。其要在於肯定異族入主中原之擁土臨民「君天下」歷史事實，持「帝統不可斷」之承認實存政權立場，以此而與歐陽修持論「正統有續有絕」迥異。至於為江藩所譽為當世治史三人之一的淩廷堪，他對於史法、史統等並皆有特殊見解。在史法上，淩氏主張「載治亂，以為殷鑑」，表現乾嘉儒者「據事直書」、「不必馳騁議論」的實證精神，反對史家多將十國視為五代之餘或兩宋之間色，而將其事列為世家。他認為唐亡百年，朝代九更迭，縱其得國篡僭，偽朝事亦不可廢於載記。又其論史統，認為北魏拓拔氏誅群寇而統一北方，文治武功皆非晉所能敵；金之文德則比美漢文，南宋割地稱臣實難與較量，故他主張退晉、宋而進魏、金，阮元嘗賦詩說他「讀史魏金進，論統晉宋削。」雖然亦有錢穆等對其「反民族觀念之歷史論」極不以為然，惟淩廷堪所著眼，在於推尊強大而德民的政府，反對歷來史家突出「夷夏大防」之狹隘民族意識，反對宋元明以來獨尊一國而貶削其餘諸國為僭盜的正統觀，亦屬有見。

　　至於〈淩廷堪的禮學思想──「以禮代理」說與清乾嘉學術思想之走向〉、〈淩廷堪與清中葉的崇禮學風〉二文，則皆錄自《以禮代理──淩廷堪與清中葉儒學思想之轉變》。

張麗珠

〈淩廷堪「以禮代理」的禮治思想暨乾嘉復禮思潮〉，彰化師大《國文學誌》，第2期，1998.6，頁169-213。

　　張麗珠是學界首見，亦是臺灣學界二十世紀前僅有的，從「清代新義理學」角度撰作系列專著的學者。在其通論清代新義理學，並以經學思想

和文學作品多方印證外，其於戴震、焦循、阮元、淩廷堪等清代新義理學家，並皆書有專章及單篇論文發表，該文即其一。文中，作者先論乾嘉復禮思潮及禮治理想具有「尊荀」與「隆禮」特色，對於朱子「學禮」精神也有所繼承與發揚，同時「禮學經世」主張亦是一種「禮法相涵」精神的具體展現。接著作者又論淩廷堪之「以禮代理」主張，是從理學講「理」轉向到清儒講「禮」之禮治理想具體落實。至於淩廷堪的禮學思想，則淩氏主要持論「學禮復性」和「制禮節性」，其「學禮復性」立足在性善說上，「制禮節性」則是其禮學思想的理論重心。最後作者並總結儘管淩廷堪是以《禮經釋例》之考據學名世，但他不是囿於考據範疇的學者，他亦同於戴震、焦循等人，皆從考據進求理義而重視社會效應，故自「考禮」進至「習禮」，並建構禮學理論的淩廷堪，亦是清儒提倡「通經致用」、「以禮經世」理想具體落實之代表性學者。

　　另外，陳萬鼐〈淩廷堪傳〉（《故宮文獻》第4卷第1期，1972.12，頁39-56），主要述淩廷堪之生平事誼。至於學位論文，則二十世紀以前從缺，逮及二十一世紀初始見商瑈《一代禮宗——淩廷堪之禮學研究》（2002年彰化師大國文系在職進修專班碩士論文），惟不在本計劃時間範圍內。

6. 阮元（**1764-1849**）

　　阮元與焦循、淩廷堪等，皆揚州學派能夠繼承並發揚乾嘉新義理學的學者，尤其難得的，他是學仕合一的經學名臣與文化推手，有乾嘉學術最後強有力的殿軍之稱。其著述極其宏富，編撰書籍更不計其數，最為世所盛稱的曠世要籍如：大規模校勘及重刻宋本《十三經注疏》並附《校勘記》、輯刻清代經學總匯之《皇清經解》、編纂集傳注大成的古漢語訓詁資料總匯之《經籍纂詁》等，又曾興建「詁經精舍」、「安瀾書院」、「學海堂」及「三水行臺書院」等當時重要書院。其學術，則

他在「封疆九省，揚歷中外」的仕宦生涯外，仍學兼多方地兼擅輯佚、校勘、考據、義理等專門之學。其義理主張的「節性說」和「相人偶」仁論，尤能具現乾嘉新義理學之精神。惟二十世紀前，臺灣學界對之罕有研究。述要如下。

岑溢成

〈阮元《性命古訓》析論〉，《清代經學國際研討會論文集》，臺北：中研院文哲所，1994.6，頁323-352。

　　該文從傅斯年嘗謂阮元「以訓詁學的方法定其字義，而後就其字義疏為理論」衍義，探討上述提法中屬於阮元第一階段「以訓詁學的方法定其字義」在其義理疏釋系統中是否可行的問題。即作者係針對阮元第一階段的成果加以檢討，檢討其方法論在一己義理系統中能否成立、是否一貫的問題，而非對其第二階段「從字義疏為理論是否可行及可取」之討論。作者並依阮元所輯《皇清經解》、《經籍纂詁》以為對照檢索之依據，以求客觀性。該文雖多涉字義考證問題，但考證字義主要是作為檢驗阮元「依古訓而倡論『節性說』以取代李翱『復性說』」之能否成立問題，換言之，作者係通過「考證」途徑以檢驗阮元「義理」可否成立？屬對於阮元之思想研究範疇。

　　《性命古訓》是阮元據以建立一己性論的理論成果，作者該文即取阮元主要論點的「節性」說，溯源在其所據論的《尚書》、《孟子》、《詩》等原典中，「節性」可否作為相關字義之確解？作者之驗證對象為阮元所據論的：《尚書‧召誥》之言「節性」、〈西伯勘黎〉言「不虞天性」、《詩‧卷阿》言「彌爾性」、《孟子‧盡心‧口之於味也章》言「君子不謂性」等。作者的結論為：阮元所論味、色、聲、臭、安佚等欲求之性為「性」，並主張「節性」，在〈召誥〉言「節性」和《孟子》言「不謂性」中，可以成立，然對孟子的解釋仍有單一化缺失，但是〈西伯

勘黎〉所言「不虞天性」，則古訓多釋為「度知」，而非「節度」之意，是以阮元所訓難以成立。《詩‧卷阿》之「彌爾性」，古訓於「性」多釋以「性命」、「生命」，則阮元「節性說」很難直接就年壽言，故阮元係通過以「節性」為工夫，輾轉進論「終其生」、「善終其年壽」之「考終福命」，其過程太過曲折。故作者總論《性命古訓》，認為阮元突出「節性說」以為先秦性論內容，並不違反儒家思想，但是只能視為先秦的「一種」人性觀，不能說是先秦「唯一」的人性觀，故言阮元對於相關典籍的「性」字字義，有不恰當的「概括化」現象。

張麗珠

<〈阮元向「群學」過渡的「相人偶」仁論〉，收入氏著：《清代義理學新貌》，臺北：里仁書局，1999，頁298-335。>

　　該文認為阮元「節性」說，在反映當時社會思想之餘，也與戴震、淩廷堪的性論思想相呼應。至於阮元最突出的義理建設，則作者認為是他另一立足在乾嘉考據學成果上，結合仁之「相人偶」古訓與「仁必須為」的客觀實踐精神，其說對於戴震新義理學有深化之作用。文論阮元仁說主要利用清儒所擅長的訓詁考證，在方法論上，以借助古訓的方式，引經據典地溯源儒學歷史源流；在核心價值上，則轉換價值地將仁學思想拉回實在界的經驗視域。阮元援引鄭玄注《中庸》「仁者，人也」之謂「人也，讀如『相人偶』之人，以人意相存問之言。」並以〈論語論仁論〉、〈孟子論仁論〉等文主張「仁必須為，非端坐靜觀即可曰仁」，「聖賢之仁，必偶於人而始可見」的理論建設。而道德進路之「形上→形下」轉趨，是「理學→乾嘉新義理學」的最根本轉變，清儒之持論新義理學者，即是突出經驗實踐、客觀途徑的經驗取向，以針砭時風蹈空、狂蕩的異質化發展。故阮元重新詮釋仁學概念，主要就是將道德「形上學」模式及其內省默識進路，藉由「相人偶」仁論以轉成社會倫理、人際對待關係等現實性

強調。其後康有為、梁啟超、譚嗣同、嚴復、章炳麟等晚清儒者在儒學現代化轉型及趨向「社群」倫理中，對阮元「相人偶」仁論也都有所借用與發揮，故阮元仁論，實具傳統與現代化思維過渡橋樑的作用和義理轉型的意義。

四、清中葉以迄於晚清的經世思潮、今文經與諸子學復興

(一)思想通論

王爾敏

(1) 論文

〈清季知識分子的中體西用論〉，《大陸雜誌》第26卷第10期，1963.5，頁14-20。（收入《晚清政治思想史論》，臺北：學生書局，1969.9，頁51-71）

〈清季知識分子的自覺〉，《中央研究院近代史研究所集刊》第2期，1971.6，頁1-46。

〈經世思想之義界問題〉，《中央研究院近代史研究所集刊》第13期，1984.6，頁27-38。

(2) 專書

《中國近代思想史論》，臺北：華世出版社，1977。

〈清季知識分子的中體西用論〉，文中先探索「中學為體，西學為用」一說在晚清士大夫心目中的涵義，然後析論其價值意義。文論該辭有自道器（中學之道勝，西學之器勝）、本末（中學為根本，西學為枝葉）、主輔（中學為主，西學為輔）、內外（中學為內，西學為外）、歸返（西學中源）等觀念來理解的，並非單純一義能夠涵蓋，其一般趨勢，也無非是為中學作說，旨在敷張中學內容。作者並論此一觀念的三層意

義，既代表其時知識分子對西方進一層的認識，也是對西方態度的一種開新的階段，承認西學的學術地位足資傅翼中學，同時亦是該時代知識分子重新提出接受西化的方法。其說之價值正在以「中學為體，西學為用」的方式作為接受西方知識的原則，因而成為晚清更改學制的思想基礎。蓋自甲午之後，各省設立學堂成為風氣，其性質尤大別於甲午前的俱為海防軍事而設。此時新興學校激增，皆改變書院制度，專以推展新教育為職事，重在學制的確立和分立各科。故作者總論此一趨勢之有開無止，謂其思想動力即以「中體西用」觀念為出發。

　　〈清季知識分子的自覺〉著眼於傳統社會培育出來的，具有先知先覺而欲喚醒全國同胞的人物及其所提出的思想主張。全文分就存亡的自覺、人格的自覺、知識的自覺進行討論。作者指出「存亡的自覺」緣自新理論的輸入，如進化論，以及現實的救亡呼聲和甲午敗戰刺激等動力；「人格的自覺」於此是指對西方知識接受，並在緩慢的觀察與學習中模仿而得者，其自理論以至於實體的表達，皆以人的基本權利為中心，如人權天賦說和對婦女人格的重估，後者如「不纏足」所代表的近代婦女解放之諸般思想。至於近代知識分子探求新知的「知識的自覺」，則在求新、慕新、維新中包含著一部分濃密的復古傾向，並有多樣性收穫： 1.古學復興，但非守舊動機，而是反省自身本有的文化價值，如諸子學之復興，其宗旨與態度皆異於歷代學者所從事的注釋、考訂與復原舊籍，他們要掙脫正統觀念藩籬、確定正統外之學術價值，並賦予諸子學與儒學相等之地位。 2.啟蒙思潮的契機，即晚清只是表現醒覺、濫觴的現象，其奔流則要至辛亥革命以後，如反對八股文與科舉、白話文運動、統一語言運動等。 3.新史學，主要是會合了天演論以及中國古說日新又新的「新民」進步思想、公羊三世進化觀，而表現出反循環論史觀、反天朝中心記載、反帝王中心史統、反筆削褒貶史法的新觀念。作者並謂清季的中西接觸，時勢日急、外力壓迫、了解新知和模仿學習等都是思想醒覺的動因，而一個有深厚文化基礎的民族，當與異型文化接觸時，自然會回觀自己的固有文化，乃至重

估其價值、提煉其精華,此種回觀是對異型文接觸後相形之下而產生的一種反省,亦文化新生與復興之重要契機。

〈經世思想之義界問題〉之寫作緣起,起於1972年劉廣京院士在中研院為一公開演講:〈咸同中興與傳統經世思想之窮途〉,開啟了臺灣學界探討經世思想之先河,並促成1982、1983年中研院近史所召開經世思想研討會,於是傳統經世思想之議題研究一時盛況。文中,作者先自儒家流派的最早職司論「經世」之詞旨,並引據劉師培、章太言所論,以謂儒家者流原出於司徒官守,故親民治化、經國濟世之術,為儒家學術道藝之根本,其後儒學雖擴大範圍而多變化,但經世為政的儒學原本正宗道術始終未嘗消失。不過「經世」一詞,是在梁啟超引用《莊子》語「春秋經世,先王之志」,並積明清數百年流習常識而加以學術化,使成為一種學課後,才為學者所注意,殆即今日政治學之謂。自十九世紀以來,則踵行「經世文編」者眾,首開其風者為賀長齡。然儒家自孔子首重行為實踐、學問次之,不尚空言以來,雖經世乃儒生入世為政宗旨,志在治天下於太平,力求改革弊政、創籌良策,但經世之儒始終是在六部制度之政體結構下進行改革,不能為政體之根本創新與改變,及至戊戌變法始展露全面改革之契機,卻為政變破壞,繼之則科舉廢而經世儒者藉科舉入仕之途絕,自此儒生失業而經學瀕於淪亡。故作者嘆戊戌以後,儒家經世懷抱已無用世機會,即退隱傳經、避世窮理,亦失安身立命之所。

在清季民初的思想領域內,作者嘗撰作專書《中國近代思想史論》和《晚清政治思想史論》,是一主要以思想史為範疇的研究者。思想史較哲學史與倫理學範疇寬闊、包羅深廣,但不如哲學史之體系完密。其重點主要在於思想與人生社會種種活動之直接關係,並涉及人群精神狀態之全部,除對有系統理論架構的思想必須探討外,即一般心理反應、意趣風尚,以至習性感染等,也要加以討論。故《中國近代思想史論》所涵攝的範圍廣闊,收有前文以及十九世紀中國士大夫對中西關係的理解及衍生之新觀念、晚清政治思潮之動向、商戰觀念與重商思想之外,還有清季學會

與近代民族主義的形成、「中國」名稱溯源及其近代詮釋、當代學者對儒家起源之探討及其時代意義、近代中國思想研究及其問題之發掘等。主要皆著眼於十九世紀後半葉，中國急遽發展的一些創新概念，這些新生概念是在西方勢力與智能衝擊下產生的反應，但並不同於西方思想，而中西接觸也只是啟導的重要動因，不是唯一。對作者所撰著，王壽南嘗有〈「中國近代思想史論」評介〉（《近代中國》第2期，1977.6，頁163-167），劉紀曜亦有〈評介王爾敏著「晚清政治思想史論」〉（《食貨月刊》第2卷第2期，1972.5，頁118-126）。

　　另外關於「中體西用」題材，相關研究尚有：何佑森〈近代思想史上關於體用問題的爭論〉（《中央研究院國際漢學會議論文集 —— 思想與哲學組》，上冊，1981.10，頁183-191）。文論自王夫之、章學誠、魏源到譚嗣同的清代前後期學者體用觀念發展，係從船山強調體用實有的「由用見體」以及「日生日新」的道器變化理論，到魏源發展船山相對觀念。認為相對相反中有一種消長變化、相反相成而最後統之於一的關係，但其道不變。再到譚嗣同為了衝決傳統道德秩序網羅而求新求變，並以器為體而主張「器變道變」、「道用器體」，欲建立以西方格致之學為基礎的國家，要以西學為用而見西學之體，代替以傳統道德和實際政治為對象所建立的體用觀念，此中可見近三百年來體用中道器、對待等觀念之不斷改變。王家儉〈由漢宋調和到中體西用 —— 試論晚清儒家思想的演變〉（臺灣師大《歷史學報》第13期，1985.6，頁93-105），主論同光前的各家思想，多傾向調合漢宋以建立一種經世實學的新學風，惟其轉變未出儒學範圍，至於同光後的清末實學，則已突破儒學傳統而企圖調和中西文化，「中體西用」即其代表。蔡采秀〈從中體西用到西體中用 —— 文化優勢標準的轉折過程〉（《思與言》第29卷第1期，1991.3，頁154-179），主論清季不論「中體西用」、「全盤西化」和「西體中用」，都未平等看待中學和西學，然在文化優勢標準

轉換過程中，社會力量的影響實大於政治力量，此蓋由於知識分子才是製造意識形態的最後根源。因此當他們改變了文化優勢的認同，並隨著過程中的世代更替、代與代之間的權力交錯傳承，而形成一個「新」階級的階級再生時，則整個社會的文化認同也就跟著改變了。另外有關「經世」題材，亦有李國祁〈道咸同時期我國的經世致用思想〉（《中央研究院近代史研究所集刊》第15期下，1986.12，頁17-65），主論道咸同魏源、曾國藩、左宗棠等人逾半世紀的經世思想，仍囿限於「內聖外王」的三代憧憬而特重「尊德性」，故與近代化思想仍有相當差距。林滿紅〈古文與經世——十九世紀初葉中國兩派經世思想的分殊基礎〉（《臺大歷史學報》，第15期，1990.12，頁239-262），將十九世紀初經世思想及代表人物分為道德派與務實派，並指出「陽湖派—今文經／桐城派—古文經」的分系及所對應的思想取向，是此一經世思想分殊的根本基礎，故道光間的經世思想不限於與今文經興盛相關聯者。

呂實強

《儒家傳統與維新》，臺北：教育部社教司，1976。

　　《儒家傳統與維新》之作，係緣自許多中外學者把近代中國的弱勢歸咎於儒家傳統，謂保守的儒家傳統阻撓維新，構成了中國現代化的一大障礙。如耶魯大學教授Mary C. Wright所撰，並為美國各大學指定為研習中國歷史參考書的《同治中興》（*The Last Stand of Chinese Conservatism, The Tung-Chih Restoration*，1862-74），即一再強調儒家傳統對中國現代化的妨礙——為了澄清、修正這一類誤解與偏見，作者爰有斯作。

　　作者針對鴉片戰爭及其後英法聯軍後到自強運動時期、戊戌變法時期、新政及立憲時期，分就其間阻撓及推動維新的兩股力量，舉證實例以證明反對維新的保守勢力無關乎儒家傳統，而襄贊維新大業的推動維新力量與中興名臣，則多與儒學相連繫——反對維新者如王闓運貶斥輪船洋

砲、倭仁反對同文館招考科舉出身者學習天文算學、劉錫鴻反對興修鐵路，以及強調西學中源或誣新法為「用夷變夏」等，雖有出身於儒家傳統者，但其言論或因見聞寡陋而昧於事實，或因勢位之爭，並非本於儒家精神，且戊戌時期阻礙與反對變法的最大力量來自慈禧，故葉昌熾言「康梁之案、新舊相爭、旗漢相爭、英俄相爭，實則母子相爭。」反之，如林則徐、徐繼畬、魏源、曾國藩、胡林翼、李鴻章、左宗棠、沈葆楨、丁日昌、馮桂芬、康有為、梁啟超、嚴復等，多出身儒學傳統，且如張之洞等，更以保衛儒教為己任。是故從英法聯軍到戊戌變法期間，保守勢力強大固是事實，但保守立場未必和儒家思想相關。儒學傳統並未構成維新的阻礙，即使在西學強力衝擊下，儒學在清末民初知識分子的思想中仍具有重要性。近代維新思想的動力，主要是立足傳統上而擇優吸取新學。

項退結

〈塑造現代中國的近百年思想〉，《哲學與文化》第3卷第2-4期，1976.2-4，頁13-18、25-31、14-18。

　　作者突出強調近百年來的中國變化非如過去僅涉領導階層的改朝換代，而是牽涉到全民，涉及基本思想結構的動搖，故該文主要析論造成近百年來中國變化的決定性因素，並認為此一決定性因素是來自西方的新思想。全文分為：1.「清末民初」時期的康有為、譚嗣同、嚴復、梁啟超、王國維、孫中山、章太炎等人，此時，賴以支持中國傳統社會的思想整個發生轉變，而強迫中國進入世界史的西洋各國亦提供了使中國發生徹底變化的新思想。2.「五四運動至大陸赤化」時期的蔡元培、胡適、陳獨秀與《新青年》等五四運動關鍵人物，以及當時的反傳統和反孔傾向、杜威與羅素的影響、馬克思主義的開始和氾濫、實證論的勝利等。作者並論五四運動的基本思想至今尚在，如統一的國語、白話文、新文藝、女權、婚姻自主權，以及教育、戲劇、父子關係各方面的改善等，幾乎現代中國人生

活的各方面都受五四新文化運動衝擊的影響。3.「大陸赤化至今」的鎖國的大陸思想界、大陸以外的中國思想界。最後則作者總論西化與傳統文化對抗的較深意義，並指出由於清末民初的弱勢，造成國人對西洋文化的迷信與不加選擇地檢收，國人亦失去思想的主體和客體，然無形中，亦造成固有思想對西化的一種過分自衛與自高態度對抗，故作者言：把固有文化及思想絕對化和迷信外來文化及思想是一樣的錯誤，現代中國哲學應該以固有思想為出發，以西洋的適當成分予以補充，直觀、推理與求證皆應兼施並運。

張灝

〈晚清思想發展試論──幾個基本論點的提出與檢討〉，《近代史研究所集刊》第7期，頁475-484，1978.6。

　　該文肯定蔣廷黻的「西力東漸」說，能對徐世昌《清儒學案》以及梁啟超《清代學術概論》、《中國近三百年學術史》和錢穆同名著作從清代學術流變或傳統學術發展角度看晚清思想，有所補充，故作者謂晚清思想兼有傳統與西方衝擊的影響，並意欲探索這兩種衝擊如何「化合」成新觀念、新思潮？文論1895年以前，西學尚無法深入中國知識界，其後由於新學堂和學會設立、報紙傳播，思想變化逐不僅是「量」的，更是「質」的，不僅是西學的傳播，更重要的是思想內容的激烈變化，張之洞的「中學為體，西學為用」說尤足以透露此一轉變。張說是為了捍衛綱常名教，及圍剿康梁宣揚民治思想之於君主制度攻擊，其說顯示綱常名教受到了嚴重挑戰。至於造成此一空前鉅變的原因，則作者認為是由兩種新思想形態所激盪：一是救亡圖存的「群體意識」──晚清知識分子在宣揚西方思想時，包括民族主義、自由主義、浪漫主義及其他思潮等在內，都是經過群體意識過濾才被接受進來的；另一則是超越一切狹隘群體意識與界域觀念的「超越意識」，如康有為破九界的大同思想、譚嗣同以「仁」為中心而

雜揉各家思想的世界觀、章太炎由佛家唯識思想推演出的虛無主義、劉師培混合道家與西方思想的無政府主義等。作者言，晚清在甲午後所出現的這兩種思想形態，都給予綱常名教思想以空前之挑戰，動搖了綱常名教長期的威信。雖然此一威信之全面崩潰是在五四以後，但此一崩潰是經長時間動搖才造成的，而此一動搖便是從甲午前後的晚清最後十五年開始的。

潘英

《革命與立憲》，臺北：谷風出版社，1988。

　　該著主要採取通論、述評和傳記式的寫法，所有主題皆圍繞著革命與立憲兩朵由西潮衝擊而迸發出來的奇葩，如〈孫中山與中華革命黨〉、〈孫中山與共產主義〉、〈重塑黃興畫像〉、〈于右任與三民報〉、〈民國史就是革命黨史？〉、〈歐遊心影路的智慧〉、〈李文蓀筆下的梁啟超〉……，其中亦間有思想析論之作，如〈梁啟超的政治思想〉、〈梁啟超的民權與君憲思想〉，以及部分歷史資料彙編，如〈宋案資料彙編〉等。全書所涉層面頗廣，但篇幅多數簡短，是由四十五篇文章所合成，黃克武嘗撰〈評潘英《革命與立憲》〉（《近代中國史研究通訊》第14期，1992，頁144-148。），可資參看。

黃克武

〈清末民初的民主思想：意義與淵源〉，文收《中國現代化論文集》（臺北：中央研究院近史所，1991），頁363-398。

　　作者在根本上持中西民主思想具有思想脈絡差異的看法，認為中國知識分子的民主思想主流，是一種與樂觀的烏托邦精神結合一起，對民主制度充滿了信心，其背後並以一種潮流論的歷史觀為基礎，抱持民主是一種世界歷史潮流而非人力所能轉移的觀念，以此區別近代西方民主思想普遍認為民主並非完美無缺的理想，它是一個有缺點但缺點較少的制度。故西

方近代民主思想中一些重要的觀念在中國民主思想中並不存在，如：1.西方民主傳統在人性論與知識論上有一種張灝稱為「幽暗意識」（張灝《幽暗意識與民主傳統》，臺北：聯經出版社，1990）和墨子刻（Thomas A. Metzger）所言「悲觀主義的認識論」的預設，故因其對人性之墮落性與罪惡性的深刻認識，以及承認知識與道德的真理很難掌握，因而戒慎恐懼地主張權力制衡。2.西方民主思想強調國家與「民間社會」的分離，其重點在於限制國家權力，但中國慣持「普天之下莫非王土」而又「天高皇帝遠」的看法，且因不是資本主義社會，對自由市場需求並不強烈，所以中國一向沒有「民間社會」與「公民權」的概念，以此中國社會內部存在溝通問題與整合問題，故中國民主思想重視整合而強調群體之自由（富強），主張限制個人自由。3.西方近代民主思想因受幽暗意識與悲觀認識論影響，傾向「調適類型」之逐步改進的現實主義；近代中國則視民主為萬靈丹，認為民主是完美理想而代議政治可以充分反映民意，故多數傾向「轉化類型」之徹底改造的理想主義。由此，作者析論中國民主思想深受中國傳統文化之「三代史觀」和王道理想（仁心、仁政與風行草偃）的樂觀精神影響，故自馮桂芬、王韜、鄭觀應到康有為、梁啟超等都託民主於往古，動言「以泰西比擬三代」，追求民主也就變成復古。作者並認為清末民初的民主思想是當代民主思想的重要基礎，今日中國多數知識分子仍對民主的看法帶有樂觀精神，然而民主政治的建立是長遠的文化調適過程，非可一蹴而就，因此對自身民主觀念的釐清，並根據文化傳統與實際狀況為逐步之調整，是為必要。

鄔昆如

〈清代社會哲學之研究〉，《文史哲學報》第40期，1993.6，頁97-137。

　　作者認為知識分子和一般百姓的不同，在於他們能透視社會問題，能以社會原理來指點迷津而提出化解之道，故該文以包括理論和實踐的角

度對清代社會哲學進行討論。全文先自歷史發展的面向，說明清代的社會哲學思想流變，並分前、後兩期，就盛世與衰世展開政治與社會哲學密切關係的探討。作者指出政治對社會具有決定性影響，但清代社會與社會哲學呈現反比現象，社會興盛則哲學衰微，社會沒落則哲學興盛。作者論證清代前期康、雍、乾興盛期的社會哲學趨向保守，主要是以傳統文化觀定位宇宙並在宇宙中安排人生，繼承了理學、心學之爭及其世界觀、本體觀與民本思想，故前期社會哲學側重傳統的「常」。後期知識分子則突出革新的「變」，由於後期飽受內憂外患之苦，士大夫的實踐取向表現出愈來愈強烈的革新思想，甚至設法越過民族界、國家界，而站在人性立場以找尋社會原理的基礎，解答社會問題，並隨著時空轉移和時代需要，以外來文化補足，故為後來國民革命以及重建社會的理論催生者。作者於文中舉證了顧炎武、黃宗羲、王夫之、顏元、李塨等人之突出人心風俗對社會改良的重要，及其重視道統、「教用合一」等主張，後期則曾國藩、康有為、梁啟超、譚嗣同等，多強調社會制度改革。要之，清代前期的社會哲學關懷主要是「承先」，後期則是「啟後」，尤其是在中西交往中，取長補短，以開創另一次「本土文化失調，外來文化補足」的契機。作者同時指出，後期維新思想的社會制度改革並未背離傳統文化，其於政治上的德治、王道、仁政等為政者精神，以及社會發展目標的大同世界之漸進方案，修、齊、治、平的方式，都沒有違背。

王汎森

〈道咸年間民間性儒家學派 —— 太谷學派研究的回顧〉，《新史學》第5卷第4期，1994.12，頁141-162。

　　該文的關注點是一向未受學界注意的「太古學派」，這是清季約與宋學復興、今文經興起同時，一個由中下層士大夫周太古、李晴峰、劉鶚等發動，規模不大，以理學為信仰，思想宗旨近似道咸經世之學的民間性

儒家學派、祕密組織。但作者不是從教史的角度，而是從清季思想史的脈絡考察理學思想如何被宗教化、普及化？並藉以察看該學派與中國中下階層思想心態之動向。文論儒家「禮不下庶人」的傳統，使得儒家性格向來不關心庶民，儒家經典也對下層百姓失去力量。然而在道咸社會危機中，太古學派有別於過去的理想主義者，他們特別關懷下層百姓，有破家賑災之舉，又到處提倡「教」、「養」二途救天下。太古諸師並藉由對儒家經典的大幅創造性詮釋，以內層「微言」、外層「大義」的方式說經，寓一己之別解於「內學」中，謂為經書字面背後隱藏的不傳意蘊，於是其獨家道理就成為聖人道理。他們看重「氣」、「情」、「真」，接近陽明後學的態度，不是宋儒之存理滅欲思想，是一種帶有理學色彩的善書，並以宗教化儀式激起下層百姓之遵行。作者復根據一些太古學派文獻中的反滿思想，以及若干其與川楚白蓮教亂、太平軍與捻亂同一時間點發生的作為，認為其間或有所關聯。要之，太古學派是清季儒者在下層群眾中，透過將儒家儀式宗教或祕密社會化以啟人遵信，進而引導社會道德的一種嘗試。

樊中原

〈近代中國大同思想的興盛 —— 以孫中山與梁啟超為例〉，《藝術學報》（臺北：臺灣藝術專科學校），第58期，1996.6，頁417-432。

　　該文指出具有烏托邦色彩的大同思想，一直被近代中國尊為最崇高的政治理想，無論是以革命反對改良主義、以大同為歸宿的孫中山，或是康有為《大同書》之破九界、章太炎以佛家唯識思想推演出的「虛無主義」、劉師培混合道家和西方思想的「無政府主義」、譚嗣同雜揉各家思想的「世界觀」，都可以一窺大同思想於近代中國思潮之重要性。作者論及近代中國之所以出現烏托邦的主因，係由中國傳統與西方兩股具有強烈烏托邦傾向的力量所造成 —— 儒家政治思想主流的「內聖外王」，在「王」與「聖」之間存在直接關聯，以倫理行為與政治行為的同一性為基

礎，自孔子到朱子，都在其思維中營構了一個寄託於遠古黃金時代的理想國，即「三代可復」的道德理想國。西方近代思想則不論以啟蒙運動為源頭的理性主義，或反啟蒙運動的浪漫主義，也都具有高度的樂觀精神——從黑格爾、孔德到史賓塞、馬克思，其思想中都帶有濃厚的進步主義，相信人類進步是一種客觀的趨勢，社會自然而然地推移向前，社會將愈來愈富庶、文明愈來愈進步，進步的最後結果就是理性完全實現的社會。至於浪漫主義，則是相信人的意志無限，人可以無限追求、無限奮進，具有「人定勝天」的思想。而受到理性主義、浪漫主義刺激的中國，很快就傾倒於進化論，再加上傳統的「大同」觀念，故近代中國的「大同」思想係圍繞者民主與科學展開，並抱持高度幻想，如吳稚暉持「物質文明」為「精神文明」根本的「機器促進大同說」。作者並以孫中山和梁啟超為證，孫氏論人類進化的三個時期：草昧進文明的「不知而行」、文明再進文明的「行而後知」、科學發達後的「知而後行」，其由簡趨繁、由易趨難，愈來愈進步，故孫氏對於科學促進大同的來臨，充滿樂觀信心。梁啟超則儘管不信科學萬能，但其由家族、酋長、帝國主義時代，進化到民族主義、民族帝國主義、萬國大同主義時代，仍是深信人類進化。作者同時說明孫、梁雖然嚮往大同，但大同世界的實踐是漸進的，他們是二十世紀極少數先導知識分子之不以揚棄傳統文化救中國的人。他們倡導民族主義，但不以為需要在中國文化和民族中做一取捨，且主張恢復中國文化的儒家倫理原則以強化民族精神，故作者言他們的大同思想雖寄望於未來，卻絲毫不含「逃避現象」，反而充滿了「實現理想」。

鄭卜五

〈常州學派「群經釋義公羊化」探源〉，中研院文哲所「乾嘉學者之義理學」第二次研討會論文，2000.1.6。（文收林慶彰、張壽安主編：《乾嘉學者的義理學》，臺北：中研院文哲所，2003，頁637-672。）

　　該文收入《乾嘉學者的義理學》，改題為〈常州《公羊》學派「經典釋義《公羊》化」學風探源〉。作者揭出清代常州公羊學派在公羊學的傳承中，以開創「群經釋義公羊化」為其獨特標誌，而孔廣森在所著《春秋公羊通義》中多援《公羊》入諸經，惜因早逝，未及闡揚此義，然其「孟子最善言《春秋》」之義為劉逢祿、宋翔鳳繼承並推至《論語》，故清儒之「經典釋義公羊化」最早是由《論語》釋義公羊化開始的，然後才衍為《五經》釋義公羊化、子學釋義公羊化。惟學界在述及清代公羊學發端時，多謂起於莊存與，實則考察劉逢祿、宋翔鳳、戴望等人傳記，他們其實最為推崇孔廣森，但孔廣森卻每為後世學者摒除在公羊主流外，故作者撰為斯文，頗有為孔廣森翻案之意，並反對學界以何休《春秋公羊解詁》作為公羊學範式的單一標準。文中，作者擇就劉逢祿《論語述何》、宋翔鳳《論語說義》、王闓運《論語訓》、戴望《戴氏注論語》及康有為《論語注》等五書為例，舉證翔實地說明清代「經典釋義公羊化」的形成與傳承，認為欲探究清代公羊學異軍突起和晚清形成今文經風潮的的原因，則「經典釋義公羊化」是其關鍵。

　　除前述所羅列的研究成果外，學界尚有其他通論百餘年來晚清思想發展之作，諸如胡秋原〈關於「近代中國之西方認識」並論中國近代思想史問題〉（《大陸雜誌》第23卷第6-7期，1961.9-10，頁1-5、24-29）；《一百三十年來中國思想史綱》（臺北：學術出版社，1972.12）；施友忠〈太平天國的思想形態〉（《哲學論叢》，臺北：聯經出版社，1976.7，頁241-266）；王德威〈沒有晚清，何來五四？──被壓抑的現代性〉（《聯合文學》第12卷第7期，1996.5，頁44-51）等，茲不一一縷述。

⑤各家分論

1.劉逢祿（**1776-1829**）

　　述劉逢祿之前，必須先說莊存與（1719-1788）──清代講尚微言大義而援經議政的今文學，其開花結果蔚爲流行固在晚清，然溯流探源，則晚清今文學之流行實肇自乾隆間常州學者莊存與。莊存與是清代公羊學的開創者，其《春秋正辭》主要以公羊義法解經，其後從存與受今文學、從戴震受古文學的孔廣森，則循訓詁考證門徑以治《春秋》，有《公羊通義》，亦爲清代今文學先驅者之一。劉逢祿則極力擡高《公羊》傳經地位而貶《左傳》爲史，謂其不能傳經，復以系列專著張大了清代今文經學旗幟，並貫通公羊學與《論語》，而與宋翔鳳之以《公羊》說《論語》、《大學》，共同擴大了今文經學陣地，影響晚清群經公羊化現象。莊存與除了《春秋正辭》外，還有《春秋舉例》、《春秋要旨》等作，並皆發揮公羊大一統、通三統、張三世之「義」，又喜宣揚陰陽災異等「非常異義可怪之論」的思想。不過雖然莊存與主要發揮《公羊》之微言大義，並多引述董子、何休等今文家言，他其實並未排斥古文，也未侷限在今文經解，他亦兼重《周禮》，也多引用《左傳》以立說。臺灣學界一向缺少對莊文與的單獨研究，多爲附帶論述，雖然《孔孟學報》中嘗有專文發表，如路新生〈莊存與的治學與清代今文經學之興起〉（《孔孟學報》72卷，1996.9，頁95-117），但作者爲大陸學者。是文說明乾隆間今文經學並未標榜家派，亦未分別今古文經，更未專以疑古爲旗幟。逮及晚清，因內憂外患重重摧逼，今文經學始固守家派門戶壁壘，並高張疑古文旗幟，以經傳直接介入政治運動中，故莊存與和劉逢祿不同，和晚清以降的魏源，尤其是康有爲等，視今、古畛域如冰炭，有絕大區別。作者並指出莊存與思想體系中「《春秋》重義不重事」之觀點，對於清代今文學派利用附會經義、臆斷史事以干政議政，從方法論上開闢了一條路徑。其「大一統」之以天道臨君主，以符瑞災異說來制約王權，以及「通三統」之強調王權「更化」問題等，都

爲後來清代今文學家以此義附會歷史之運動開闢了想像空間，爲他們發議論、干時政、主變法，提供了可供利用的思想芽蘗。學位論文則有金榮奇《莊存與春秋公羊學研究》（1989年政大中文所碩士論文）、蔡長林《常州莊氏學術新論》（2000年臺灣大學中所博士論文），由於莊存與和晚清今文學流行有極其密切的連繫關係，故附論於此。

　　繼莊存與而起的常州學者中，劉逢祿堪稱支柱，清代公羊學雖然在劉逢祿之前，已有莊存與《春秋正辭》、孔廣森《公羊通義》等，但直至劉逢祿出而公羊學局面始爲之一變。劉逢祿是莊存與的外孫，嘗問業於其舅莊述祖，述祖稱以「劉甥可師。」其春秋學上承董仲舒、何休，下開龔自珍、魏源，相關著述則除被視爲清代公羊學奠基之作的《春秋公羊經何氏釋例》外，還有《公羊何氏解詁箋》、《箴膏肓評》、《發墨守評》、《穀梁廢疾申何》、《左氏春秋考證》、《論語述何》等，不僅使沉寂了近兩千年的公羊學再次繁榮，也爲近代維新變法備妥了理論武器，在清代公羊學的發展歷程中具有舉足輕重作用，並對晚清學術、政治有重要影響。劉逢祿《左氏春秋考證》和《箴膏肓評》對於《左傳》有強烈批駁，對於劉歆亦大肆攻擊。《春秋公羊經何氏釋例》則主要標舉何休「三科九旨」之公羊統緒，以爲「微言大義」準據，並系統歸納何氏條例以通《春秋》之旨，既確立了清代公羊學的發展方向，復推此義及於群經，使擴展成爲群經公羊學，故於清末學術產生極大效應，在奠定晚清常州公羊學學術地位之餘，也重啓清代今古文之爭。有關劉逢祿之思想研究，述要如下：

鍾彩鈞

〈劉逢祿公羊學概述〉，《第一屆清代學術研討會論文集》，1989。（文收《清代學術論叢》第3輯，臺北：文津出版社，2002.11，頁125-142。）

文論劉逢祿以《春秋》為《五經》筦鑰，蓋撥亂反正，莫近《春秋》，而劉氏之春秋學捨棄三禮小學舊轍，直接尋求大義，以何休之發凡起例作為治經門徑。此由於他認為「《春秋》微言大義，《魯論》諸子皆得聞之」，子夏尤傳《春秋》之「不可顯言者」，即後來流傳的公羊學，所以他一方面又撰為《論語述何》，另方面則認為所謂「不可顯言者」，既不能由史實求之，便只能透過義例得之。故他以詳於義例的何休注為《春秋》義理之鑰，全面歸納何休義例。此外，劉氏又認為《左傳》不傳《春秋》，不應稱為《春秋左氏傳》，應稱以《左氏春秋》，故有《左氏春秋考證》之作。至於《左氏》之比附《春秋》以及經說凡例之屬，其謂皆由劉歆所偽造，是以作者於文中指出劉氏提倡公羊學具有以之通貫群經的意味。不過作者同時亦指出劉氏公羊學除在清代經學史上需占有地位外，實則殊少現代意義。因今人不信孔子作《春秋》曾用複雜義例，而劉歆竄亂《左傳》之說，也已為錢穆所徹底駁斥。

胡楚生

〈劉逢祿「論語述何」析評〉，《第二屆清代學術研討會論文集》，1991。（文收《清代學術論叢》第3輯，臺北：文津出版社，2002.11，頁143-156。）

作者指出《論語述何》一書，名雖屬諸《論語》，實則乃取《公羊》要義，轉而疏釋《論語》。故在劉氏雖屬別有用心，然就《論語》而言，則劉氏之作，既乖於注疏之體，復多異常之論，持與歷代《論語》注釋之書相較，則不免穿鑿求解、附會過深。文中，作者論以《論語述何》有用「正名分」、「張三世」、「異內外」、「通三統」等公羊義法以疏釋《論語》者，劉氏所釋義，如釋「學而時習之」而曰「學謂刪定六經也。」釋「人不知而不慍」而曰「知我者其惟《春秋》乎。」釋「本立而道生」而曰「謂始元終麟，仁道備矣。」……若此者不一而足。故作者認

為《論語述何》多采公羊意旨以羽翼《春秋》，蓋亦視《論語》之書為公羊學之一環節，其膠柱鼓瑟、破壞專門，殊失疏釋經典之客觀態度。

　　相關學位論文，有陳靜華《清代常州學派論語學研究──以劉逢祿、宋翔鳳、戴望為例》（1993年成功大學中文所碩士論文）；張運宗《劉逢祿與常州學派》（1995年東海大學歷史所碩士論文）；徐敏玲《劉逢祿公羊學思想之研究》（1996年中興大學中文所碩士論文）；張廣慶《劉逢祿及其春秋公羊學研究》（1996年臺師大國研所博士論文）；吳龍川《劉逢祿公羊學研究》（1997年中央大學中文所碩士論文）等。

2.宋翔鳳（**1776-1860**）

　　常州學派另一重要人物宋翔鳳，他亦是莊存與外孫，亦受學於其舅莊述祖，述祖有「宋甥可友」之評。宋氏一方面奉行考據學者藉音韻小學治經之路徑，以《說文》、《爾雅》為治經門徑，漢學風氣對他有相當濡染，其文集亦稱《樸學齋文錄》；另方面則他又好微言大義，從而表現了寓今文義法於樸學的特點，故龔自珍以「樸學奇材」稱之，對之相當欽佩，曾有詩曰「萬人叢中一握手，使我衣袖三年香。」宋翔鳳在訓詁、校勘的《小爾雅訓纂》、《周易考異》之作外，又以《春秋》大義闡釋群書，如其《論語說義》便自公羊思想出發以說仁義，又以《春秋》義例發明《論語》微言，以此擴大了今文經學的陣地。不過由於樸學不便發揮微言大義，因此其治經亦每多穿鑿附會現象。要之，宋翔鳳雖是今文學家，但不拒絕古文經學，所論時採古文觀點。臺灣學界二十世紀前對宋翔鳳的思想不多，其要如下：

鍾彩鈞

〈宋翔鳳學術及思想概述〉，《清代經學國際研討會論文集》，臺北：
中研院文哲所，1994.6，頁353-382。

　　文論宋翔鳳是乾嘉漢學至道咸今文學轉變中的環節，同時具有兩派
特徵，故其學術表現了從訓詁音聲到微言大義的走向。比較要留意的，是
作者指出宋翔鳳所論微言大義，殊異於劉逢祿以下今文派主流之以何休
「三科九旨」為微言大義。翔鳳所主張，一是五經義理為「微言」、今古
文諸家之家法為「大義」，即以「經／傳」為「微言／大義」之別；另一
則以《易》、《春秋》、《論語》為「微言」，而以《詩》、《書》、
《禮》、《樂》為「大義」。至於在哲學方面，則作者言翔鳳具有同於戴
震反對宋儒義理的傾向，欲建立不同於宋儒的哲學，有志於在名物制度上
探討新義理，而為爾後的公羊學開闢了途徑。惟其義理仍有不期然而近於
宋儒處，如他一方面表現出清人重視形下層面的功利思想，另方面則在修
養論上主張虛靜工夫，強調以性約情、無欲故靜，故綜言之，其本體論與
克己思想近宋，功利之論則顯示清儒色彩。

　　二十世紀前學界未見宋翔鳳思想的專著，相關論述多將之併入常州學
派或清代今文學討論中，如前揭論文《劉逢祿及其春秋公羊學研究》；李新
霖《清代經今文學述》（1977年臺師大國研所碩士論文）；陳靜華《清代常
州學派論語學研究——以劉逢祿、宋翔鳳、戴望為例》（1994年成功大學中
研所碩士論文）；賴溫如《清代〈論語〉述何學考》（1995年中興大學中文
所碩士論文）；江素卿《論常州學派之學術、特色與經世思想》（1996年高
雄師大國文系碩士論文）等。二十一世紀初學位論文雖有蔡欣宜《宋翔鳳公
羊思想研究》（2009年彰化師大國研所碩士論文），但不在本計畫時間範圍
內。

3. 龔自珍（**1792-1841**）

　　龔自珍處在清中葉王朝由盛轉衰、內憂外患開始相逼而來的轉變時期，於時內有白蓮教、回民和捻軍之亂，外有鴉片不斷輸入。鴉片貿易使得白銀外流、財源枯竭、國庫空虛、白銀價格上漲。銀價暴漲迫使人民負擔更重的賦稅，納捐制度亦復助長了官場賄賂與聚斂之風，吏制敗壞。土地買賣加劇使得土地益發高度集中，過多的佃戶與流民平添了社會動盪，而列強藉著各種宗教、商務理由進入中國，亦加劇整個社會的衰敗危機，戰事一觸即發。龔自珍哀樂過人，他敏感地察覺所謂嘉道「治世」下的真相，竟是「衰世」面相以及「亂世」危機。他充分地感受到「山雨欲來」的危疑不安與憂患感，故他與好友魏源共同發揚儒學經世精神，以公羊議政傳統結合改革理論，抨擊帝制末世弊端，開近代反專制之先聲，並提倡變法改革，為戊戌維新思潮之先聲，對沉睡中的國人極具撼動性。於是自從康熙中葉以後，沉寂已久的經世思潮再度崛起，此一經世思潮並在鴉片戰爭前後趨於高漲，是故龔魏極有推進晚清思想解放之功，可以視為變動時代前驅性的代表思想。欲論晚清思想之「變」，宜自龔魏談起，梁啟超也將維新思想的萌蘗溯源於此。相關研究如下：

何佑森

〈龔定菴的思想〉，《故宮文獻》，第1卷第1期，1969.12，頁27-36。
（文收氏著：《清代學術思潮》，頁397-411。）

　　作者謂：曾經師事劉逢祿，嚮往常州學的自珍，雖然生在乾嘉經學極盛時，卻不受乾嘉學風影響而另闢蹊徑。不過儘管其思想中有一些「非常異義可怪之論」，卻不能被稱為今文學家或常州學者。作者指出：尊諸子、重史學以及對現實問題深入批評，並以重士養士為思想終極歸宿，才是自珍學術精神之寄。作者並析論自珍係為「尊史」而尊子，有「諸子

皆史」之論，其用意是以諸子為史，不過其所治諸子，並非諸子中的顯學，而是如列子、墨子、楊朱、荀子與釋氏之學等。至於尊史，則其所謂「史」，指文獻而言，係本著尊史之心，以經術作政論的史學。此蓋由於自珍強調「史存而周存，史亡而周亡。」他認為史乃關乎國家存亡、人才隆替者，身為一個史家，不但要有鉤沉古史的責任，更要有重視近代文獻的精神。此外，自珍又由留心今古文獻而議論國是，並為挽救人才不出、士無廉恥之弊，而提出「更法」主張。總論自珍思想，貫穿著由尊子、尊史，再到更法、改革的理想。

陸寶千

〈龔自珍的社會政治學術思想〉，《中華文化復興月刊》，1978.3，頁70-76。

作者謂龔自珍是一天才型人物，然末享高壽，致其思想未及形成一個系統，只能作為對政治、社會、學術各方面抒其所見的一些散論，是以本文中，作者即針對上述等方面縷析其思想。作者除說明自珍具體的政治、經濟改革建議外，並指出自珍活用了公羊學的「通三統」與「張三世」觀念，持論歷史是不斷發展的。又論自珍所持性無善無不善主張，影響及其宗教信仰——自珍信奉天臺，持信諸佛心體兼具染、淨二性，而無差別相。最後作者並反駁梁啟超所言：始受自珍思想撼動，終則覺其淺薄之說。作者言：說自珍「散而無統」則可，說以淺薄則不可，主張自珍實是近代思想上最早的啟蒙人物。

張壽安

〈龔定菴的尊史思想〉，《中國書目季刊》，第12卷第3期，1978.12，頁11-23。
〈龔定菴與常州公羊學〉，《中國書目季刊》，第13卷第2期，1979.9，頁3-21。

〈龔定菴的經世思想〉，《漢學研究》，第10卷第2期，1992.12，頁173-191。

〈龔定菴的尊史思想〉一文主要突出自珍的尊史之「心」，蓋自珍尊「史以為鑑」，而非尊其文字。史之心如何而尊？自珍指出要「善入善出」——惟「善入」故為實錄而能洞悉得失，惟「善出」故能剖析利弊而「入乎道」，如此，則史能為當代治道之借鏡。此外，因滿漢不平等，自珍又對「尊史」賦予極特殊的「賓賓」之意——「異姓之賓，處一姓之下，當以史材自任。」他認為孔子為殷民宋人，於周為「賓」，孔子之刪述六經，即行「賓法」之「異姓之賓以存史自任」，故「六經皆史」可與「賓賓」思想相結合，孔子正是以「賓」居，行「賓法」，合於「賓賓」之道者，六經則是「賓賓」之代表，為孔子存史之具體表現。而除了在「史意」方面，自珍倡論「尊史之心」外，他在「史文」上，亦強調蒐討當代掌故與鉤沉古史，其鉤沉古史並寓有極特殊意義的「辨經、史之源流」主張，其曰「五經，周史之大宗」、「諸子，周史之小宗」。他在「治史尊心」外復強調「治經尊義」，他乃以治史學的態度治經學，故要求刊落名物而取經之大義，因此經之義就是史之心，史之心就是經之義，二者歸趨皆為聖人之道。以此，自珍尊史又強調史之存在應完全客觀，不專為一朝一代而設，是為千百朝代傳聖人之道，是以其經學路數在於講尚微言大義的「經之義」，不同於漢學考據一路。

〈龔定菴與常州公羊學〉一文主要論述自珍雖從劉逢祿習公羊，又與治公羊的魏源友善，然其公羊路數卻異於眾人。劉、魏之治公羊，或闡何休義例，或發微董子大義，皆屬於專門經學態度，自珍則未鑿鑿於條例之辨，甚至認為《春秋》是史，《三傳》皆傳《春秋》。自珍不爭西、東漢，不辨今、古文真偽，他只取公羊數義運用到實際政論上，如他以「三世」大義解群經，謂五經皆含聖人終始治道，撰有〈五經大義終始

論〉，盡棄家學文字訓詁工夫，而以公羊大義重新詮釋五經。而其「終始治道」，又與「三世」歷史觀配合，持論歷史演進由據亂、昇平而至太平世。此外，他又據公羊之律以救正當世之律，引公羊之微言以譏議時政。要之，自珍公羊學的最大特色，就在於他改變了以往論大義於「典籍」的態度，轉而論大義於「現實民生」。

〈龔定菴的尊史思想〉則說明自珍藉著一種既「障蔽」而又「鋒銳」的筆鋒，以表達其經世思想。其經世建言，如譏評君權過尊並行跪叩之禮，使士夫成為「柔夫」而無節。批評科舉試以《四書》時文，錮智慧於進身之階，致士人於兵刑、錢穀之事皆未聞，又批判滿漢鴻溝使得人才不出。他甚至在主張「變法」思想外，又敢於提出「山中之民」之具有反抗貪腐敗壞政權的「革命」思想，言論極其大膽。而自珍所預言：「贈來者以勁改革」、「亂亦竟不遠矣」、「楚以三戶亡秦」，不僅對清廷切進地箴砭，證諸自珍卒後十年，不啻為近代「革命」先聲的洪楊亂起，則自珍識見，在承平的嘉道之際堪稱眾醉獨醒，當世莫匹。

‧ 周啟榮

〈從「狂言」到「微言」──論龔自珍的經世思想與經今文學〉，《近世中國經世思想研討會論文集》，1984.4，頁295-323。

作者論龔自珍生亂世中，見禍亂之幾，慨然而有澄清天下、經世濟民之志，故其經史之學皆以有用為主，文中並將自珍的經世思想分為前、後兩期。前期其文體多採用史論和寓言方式，筆鋒尖銳，是為「狂言」，至於與後期經世思想相始終的，則是自珍之仕宦生涯，此時文字已轉為藉今文學家之「微言」方式以闡發其經世「大義」。作者謂由「狂言」到「微言」，象徵著自珍對表達其經世思想在選擇形式上的自覺，並認為儘管在晚清今文學的通經致用風氣裡，莊存與、劉逢祿、龔自珍、魏源等人所欲解決的問題不必相同，所藉諸微言以發揮的大義亦復有別，然他們藉由經

義以直接或間接改變外在衰亂的世界則同。

鄭吉雄

〈龔自珍與晚清改革思潮〉，《第三屆近代中國學術研討會論文集》
（桃園：中央大學中文系），1997.5，頁91-110。

　　作者嫻熟龔自珍思想，其博士論文即以之作為研究對象，該文則不論
在龔自珍思想溯源、交遊影響或評價其歷史循環論方面，皆有深入析論。
文論自珍雖受乾嘉學風薰陶，熟悉小學「以字說經」路徑，《定庵文集》
中也嘗運用在「知」、「覺」、「隱」、「史」、「心」、「賓」等概念
之本義推究與引申闡發上，但他結合經史地脫出了經學考據「尊聖信古」
之「復古」信仰，不再以《六經》之「三代」、「古聖賢」、「古禮」作
為價值，主張擺脫不適現代的古代價值，要求新器、新法與新治等。作者
復在一般咸謂自珍影響了晚清思想解放外，詳論其所交往對象或學人，如
包世臣、李兆洛、魏源、林則徐、梁章鉅、姚學塽、王曇等，皆關懷世
務，能實地改革時弊而不隨世俗之豪傑士。彼所關切的問題涵蓋政治、歷
史、地理、天文、西洋文化、農業、漕運、水利等各方面之實務，絕非致
辨於古籍家法、門戶異同者。作者認為這些學人所致力的事業就是稍後自
強、變法甚至革命諸運動的先聲，故謂自珍之關注社會問題固與「書生挾
策」性格有關，但實亦與其交遊影響有關。再者，作者論自珍的「尊史」
思想，係自「尊重歷史」進至「務尊其心」之尊重人的意志，他看重事物
「變」的本質與人心力量，強調「善入、善出」之博觀約取，復以「更
法」為「尊史」目標。故他一方面要求回歸歷史，從歷史文化中產生信
仰，由文化認同以建立起國家民族生命尊嚴。但他同時又反對媚古，主張
認識當代、熟知掌故，以推動歷史之前進，故他能自考訂經義轉為慷慨縱
論天下事。不過作者也指出自珍借重公羊「三世」、「三統」往復循環不
已的歷史循環論，以中國為自足發展而未慮及外來衝擊，實則晚清激烈變

局已非傳統理論所能涵蓋與範疇。

陳振風

〈龔自珍的變革思想〉，《臺南女子技術學院學報》，第17期，
1998.6，頁1-14。

　　文論龔自珍的變革思想，包括對當時腐敗政治、對用人資格、對帝制
專制、對操控士人手段的批判等，肯定自珍實是面對清勢日替而紓為政論
之開風氣一人。

　　除上述外，餘如牟潤孫〈龔定菴與陳蘭甫——晚清思想轉變之關
鍵〉（《民主評論》第15卷第15期，1964.8，頁17-18）；林斌〈龔定
菴評傳〉（《暢流》，第37卷第10期，1968.7，頁2-6）；黃公偉〈公
羊學派與龔自珍思想〉（輔仁大學《人文學報》，第3期，1973.12，頁
255-262）；黎正甫〈龔自珍的仙佛思想〉（《恆毅》，第29卷第1、2
期，1979.9，頁64-67）等文，或簡述，或略評自珍之公羊三世以及融
會儒佛、抨擊「祖師禪」及其政治思想等。孫廣德〈龔自珍的經世思
想〉（《近世中國經世思想研討會論文集》，1984.4，頁275-294），
主要說明龔自珍倡導變革的具體事項以及對經濟、邊政、夷務之主
張；劉聿新〈龔自珍的政治思想〉（《國立編譯館館刊》，第21卷第2
期，1992.12，頁59-84），亦敘述龔自珍改革主張的具體措施；江雨珍
〈龔自珍經世思想之探析〉（《中正歷史學刊》第2期，1999，頁153-
182），所論大致也與前述析評各文相符。另外，由於龔自珍詩文極其
突出，過去學位論文多偏重其文學研究，二十世紀前以龔自珍思想為研
究範疇的學位論文不多，僅見張壽安《龔定菴學術思想研究》（1975
年臺灣大學中文所碩士論文）、鄭吉雄《龔自珍「尊史」思想研究》
（1995年臺灣大學中文所博士論文）。

4. 魏源（1794-1857）

　　魏源以博學名噪京城，時諺有云「記不深，問默深；記不全，問魏源。」他發揮《周易》、《老子》變通復運的哲學與公羊、法家之更世變制精神，又強調歷史運會，發揚歷史進化觀以及反復古主義思想，還將今文經學的研究範圍擴大到《詩》、《書》上，對今文學的發展有其影響。魏源幼年時正是白蓮教活動遍及鄂、豫、川、陝、甘各省的動盪時代，當他隨父親入京，沿途所見盡皆不堪。在京，鴉片禍害遍及中國，他每與林則徐、龔自珍等人憂憤議政，壯年任南京兩江總督衙門幕僚，更目睹官僚弊政。鴉片戰爭期間隨兩江總督裕謙抗戰浙江，裕謙戰死，林則徐被撤職查辦、充軍伊犁──正是這些背景促使他撰寫重視國內外地理沿革的《聖武記》，和介紹世界各國地理分布、歷史政情、船砲器械的《海國圖志》，並提出「師夷制夷」之改革口號。《海國圖志》是當時國人了解西方的經典著作，和徐繼畬的《瀛寰志略》並為國人編寫的兩部最早世界地理著作，對國人「開眼看世界」極有功焉！魏源亦被視為中國近代史上初期的啟蒙家和史學家。有關魏源思想的研究篇章，述之如下：

蕭天石

〈魏默深先生學術思想簡述〉，《湖南文獻》第1卷第2-4期，1970.9～1971.4，頁129-135、129-138、130-135。

　　該文除簡述魏源生平、治學精神、詩文造詣外，主要述其學術成就。文中分就魏源所刊行而考訂精微、糾謬平實、立論精微的《大學古本》、《孝經集傳》、《曾子章句》等，以及應賀長齡之邀纂輯的《皇朝經世文編》，和《書古微》、《詩古微》、《公羊春秋古微》、《董子春秋發微》等今文經學立場的諸作。又，其發揚經世思想的《聖武記》和《海國圖志》，闡揚道家思想的《老子本義》等涵攝面向極廣的眾作，析論其內容。

劉廣京

〈魏源之哲學與經世思想〉，《近世中國經世思想研討會論文集》（臺北：中研院近史所），1984.4，頁359-390。

　　是文最突出處，為作者在學界所習熟的魏源藉今文學微言大義以議政，和《海國圖志》中提出著名的「制夷」與「師夷長技」之外，別具慧眼地立足在魏源經史筆記的《默觚》上，深刻探討了魏源根據歷史研究與解釋而為經世理論所建立的哲學基礎。作者並指出魏源在中國思想史上一大突破的理論，在其「制度進化史觀」。

　　在《默觚》中，魏源討論了修養論、知行論、宇宙觀、倫理觀與歷史觀等，反映出十九世紀中國知識分子所面對的問題。此中頗可留意者，在於他提出「驗之於事」的效驗強調，痛詆儒者喜好空談之不問效驗。魏源認為「王霸之分在心不在跡」，他仍然重視道德修養，但兼重「事之驗諸治」。他並不反對儒家「尊文」思想，但強調「文之用」，蓋「文之用源於道德而委於政事。」至於魏源最特殊的觀點，在其制度史之進化史觀──一般多籠統稱魏源以進化史觀，實則他係自兩方面以論歷史之「變」：一是「人之所聚，而勢生焉」，於此，因人有利欲之心而「自然而然」所成之勢可能有循環性；另一則是「人之所聚，仁氣生焉」，故天子可因「勢」而使「仁」在歷史上產生進化作用。以政治史和制度史而言，作者指出魏源著《老子本義》即已持論「太古、中古、末世」之歷史氣運三造說，認為氣運轉移依「文／質」而循環，至《默觚》完稿，他更認為政治史不斷進步為不可能，係持後世不如三代之「退化」史觀。不過儘管政治史變化難測，甚至退化，在制度史上則他抱持「便民」、「利民」之進化觀，肯定「仁」在歷史上的力量，曰「變古愈盡，便民愈甚。」「天下事人情不便者，變可復；人情所群便者，變則不可復。」許多便民利民的制度，正是三代以後不斷進步而優於三代的。魏源舉稅制與科舉之「租庸調→兩稅→條鞭」、「丁庸→差役→僱役」、「鄉舉里選→

門望→考試」為例，謂聖王復作，「必不舍條鞭而復兩稅，舍兩稅而復租庸調」，「必不舍科舉而復選舉，舍僱役而為差役」。是故儘管在專制政治上，魏源有著時代侷限性。但在制度改革上，他肯定「仁」的歷史作用而持「不可復」之進化史觀，是為中國思想史一大突破。作者並揭櫫魏源之治元明史及撰為《元史新編》，即是藉元制不用漢人南人導致敗亡、明之得則在於「清仕途，培士氣」，以鑑戒清室「養人用人」之政策不善及滿漢不公，故魏源是通過具體事實以探討弊病根源，以謀求制度改進。最後作者復總結魏源獨創以儒家民本論為基礎的「制度進化史觀」，突出民生重要性和各種興利除弊之制度改革可能性，可以證明中國近代史之不斷創新，係因應內在需要而非僅由外來刺激，是有自發性之精神與思想為基礎的。

王家儉

〈魏源的史學與經世史觀〉，《國立臺灣師範大學歷史學報》第21期，1993.6，頁155-172。

　　作者強調清代的史學盛況在乾嘉以後名家漸稀，惟龔自珍、魏源二人可以當之，並看重魏源的經世學既不同於浙東史學的專家之學，亦不同於浙西博雅之學，也與乾嘉時期考證史學大異其趣，故欲抽繹其歷史哲學，考察其經世史觀。生於嘉道積弱之世的魏源嘗有《皇朝經世文編》和《明代兵食二政錄》之經世文獻編輯、《聖武記》之清代軍事史撰述、《夷艘入寇記》（異名《英夷入寇記》或《夷艦入寇記》）之鴉片戰爭史，以及《海國圖志》之世界史地知識介紹、《元代西北疆域沿革考》和《北印度以外疆域考》之邊疆史研究、《元史新編》之《元史》改作等史著。並受今文學影響，著有闡述公羊哲學的《公羊古微》、《董子春秋發微》、《詩古微》、《書古微》、《兩漢今古文學家法考》等數種。作者論以魏源的歷史哲學，除強調文質再復、天道三復的變化外，並從歷史發

展觀點，對「三世說」提出一己解釋，他以「氣運」變動不居的原動力，將「三世」解釋為不斷循環的太古、中古、末世等氣運變化。而歷史是不斷向前發展、進步的，此為自然演變之「勢」，故一切政經改革也都要依循歷史發展中的必然趨勢，所以他主張變法改革、師法西方。作者並總結以魏源的經世史學固有受內憂外患之憂患意識影響一面，但他也深受儒家兼具政治哲學與歷史哲學的公羊學傳統影響，所以他由治史而經世，由經世而倡導變法，不過他的改革手段傾向溫和改良，學者或謂其具有保守色彩。

鄭卜五

〈魏源《海國圖志》中崇本務實的經世主張〉，《海軍軍官學校學報》第5期，1995.10，頁175-187。

該文著眼於魏源《海國圖志》是中國最早的世界地圖書，雖然其在當時並未受到清廷重視，但傳至日本，卻開啟了日本的世界觀並對日本明治維新頗有影響。故作者即立足在《海國圖志》原典上，突出魏源「以夷攻夷，以夷款夷，師夷長技以制夷」之三大主張，以述論其通古變今，師夷制夷；整軍備才，以守養戰；改變稅法，杜絕開支等具體改革思想。

　　除上述外，單篇論文尚有謝應芬〈魏源新學思想述要〉（《湖南文獻》第4卷第1期，1976.1，頁14-19），簡單述要魏源思想；趙制陽〈魏源《詩古微》評介〉（《孔孟學報》第49期，1985.4，頁67-98），專論魏源《詩古微》的今文經學立場及其詩經學觀點；陳振風〈魏源學治合一的思想〉（《臺南女子技術學院學報》第18期，1999.8，頁1-14），多據原典縷述魏源思想。另外學位論文則博涉魏源之政治、史學，甚至與日本相關思想之比較研究，如翁瑞廷《魏源的政治思想》（1982年政治大學政治所博士論文）；林盛裕《論魏源與佐

久間象山的海防思想 —— 兼論十九世紀中葉中日兩國的海防暨海防思想
（1840-1874）》（1986年淡江大學日文所碩士論文）；林美蘭《魏源
詩古微研究》（1993年東吳大學中文所碩士論文）；方淑妃《魏源的
史學研究》（1994年高雄師大國研所碩士論文）；賀廣如《魏默深思
想探究 —— 以傳統經典的詮說為討論中心》（1997年臺灣大學中文所
博士論文）等。

5.廖平（**1852-1932**）

　　廖平，一位極具爭議且評價不一的學者。他嘗自署其楹「推倒一
時，開拓萬古，光被四表，周遊六虛。」但錢穆卻批評他「亦為秋風候
鳥，過時則已。」「治經先立一見，然後攬群書以就我，不啻六經皆我
註腳。」其師張之洞也屢有「風疾馬良，其道愈遠」的越軌之嘆。廖平
或被目為經學家，或被目為思想家，一生思想凡經六變：一變《今古學
考》提出以禮制「平分今古」之論，以〈王制〉為今文學、《周禮》為
古文學，頗受學界重視，或有以與閻若璩《尚書古文疏證》、顧炎武發
明古韻，並列為清代學術三大發明者。二變則廖平提出「尊今抑古」主
張，然因其時間點關涉到康有為《新學偽經考》、《孔子改制考》之撰
作，故與三變自駁其說卻傳云張之洞「逼賄」之說 —— 或謂廖平二變引
發康有為維新之舉，其師張之洞遂有逼賄之說，要廖平改弦更張以自別
於康說 —— 同具爭議性。此三變因涉經學史問題，考定其學變具有一定
價值與意義，至於三變後的學說，則因其怪誕詼詭，至以《黃帝內經》
說《詩》、《易》，未能獲得認同，論者亦少。學界重要研究如下：

陳文豪

《廖平經學思想研究》，臺北，文津出版社，1995。（本著係作者1991
　年之政治大學碩士論文。）

是書是二十世紀前被視為臺灣廖平研究的代表作，作者認為有清一代的學說要以廖平作結尾，中華民國的學問則要以廖平學說作開端，是以希望通過對廖平經學關鍵所在的「六變」研究，重新思考「通經致用」的意義以為今日參考，並對近代中國思想發展能有較深刻的認識。全書主要圍繞著廖平經學六變的時間、變因與內容做探討，作者對六變的時間判定異於學界既有成果，他認為應該結合變因來考察，不能僅依廖平著作的時間而定，因著作主張所反映出來的經學觀點已是各學說之完成年代了。作者並指出廖平經學思想的特點，在於多變化與尊孔尊經，又謂其經學初變、二變，對於中國思想史具有重要貢獻，不過其說經同時存在穿鑿與絕對尊孔的缺點。

林淑貞

〈廖平經學六變所建構的歷史圖像〉，《中國學術年刊》第18期，1997.3，頁47-71、432-433。

是作先從廖平的生平與著作考察其經學六變的時代背景及所面對問題，再勾勒六變內容暨其前後變化的軌跡，以爬梳其義理詮釋路向，並探討此六變所欲建構的歷史圖像及其理論根柢。文中，作者指出廖平一變提出「平分古今」以解決千古爭訟的今古文之爭，他從禮制的考察，訂出今古文學乃孔子早年、晚年的主張不同。二變「尊今抑古」之說，則謂古文學皆出自劉歆偽造，以「尊孔」為首務，並引發自後連串疑古風潮，影響學術甚鉅。三變則他自駁前說地逆轉「尊今抑古」說及對凡異於〈王制〉者之仇視態度——為應對時代激進變化，他改用「小、大之統」說〈王制〉與《周禮》，以「小統」之〈王制〉治中國，以《周禮》之「大統」治疆域外，企圖開展中國經學無疆域的世界，以解決西方文化入侵問題。其餘數變則或欲兼融各種學說與歧異思想，或欲援醫理之五運六氣以說儒家經典，並倡天人之學，思以包舉古今中外思潮，使含融並蓄。其所意欲

建造的世界圖像，涵攝過去世界、現在世界與未來世界而言，惟其說有奇詭、有詼怪處，頗難為時人接受。

　　除上述外，餘如胥端甫〈經學家廖季平的生平〉（《大陸雜誌》第23卷第6期，1961.9，頁10-13），簡述廖平生平與著作；另，《孔孟學報》有黃開國〈清代學術三大發明之一——廖平的平分今古之論〉（《孔孟學報》第68期，1994.9，頁108-134），作者且曾出版《廖平學術思想研究》（四川省社會科學院出版社，1987），但因作者係大陸學者，故於此不具論。學位論文則除了陳文豪前揭書外，二十世紀前僅見丁亞傑：《清末民初公羊學研究——皮錫瑞、廖平、康有為》（2000年東吳大學中文所博士論文）。

6.嚴復（1854-1921）

　　嚴復，晚清著名的啟蒙思想家、西書中譯的一代宗師。早年留英的嚴復雖然並未發展出一套屬於自己的系統思想，但其譯作對於當代中國思想確有深切影響，甲午戰後到新文化運動以前，國人幾乎都透過他的譯作來認識西方學術思想，如《天演論》、《法意》、《原富》、《穆勒名學》、《群學肄言》、《社會通詮》、《群己權界論》等，大多為古典英法自由主義作品。其中《天演論》影響國人最深，成功地打開了當時的國人世界觀，幾十年間，中國社會文化的變遷，殆有一所謂「達爾文主義」的時代，「物競天擇，優勝劣敗」口號盛極一時。有關嚴復研究，在代表性的周振甫《嚴復思想述評》（上海：中華書局，1936）；王栻《嚴復傳》（上海：人民出版社，1957），以及史華茲（Benjamin Schwartz）長期主導了嚴復研究——認為嚴復將約翰彌爾（J.S.Mill）《自由論》（*On Liberty*，嚴譯《群己權界論》）的重心由個人移至國家，強調個人自由的限制，以及如何以個人自由促進民德、民智與國家利益，是屬於手段性民主思想的《追求富強——嚴復與西

方》（*In Search of Wealth and Power: Yen Fu and the West*，1964，美國哈佛大學出版）外，臺灣地區之相關研究，述要如下：

劉富本

〈戊戌政變後嚴復對中西文化的看法〉，《中華文化復興月刊》第2卷第12期，1969.12，頁23-28。

　　該文是臺灣地區早期的嚴復研究，文中持論嚴復早年激進，主張全盤西化，歷戊戌政變後，因見西學流弊暨自由之說被濫用，轉變為折衷中西文化態度，晚年更轉趨否定個人自由平等、反對新文化運動的保守思想。不過對於此一「早年激進、晚年保守」的說法，學界迭有批判與修正，普遍認為嚴復從未放棄傳統思想，且其會通中西的努力也從未改變。該文之外，作者另撰有〈嚴復的早期政治思想〉（《東海學報》第9卷第2期，1968，頁93-112），主要偏重政治思想的實務操作層面，附記於此。

郭正昭

〈從演化論探析嚴復型危機感的意理結構〉，中央研究院《近代史研究所集刊》第7期，1978.6，頁527-555。

　　由於嚴復推崇斯賓塞，但翻譯反對斯賓塞式「社會達爾文主義」的赫胥黎著作，其案語又屢見援用斯賓塞的「物競」論點以駁斥赫胥黎「人治」理論，且自言是為「救斯賓塞任天為治的末流」而譯是作，故作者該文即自嚴復究竟是服膺斯賓塞「社會演化論」，還是赫胥黎「倫理價值觀」切入，認為此中寓有嚴復翻譯《天演論》的動機。作者論以嚴復之所以選擇赫胥黎，係因他迎合了嚴復痛切的危機意識：儘管嚴復推崇斯賓塞，但其純自然淘汰論卻與中國傳統仁道精神不合。反之，赫胥黎的倫理觀則切近中國文化思想基本信仰，其所用以應付滅亡危機的應變方法是「群道」、「人為」與「人治」，以倫理控制的方法發揚個人的「克己」

意志力，集合一切「智」、「德」、「體」以及合群的力量，以建立一個崇高道德的社會去抗衡天然淘汰公例，則這一點頗合於儒家倫理信仰，又銜接了當時中國知識分子的危機意識與應變的期待——故作者言嚴復是以救國主義為張本而形成其危機論意理結構的，並認為嚴復一生所努力的中西社會文化比較，目的即在於為其救國主義的危機論尋求理論整合的新基礎。作者同時指出嚴復所從事者，實即學術文化的整合與重建工作，他會通中西，但思維模型始終守住中庸之道的儒家觀念體系，未轉向西方傳統，他同時也欲整合斯賓塞「任天」的進化觀與赫胥黎「人擇」的倫理觀。此外，作者亦突出嚴復救國理論的中心觀念在群體意識，但嚴復群體觀究竟是傾向「個人自由主義」或「集體權威主義」？則作者在嚴復救亡圖存的危機感意理基礎上，認同學界之言梁啟超「開明專制」與嚴復「權威主義」近似之說，認為嚴復群體意識係自民族主義發展到種族主義，而欲鼓舞國人自強精神，通過變法革新以達到強種強族的富強信仰與展望。該文之外，作者另有〈史華茲（Schwartz，B.I.）的「尋求富強——嚴復與西方」評介〉（《書評書目》第56期，1977.12，頁38-50），附記於此。

張朋園

〈社會達爾文主義與現代化——嚴復、梁啟超的進化觀〉，收入《陶希聖先生八秩榮慶論文集》，臺北：食貨出版社，1979.12，頁187-230。

該文以嚴復譯作《天演論》為出發，進論梁啟超後來放棄「三世」之義並服膺進化論，以建立民族國家作為現代化的起點及訴求。於此不論梁啟超部分，有關嚴復，則作者謂達爾文的生物學進化論與斯賓塞的社會進化論，在西方幾乎同時發生、相互支援，但在嚴復對《天演論》的譯述下，社會達爾文主義捷足先登地率先傳入中國，並在清末產生重大作用與影響。嚴復先撰作四篇以斯賓塞社會進化論為基礎的論說，其中論救國理

論的〈原強〉最為重要，餘皆對〈原強〉之補充──〈論世變之亟〉是嚴復危機哲學的表現，〈救亡決論〉倡論開民智，〈闢韓〉大膽地攻擊三千年專制制度並批判韓愈之〈原道〉。再說到現代化的最高理想，則在政治方面需有民主制度、人人參與的權利，社會方面必須取消階級觀念、建立平等觀念，經濟方面要提高產量、平均分配，而根本問題，即起點在於建立民族國家。至於嚴復心中的民族國家，則是從「群」的團結、認同角度出發的團結一致國家，由此才能進求富強、民主、平等、自由等現代化。作者並論，進化論在中國的正面影響是激起了救國主義，負面影響則有個人主義過度氾濫、民主政治無預期的成長與軍閥之為害等。此蓋由於進化論本質為客觀、中立性，正負面發展皆有可能，故進化論在帶給中國來現代化動力的同時，也同時出現流弊，而社會達爾文主義在今日仍然持續有其影響力。

林載爵

〈嚴復對自由的理解〉，《東海大學歷史學報》第5期，1982.12，頁85-159。

該文首先區別自由的兩重涵義：西方式的政治自由和中國式的精神自由。後者如孔子言「為仁由己」，孟子言「自反而縮，雖千萬人，吾往矣！」以及莊子、《中庸》、宋明理學等，凡強調個體自主，自做主宰的自得、自適、自任、不畏流俗、反抗綱常名教等皆是，但是像西方以制度保障政治自由的概念，則中國一向付之闕如。是以當嚴復引進西方自由觀念時，他首先面對的思考是西方的自由要如何在中國生長？對此，嚴復係通過「進化」法則，即他所詮釋的斯賓塞社會達爾文主義來展示，於是西方自由觀念遂被連繫到中國的變革問題上。換個角度說，即成為國人面對「外種闖入，新競更起」時要如何保群、保種關切下的一種變革主張。嚴復一生始終未改其緊密結合自由與群體，視群己關係為自由的基礎的看

法，所譯《群己權界論》也將許多彌爾的觀念納入斯賓塞式社會達爾文主義的思想範疇中。不過嚴復除重視行己自由、思想言論自由等個人自由價值外，他也譯介了亞當斯密《原富》的經濟自由、孟德斯鳩《法意》的政治自由。而他認為國民程度高，是得以享受自由的條件，所以他終生皆以「民力、民智、民德」等生民三大要為終極關懷。此外，自由的基礎，還需個人自由與政府威權並存──政府權威穩定存在，個人才能擁有政治自由並避免自由之恣肆氾濫，但同時也要依據法典節制政府權力，不使濫用權力。惟衡諸當時中國的積弱，嚴復主張重新建立政府權威是為急務，唯有透過強有力的政府領導，才能提高國民程度、培養自治能力，使人民得享應有自由。但是建立政府權威又需以國家生存為前提，故嚴復的自由觀，是循著國家獨立生存→建立政府權威→謀求國民程度提高→人民享受自由之途徑以實現的。以此，他強調自由的原則，是國家自由先於個人自由，此其所以被認為具有集權主義思想。最後則作者總結嚴復的信念是：憑藉強制力所建立的秩序才是唯一通往真正的自由的途徑，但如此一來，也就難以避免公共權力擴張而個人自由被隱沒的危險。

賴建誠

〈亞當史密斯與嚴復：國富論與中國〉，《漢學研究》第7卷第2期，1989.12，頁303-340。

該文的著眼，是以現代經濟學的眼光析論嚴復的經濟思想，說明嚴復在國人對西洋經濟學說中文詞彙與概念不足的情形下，其「譯文雖美，而義轉歧」的節譯與注釋方式，將亞當史密斯（Adam Smith，1729-1790）集古典西洋經濟體系大成的《國富論》（1776），濃縮、誤解、扭曲地譯為「駸駸與晚周諸子相上下」的《原富》（1902），並「託譯言志」地表達其於經濟事務「即興式」、「語意膨脹」式，而非有系統、有理論基礎的一些看法。同時作者也欲探討提倡「自由放任」、「反對重商主

義」的《國富論》，其於清末民初思想界和積弱的中國經濟所產生的影響與作用。

　　文論史密斯主張「自由放任」、「自由競爭」的自由經濟，強調政府應減少經濟政策干預以追求國家長期的經濟成長，反對十六到十八世紀初，英國政府干預經濟政策以追求國富的「重商主義」。史密斯的書在被譯介到各國後，造成了「國富論現象」，但中國的嚴復譯作則有誤譯、扭曲而未能掌握《國富論》原義的缺失。在嚴復所附加的三百一十條、六萬餘字案語注釋中，分就個體經濟學、總體經濟學、經濟政策以及個人感嘆，書為涵蓋下列各類的案語：1.說明《國富論》成書與譯書時的歐洲情況相異；2.補充原文說明不足；3.評論原文說法；4.以中國式的說法和原文相比；5.以中國經濟比擬歐洲經濟；6.借洋之例以喻中國之失；7.譯自Thorold Rogers教授之注語等。但作者認為嚴復缺乏經濟學系統知識，經濟學亦非其主要關懷，嚴格說來並無所謂「嚴復的經濟思想」。更重要的是，作者否定《原富》對當時中國社會經濟的適用性，認為《國富論》所提倡的經濟自由主義，在1870年以後已被國家主義和新帝國主義取代，而中國還在這些「半屬舊籍，去時勢頗遠」（梁啟超語）的書中「尋找真理」，甚至找錯了藥方（例如應找「國民經濟學派」），故謂《原富》只有文獻上和啟蒙上的作用，在其時經濟政策上未必具有影響力。作者並綜論嚴復對古典英法自由派的諸多譯作，以為對中國知識分子真有深刻影響的只有《天演論》。不過作者也說明在二十紀初談史密斯的自由經濟是錯的，是「不適用的藥方」，但對於八〇年代的臺灣經濟則是恰當的處方。於此可見經濟自由化不是超越時空的真理，而是很受實質條件所決定的。

周昌龍

〈嚴復自由觀的三層意義〉，《漢學研究》第13卷第1期，1995.6，頁43-59。

　　該文在經過比勘對讀嚴復譯本與彌爾英文原著後，分別從嚴復本人的思想脈絡與西方近代自由觀之演化兩方面，去了解、闡明造成差異的原因，以掌握嚴復自由觀的內涵、特質與歷史意義。文論嚴復自由觀的第一層意義係在法權層面上立論：他希望通過自由而重建合理的國家權力分配制度，他以西方自由主義精神解釋中國應走向代議政制，發揮以自由為實質的民主政治作用，以法權保障自由，提出自由即「群己權界」暨「自由為體，民主為用」之新論點。作者言嚴復對於晚清啟蒙運動的第一個貢獻，即在闡明自由與民主間的關係，直探西方自由主義政治思想的精粹領域。至於嚴復自由觀的第二層意義，則是以《大學》「成己成物」的「絜矩之道」論自由，嚴譯之〈凡例〉有曰「人得自繇，而必以他人之自繇為界。」要求推擴個體自由以使他人亦皆自由，涵攝有社會自由之意義。作者認為這是比彌爾以「容忍」說自由和群己關係，還要更推進一層的自由觀念，並且是出自嚴復對「個體自由」有意的引申發揮，反對以誤譯或格義的翻譯技術等角度解讀之。而嚴復自由觀的第三層意義，是個人自由與國群自由之相互融含。在嚴復觀念中，人格自由是要經過誠意修身、克己復禮之歷程始能獲得的，所以為了國群的最大利益，個人要減少自然狀態下散漫的自由，要接受教育（如地方自治的政治參與實驗），將一己散漫的自由轉化成為國群的公民自由，此其所謂「所急者，乃國群自由，非小己自由也。」故作者反對嚴復具有提倡權威領導或集體主義的意圖之說。因此嚴復的自由觀，在將自由從群己權界的法權層次提升到「成己成物」的道德人格境界後，還要落實地方自治、公民自由的實踐層面，此其第三層意義。

黃克武

(1) 論文

〈嚴復對約翰彌爾自由思想的認識──以嚴譯「群己權界論」（*On Liberty*）為中心之分析〉，《中央研究院近代史研究所集刊》第24期，1995.6，頁81-148。

〈嚴復晚年思想的一個側面：道家思想與自由主義之會通〉，《思與言》第34卷第3期，1996.9，頁19-44。

〈嚴復與近代中國自由民主思想的傳播〉，文收《中國近代文化的解構與重建：嚴復》（臺北：政大文學院），1996，頁153-184。

〈發明與想像的延伸：嚴復與西方的再思索〉，《思與言》第36卷第1期，1998.3，頁71-97。

⑵ 專書

《自由的所以然：嚴復對約翰彌爾自由思想的認識與批判》，臺北：允晨文化，1998。

上述諸作共同呈現了作者嚴復研究的中心關懷 —— 圍繞著嚴譯彌爾（J.S.Mill）《群己權界論》（*On Liberty*，《自由論》）之問題討論，以及對其所引進中國的自由主義之傳播與影響考察。

嚴復為中國近代自由主義先驅，他在將英國彌爾自由思想引入國內有重要的貢獻，作者所撰《自由的所以然：嚴復對約翰彌爾自由思想的認識與批判》一書，即主於探討嚴譯彌爾《群己權界論》之相關問題。書中，作者針對學界對嚴復譯本的「達」與「信」諸多討論，在經逐字逐句比對兩個文本後，指出嚴復譯本中對於彌爾的一些認識與誤會。另外作者亦探討嚴復如何將他所了解的彌爾思想和源自傳統的儒、墨、老、莊、楊朱等思想結合在一起，以搏成一新的自由理論，復析論嚴復之自由思想。作者認為嚴復對彌爾的誤會與批判是交織一起的，因而他更改了彌爾的「自由的所以然」，對彌爾「悲觀主義認識論」與幽暗意識、歷史時空性皆有諸多不能理解或忽略，至於嚴復的自由主義，則主要表現為以下三個特點：1.追求富強。 2.肯定自由、民主與資本主義，但拒絕己重群輕的個人主義，他強調群己並重，並認為由自由之民組成的國家就是「物競天擇」原則下的適者。 3.調適性的漸進改革。這三者構成了嚴復具有高度整合性的政治理論，故嚴復不僅是一翻譯家，同時也是具有創建而能高瞻遠矚的思

想家。

在〈嚴復晚年思想的一個側面〉一文中，作者欲挑戰並修正學界一些主張嚴復早年激進、晚年思想轉趨保守的研究與詮釋。作者認為嚴復晚年在肯定傳統、尊孔讀經且傾向復辟之同時，並未完全摒棄西方自由主義，而他也不是將自由主義工具化成為追求富強的工具。實則嚴復晚年會通中西，他並沒有區別「中國傳統」和「現代西方」，他具有一種肯定傳統有部分與現代價值相契合的文化想像，因而試圖以漸進改革的精神，將中國傳統與較重視個人的西方自由主義、資本主義結合在一起。作者持西學和中學在嚴復始終交融互釋的立場，認為嚴復晚年詮釋道家，尤其注重老莊、楊朱思想與西方自由主義、個人主義之會通。文論嚴復是以傳統心靈架構作為了解彌爾式自由民主思想的基礎，復以西方進化論、自由主義等觀點來批判和詮釋傳統。他將老莊「清靜無擾」的自由精神和西方的自由觀念相提，又將楊朱「為己」思想比為西方個人主義，將墨子兼愛比為西方社會主義，並以墨學重「群」救正楊朱式「個人主義」不負擔社會責任（天職、義務）之流弊。不過作者也指出，嚴復未能區分消極自由、積極自由兩種層次，即政治方面獲保障的自由（權利）以及內心自發、主動的自由狀態。他將老莊、楊朱標舉的內心自由狀態，和西方自由主義、個人主義之權利強調——制度保障下的「自繇」和史密斯「自由放任」的政策，混為一談。故作者評論嚴復雖然存在對「西方」的誤會，如權利、自我利益等觀念，因而模糊了老莊與西方自由主義的一些根本差異，但他晚年仍算得上具有中國特色的「自由主義者」。

至於〈嚴復對約翰彌爾自由思想的認識：以嚴譯《群己權界論》為中心之分析〉、〈嚴復與近代中國自由民主思想的傳播〉、〈發明與想像的延伸：嚴復與西方的再思索〉等文，是作者出版嚴復專著前的一些發表論文，其思想一貫地表達了作者對於嚴譯彌爾自由主義的看法。作者認為嚴復對自由的看法不同於彌爾的個人主義：嚴復個人觀的基礎是中國傳統，尤其是儒家與道家傳統，而彌爾知識論方面對真理的追尋以及在此過程中

自由所扮演的角色，則有許多是嚴復所未能理解的。並且嚴復在所撰作的文章和案語中，對於彌爾思想乃是選擇性地呈現，彌爾的自由民主理念在嚴復「層層過濾」與選擇下，並未完整地進入嚴復思想中，更遑論進入通過嚴譯來認識彌爾的其他中國知識分子思想中。故作者亦試圖以此一「認識上的失誤」──「彌爾式的自由主義」和「嚴復思想中的自由主義」之差距，作為檢討近代中國自由主義挫敗的反省。除上述外，作者還有〈嚴復研究的新趨向：記近年來三次有關嚴復的研討會〉（《近代中國史研究通訊》第25期1998.3）一文，文中依據中國大陸分別於1993、1994、1997年在福建福州嚴復故鄉舉辦的研討會，析論有關嚴復研究之新趨向，附記於此。

李增

〈嚴復之體用論及對中體西用論之批判〉，文收《中國近代文化的解構與重建：嚴復》，1996，頁85-100。

〈論嚴復之體用與知識之關係〉，《國立政治大學哲學學報》第4期，1997.12，頁81-98。

作者自述斯二文是同一篇文章之前、後兩部，前部旨在詮釋嚴復的「體用」理論，後部則以前部為體而發揮其用，也就是依據前文之「體用」論闡明其在社會、政教、科學、知識之理論基礎與應用的相對待關係。作者於前部闡明嚴復之「體用」論旨在批判張之洞等人所主「中體西用」說，殆如「牛體馬用」之戲論般不通。他另主張「西體西用」、「體用一源」之以自然科學基礎理論、社會的物競天擇進化論，以及政治上的自由、平等、民主為「體」，要在中國社會進行西化圖強的「用」，以達到愛國保種、救亡圖存之目的。不過作者在結論處針對嚴復之西體西用，也批判他抱持絕對西化之偏見、高估科學萬能。惟嚴復是否全盤西化論者？學界有見仁見智之不同看法。另外，斯文後部，則作者梳理及提煉嚴

復思想之孰為「體？」孰為「用」？使成為層層交互的「相對體用」關係與模式，並以此一「上層結構為下層結構之體」、「下層結構為上層結構之用」之模式，對嚴復的社會學、政教觀、科學、知識論等思想理論進行析論。不過嚴復本身雖然曾經批判過「中體西用」說，但他末有如作者般明確區分體用的理論與說明。

高大威

〈嚴復對老莊思想的詮釋〉，文收《中國近代文化的解構與重建：嚴復》，1996，頁49-68。

　　該文對嚴復用「隨文附解」之隨機方式評點《老子》、《莊子》，賦予極高價值，認為從思想史的角度觀之，繼王弼注《老》、郭象注《莊》之後，直至嚴復，才使老莊詮釋超越了傳統格局，為一新的里程碑。至於其所突破，則作者引證多例嚴復評點的文字，闡明嚴復用進化觀念、自由主義、民主精神等新觀點，重新開採道家思想本已蘊涵的意義原料，正式告別老莊詮釋的舊版圖，簡言之，即嚴復把道家思想充分現代化了。不過該文固有新意，文中並末充分論證嚴復評點老莊具有如此高度思想與學術價值的學界共識與影響力。

周志文

〈論嚴復的闢韓〉，文收《中國近代文化的解構與重建：嚴復》，1996，頁69-84。

　　嚴復在甲午敗戰後曾發表〈闢韓〉一文，批判韓愈〈原道〉中的君道、君權與君臣關係，作者該文即以闡釋並析論嚴復〈闢韓〉為主旨。文論嚴復並未將關注點放在韓愈藉〈原道〉以闢佛、道之本旨上，而是集矢於韓愈文中以君臣之倫為「道之源」及其強調君主獨治思想。蓋嚴復反對君權無度，認為立君之義本乎「民貴君輕」，君民應互助合作，君當與

臣、民共負國政。不過作者也指出嚴復此一論點實與〈原道〉之主旨無甚關聯，也非針對韓愈思想展開全面評論，題曰〈闢韓〉，只是緣自戰敗的一種改革理想，故作者將〈闢韓〉放在晚清自強運動與維新變法整體活動中加以考察，指其意義乃在於對人民自由權之肯定。至於嚴復既以自由為政治思想核心，何以在廢棄帝制議題上卻採保守立場？則作者論以嚴復自由思想趨近英國資本主義者理論，並非法國強調平等觀念的民主派，此即李澤厚據以判分「改良派／革命派」的標準。而嚴復既是英國自由主義信奉者，自由主義是不主張廢君的，此所以嚴復批判君主與君權，卻對廢除帝制態度保守並曾投身「復辟」的原因。作者言嚴復個人思想主軸前後並無太大出入，是時代瞬息萬變改變了對進步、落伍的評價判斷。

鄔昆如

〈嚴復進化思想的哲學意涵〉，文收《中國近代文化的解構與重建：嚴復》，1996，頁101-116。

　　該文從西方宇宙論有關宇宙起源、生成變化問題的「創造說」、「流出說」爭論，並逐漸衍為歐陸哲學由「知識論」走向「形上學」體系，日後趨向理性主義而支持「創造說」，以及英倫哲學逐漸發展成為「進化說」並走經驗主義之不同哲學路線談起，說明「進化論」是英倫哲學在生物學上的研究成果，達爾文以種差的多元性、突變性、生存競爭等事實為依據，反對「創造說」的各類動物皆由各別創造之說，然後才由此論及嚴復所翻譯的《天演論》。故作者的寫作策略，從西洋近代到中國當代，係採取先對「進化論」複雜歷史演變的思想與文化心態有所著墨後，才進至抽離出「進化」的內在涵義，釐清其與「創造說」的關係並闡述其哲學思想意涵。文論嚴復對於斯賓塞強調生存競爭、「任天而治」的自然進化，不認同人性自由與道德責任，以及赫胥黎認為人文社會的發展路線不同於自然界生物進化，人類社會之進化要以道德倫理突破自然，輔以「人

治」之二說。雖然他選擇了翻譯赫胥黎的《進化與倫理》，但實際上從篇目安排、案語到節譯，他都是藉以闡述一己的思想主張，即嚴復譯著是出自他危機意識下的變法圖強訴求，其傳播進化論亦是藉以激勵國人之自強心態，欲以進化原則開展出文化運動、社會改革。此外，作者也指出嚴復以進化論作為思想運動的工具，實際上忽略了其在西洋思想史中的學術價值，如「思想」與「存在」等哲學基本問題和辯證思維，在嚴復的譯作中都被有意無意地忽略或節譯了，故作者引述田默迪之言，亦謂或許不應把《天演論》視為譯著，其內容起碼有一半是嚴復自己寫的。另外作者也論，在西洋哲學強大宗教力量的背景下，進化論只是作為理性運作的一面，然在中國，因缺少宗教權威的引導，當一旦引入進化思想而提出「科學萬能」口號後，即成信仰中之另一種「教義」，導致摧毀傳統文化之互助、仁厚等德目。作者並以此作為嚴復晚年反而「返本復古」地維護傳統之「文化復古」立場解釋。

沈清松

〈嚴復論科學與倫理的關係〉，文收《中國近代文化的解構與重建：嚴復》，1996，頁133-152。

　　文論關於自然科學與倫理道德的關係，大體上有「化約說」與「差異說」兩種對立看法：「化約說」如彌爾（J.S.Mill）所著《邏輯系統》（*System of Logic*，嚴復譯為《穆勒名學》），以自然科學的方法與科學標準要求人文學科；「差異說」如狄爾泰（W.Dilthey），從區別自然科學的認知運作在「解釋」，精神科學（人文與社會科學）則對個人、社會、時代的意義進行「理解」，而強調自然科學、人文與社會科學之鴻溝。至於中國近代史，則自十九世紀張之洞等人持論「中學為體，西學為用」，以及二十世紀初「科學與玄論戰」中持論人生觀不同於科學而反對將倫理化約至科學的張君勱等人，可以歸諸「差異說」；主張全盤西

化，認為科學可以解決人生觀問題的丁文江、胡適等人，則可歸諸「化約說」，並且溯源自嚴復。嚴復在譯作將社會倫理化約到自然科學的斯賓塞《群學肄言》（*The Study of Sociology*）時，稱為「真西學正眼法藏」。反之，當他譯作強調自然規律（進化論）與人類關係（倫理學）應分割的赫胥黎《進化與倫理》時，則逕去其「倫理」字義而使成為《天演論》，嚴復立場極為昭然。不過作者也說，雖然嚴復主要是一個化約論者，他其實也有某些差異論觀念，惟化約論忽視倫理道德與人文社會科學的特殊性，同時也未能正確看待自然科學，且無論化約論或差異說皆非究竟義。故作者另外主張「互補說」，強調科學與倫理、自然與精神科學，既有連續又有差異，應相輔相成而共同推進人類文化、完成人的生命實踐。

吳展良

〈嚴復早期的求道之旅 ── 兼論傳統學術性格與思維方式的繼承與轉化〉，《臺大歷史學報》第23期，1999.6，頁239-276。
〈嚴復《天演論》作意與內涵新詮〉，《臺大歷史學報》第24期，1999.12，頁103-176。
〈嚴復的終極追求〉，東吳大學「二十世紀前半葉人文社會學術研討會」論文，2000.11，頁1-37。

　　作者不認同長期主導嚴復研究的史華茲「追求富強」一說，他認為嚴復的中心追求絕非富強二字，並另外提出嚴復實具深厚之「儒學性格」者，其畢生學行所傾力追求的，是深具傳統意涵的「道」字。在〈嚴復早期的求道之旅 ── 兼論傳統學術性格與思維方式的繼承與轉化〉一文中，作者指出「被研究者主體性的失落」，是長期以來嚴復研究最根本的問題，以致難以掌握嚴復的學術性格、思維方式與中心思想，是以該文極力突顯嚴復深植的儒學與學術性格，認為他是宣揚科學與公理以救亡的儒者。蓋嚴復主張富強不可勉強而致，其要在於培養社會、教育與學術文化

的根本,正是典型的,從格致以至太平一以貫之的想法。以此,其思想架構兼採中西,一方面推尊科學,一方面又處處反映儒學傳統,企圖以西方建立在科學實證精神上的知識系統,融入《大學》從格致以至於治平的架構,以此作為經世濟民的學術基礎。

　　在〈嚴復《天演論》作意與內涵新詮〉文中,作者秉持一貫立場,認為學界多持嚴復譯作對中國現代思想和學術史具有劃時代影響的《天演論》,係為救亡保種、追求富強、促進變法與危機哲學的說法,忽略嚴復譯作此書之根本作意在本乎現代西方科學而結合中國固有思想,以指點人文與社會進化必須遵循的自然道理,暨中國文化應該的發展方向。換言之,嚴復的作意在於「明道以救世」,以明道為體、濟世為用,表現一種追求一以貫之的根本大道以因應劇烈世變的精神,故所譯作《天演論》,不僅學習西方,也與以《易》、老莊、《大學》、《中庸》為中心的傳統思想相貫通。作者並析論嚴復雖然譯作赫胥黎 *Evolution and Ethics*,但他持信天演大道一以貫之,反對赫胥黎以天演與倫理對立,故逕將原名的 *Ethics*(倫理)刪去,使成為《天演論》,此中已經透露其所要傳達的是他所相信的最高道理,而非忠實於原文。此外,嚴復所追求的「道」除本諸科學外,也要兼及社會人生,故他所引用的達爾文「天擇」觀,亦非達爾文只談生物演化、「物種原始」的「天擇」說,而是斯賓塞式的「最適者生存」及拉馬克的「適應(adaptation)」說。惟在嚴復將達爾文的「天擇」觀,做了斯賓塞式的「社會達爾文主義」和英國自由主義學說詮釋後,「物競天擇,適者生存」逐成為風行全國的西方「天演論」代名詞。至於嚴復既推崇斯賓塞,為何選擇翻譯赫胥黎?作者謂由於嚴復一向提倡自然與社會、人文科學融合,故他一方面以斯賓塞式的天演說與自由主義作為一以貫之的根本學理,然為了補正其過度偏向放任與自由,故他另方面亦強調赫胥黎之互助、人治與人的群性——赫胥黎反對斯賓塞社會進化論,認為「適者」不一定是「至善」,人的社會需要倫理進步。因此作者不同意學界諸多著眼於客觀因素,諸如書幅分量、專業名詞困難度之

臆測，其謂翻譯《法意》、《原富》和《穆勒名學》的分量與困難度也都不在斯賓塞之作下。作者認為嚴復對拉馬克、斯賓塞、赫胥黎、達爾文等人的天演觀實是巧妙取捨，在需要強調生存競爭與淘汰時，提出達爾文；在需要指出天演的普遍規律與進化之應有途徑時，推崇斯賓塞；在企圖指出人類基於演化論所應持的倫理觀與所應做的努力時，採用赫胥黎。嚴復確實有意藉天演論以為國人警策，推崇天演之理為貫通宇宙人生的大道，而其融通諸家，未深入分析其間差異性的做法，使得斯賓塞的學說中既有拉馬克，又有達爾文主義的融合立場，則有利於完成他所相信一以貫之的天演論思想。

〈嚴復的終極追求〉一文立足在前述二文之基礎上，復進論嚴復追求「道通為一」的「明道以救世」學術終極目標，批判史華茲所謂「嚴復皈依西方說」的「西方中心主義」色彩過濃。嚴復固然認為西方學術有一體相通性，他綜合西方各家的哲學看法，將哲學定義為「完全整合的知識」，而其一生學術也就在於探討一切事物背後的最根本原理，以成就一完全整合的系統哲學。然其「道通為一」的思想，除了受西方科學、哲學與世界大勢之影響外，更淵源於中國傳統，除前文中已述及的格致誠正修齊治平一以貫之的儒學內涵與理想外，嚴復也具有道家乃至佛家的特色。嚴復認為「道通為一」的最高道理是超越名言的，亦道家言「道可道，非常道」以及佛家之言「不可思議」。嚴復一生事業皆在於以譯述明道，他將救國之法繫於啟發民智，所譯：亞當斯密《原富》是奠定經濟自由主義的經典；穆勒《群己權界論》是西方自由主義政治思想的代表；《穆勒名學》則因嚴復認為邏輯是「一切法之法，一切學之學」，他企圖用邏輯學批判傳統並會通東西方思想；《天演論》是其所持信一以貫之的根本大道，貫通萬事萬物與古今中西的根本道理；《法意》之作因拳亂後的中國社會失序；《群學肆言》則企圖提出一套社會科學的方法論，以求得無所不在的科學公例為目標。不過作者也說嚴復晚年對於融通中西學術於一爐亦有所修正，嘗自言「徒虛言耳」、「其終且至於兩亡」。蓋其在融

通中西的努力過程中，不免既非儒、釋、道三家之正軌，亦非西方科學與哲學的正途，其徘徊中西學，亦使他既非嚴格意義下的西方科學家或哲學家，也未成就嚴格意義下的儒、釋、道之學。不過在中西交會之際，嚴復通過比較方式使許多中西學術的核心問題得以昭顯，正是時代所賦予他的使命。

　　除上述外，對嚴復思想的研究尚多，如林安梧〈個性自由與社會權限：以穆勒（J.S.Mill）「自由論」為中心的考察兼及於嚴復譯「群己權界論」之對比省思〉（《思與言》第27卷第1期，1989.5，頁1-18），因其內容主要在於析論穆勒的《自由論》而僅略及嚴復，故不論。另外還有徐高阮〈嚴復型的權威主義及同時代人對此型思想之批評〉（《故宮文獻》第1卷第3期，1970.6，頁11-28）；項退結〈替中國打強心針的嚴復〉（《哲學與文化月刊》第7卷第9期，1980.9，頁55-57）；林保淳〈天演宗哲學家嚴復 ── 中西文化衝突的典型〉（《幼獅月刊》第419期，1987.11，頁9-14）和傳記通論性質的《嚴復：中國近代思想啟蒙者》（臺北：幼獅文化，1977.4）；王煜〈嚴幾道談倫理政治與中國文化〉（《孔孟月刊》第30卷第3期，1991.11，頁11-24）；雷慧兒〈富強之道 ── 嚴復的威權政治理想與困境〉（《思與言》第30卷第3期，1992.9，頁1-41）等。此外，奧國來臺的留學生田默迪〈嚴復天演論的翻譯之研究與檢討 ── 與赫胥黎原文之對照比較〉（《哲學與文化月刊》第2卷第9、10期，1975.9、10，頁4-18、49-58）；〈由嚴復《天演論》的翻譯特色論科學精神的問題〉（《中國近代文化的解構與重建：嚴復》，1996，頁117-132），頗具參考價值；南京大學李承貴也有諸多嚴復研究的單篇論文發表於臺灣學報，並皆附記於此。

　　至於嚴復研究的學位論文，有黃圭學《嚴復變法思想之研究》（1980年臺灣大學法律研究所碩士論文）；高大威《嚴復思想研究》

（1991年政治大學中文所博士論文）；陳麒元《嚴復評點老子研究》
（1992年輔仁大學中文所碩士論文）；李永海《嚴復富強思想研究》
（1995年政治大學哲學所碩士論文）；劉運平《論福澤諭吉對近代日本的危機意識——併論其與嚴復之解決危機方策的比較》（1995年淡江大學日本研究所碩士論文）；武金山《嚴復思想轉變研究（1912-1921）——以嚴復對傳統、西學態度的轉變作為分析的主軸》（1996年政治大學歷史所碩士論文）；吳忠和《嚴復教育思想研究》（1997年臺北市立師範學院國民教育研究所碩士論文）；黃麗頻《嚴復道家思想研究》（2000年逢甲大學中文所碩士論文）等。

7. 康有為（**1858-1927**）

　　康有為，一位站在歷史動盪時點上，想要透過變法改制以救亡圖存，想要援引西學以改造傳統儒學，集晚清政潮與思潮領導者於一身的人物。雖然戊戌維新曇花一現地百日便告失敗，而他用做變法理論基礎的《新學偽經考》、《孔子改制考》，也被諸多學者譏為妄斷經義、牽強附會，但是康有為所展現的，正是一介儒者在歷史與文化存亡絕續關頭中，企圖以結合政治和學術的方式解決「時代課題」的最大努力。康有為透過「援西入儒」方式，以賦予傳統經典現代化意義的「古經新解」方式，善意地保存了儒家經典並延續其生命力。從康有為到譚嗣同，儒學傳統被重塑了，他們借傳統以創新，期使大清帝國能在思想與制度上適應新情況、迎向新挑戰，其動機與企圖都在「救亡圖存」。惟在新舊傳統轉換時，自會觸及傳統儒學的限制，也會面臨對立價值的選擇難題，所以變動時代的價值觀，對待傳統必然有拋棄、有繼承，也有創新——晚清儒者所拋棄的，是違背自由、平等、民權等近現代化思維的專制傳統與階級倫理；所繼承的，是孔子創制立教、興教化於天下的聖人權威；所創新的，是藉引進十九世紀末強烈衝擊儒學舊框架的西化思想，以改造傳統儒家經典。至於二十世紀初推翻清廷並創建民國後，

則現代化腳步所帶來的更大、更多變動，就更不在話下了。有關康有為的研究，在學界權威性代表作——旅美學人蕭公權因得康同璧（康有為女）家藏大批康氏未刊稿微卷（其後蕭氏將之贈予臺北中央研究近史所），遂以英文發表多篇論文並集結成冊，而由汪榮祖譯為中文，由臺北聯經出版社於1988年出版《康有為思想研究》一書外，臺灣學界對康有為的思想研究，略述如下：

孟萍

〈康有為學術思想評述〉，《中興評論》第5卷第3期，1958.3，頁11-14。

　　該文除敘述康有為的生平外，主要述論其思想淵源及《新學偽經考》、《孔子改制考》、《大同書》等書及其影響。作者對於各書皆提煉其精華要義，並略論康氏思想對疑古派的影響，如顧頡剛即曾明言「我的推翻古史的動機是受了《孔子改制考》的明白指出上古茫昧無稽的啟發。」錢玄同也說「我專宗今文，是從看了《新學偽經考》和《史記探源》而起。」作者並言疑古思潮所產生的影響極惡劣，其對於固有學術文化存疑不信導致民族精神渙散，這絕非提倡保教保國的康有為始料所及。

徐高阮

〈戊戌後的康有為——思想的研究大綱〉，《大陸雜誌》第42卷第7期，1971.4），頁1-15。（徐高阮遺著）

　　該文的關注點突出於一般研究者聚焦的戊戌維新外，全文主軸在康有為流亡後的長期海外生活中，他為中國的再造所進行的建設性思想及擬定之系統計畫。作者指出，康有為作於光緒三十二年的〈物質救國論〉是他後來一切關於中國改造的思考和計畫的基礎；然包括黃遵憲、梁啟超等人都對該文「深不然之」，他們的漠視態度又標示了當時知識分子的態度。

蓋《新民叢報》當時鼓吹新道德，康氏卻覺得此是對中國改造的方法「求之過深」，是認為歐美所長在「哲學之精深」，二人方向頗為相背，故梁氏對是作長時間擱置不印。當康氏物質救國理論遭到他的維新同志輕視和拒絕時，其時能和康氏後期思想相通的，卻是和他政治立場長期相左的中國新興人物孫中山先生。他們關於中國改造的思考範圍幾乎相等，思考方法十分相近，只是孫氏部分思考更具深度，部分康氏尚未解決的問題，孫氏已經在理論上解決了。孫氏亦欲發展科學和工藝教育、應用科學和機器於農業、謀工業和礦業之全面發展、建立運用汽機的交通運輸系統──此是中國工業化的初步觀念。約十年後，孫氏更確定了中國應全面高度工業化的「民生主義」，而孫氏演說紀錄發表於《民報》時，梁啟超也在《新民叢報》上對民生主義加以強烈攻擊。康氏在復辟失敗後兩年的民國八年又重印〈物質救國論〉，他重提門人梁啟超對其理論的不同意，深慮國人對「物質」仍不肯重視。然梁氏在九年自歐洲回國後亦發表《歐遊心影路》，更表達對科學的失望。不過在康氏死後十年內，中國知識分子終於對工業化有了改觀的認識，胡適也有〈請大家來照照鏡子〉一文，要國人醒悟中國物質力之不如人。故作者總結康有為後期的思想包含了一種歷史見解，就是對於中國文明和西方近代文明差別的解釋，認為應把他放在一個思想的大趨勢中看。

李三寶

〈經世傳統中的新契機──康有為早期思想研究之一〉，《近世中國經世思想研討會論文集》，1984.4，頁561-576。

　　作者認為「經世」之涵義甚廣，十八、九世紀以來，言經世者，多講求實效而看重「微言大義」之發明，康有為早期作品則獨特地表現了超出傳統倫理以及宇宙觀外的思想創新性。作者認為康氏早期作品的《康子內外篇》與《實理公法》二書，已經奠定下日後變法思想的基礎與大同世界

的理想了,是以該文即據此二著以抽繹出其中的經世論邏輯,欲自其激進的道德哲學中探尋其經世思想之理論基礎。

　　文論康氏經世的著眼點在於富、強、變、宜,並且要求徹底地、從心態與觀念上加以根本變革。在變法的過程中,則康氏尤其強調新法的客觀性與合理性,故他對於儒家哲學體系最根本觀念的仁與義,有一全新定義,並由此展開對傳統倫理觀之重新評估。作者指出「仁」是康氏整個思想的出發點和中心點,其大同理想社會是每一個人都能盡發其仁人愛物之心的社會;至於「義」,則康氏認為凡傳統倫理中的風俗制度皆所謂「義」,是由人所造作,其目的在於「役制」他人,所以是「為我」、「知有己而不知有人」的自私為我與妄自尊大結果。是故「義」學是阻隔窒礙之學,正是由於「仁」與「義」互相衝突,造成了人世間種種不平等、不人道的社會風俗習慣和「差等對待」歧視現象,所以「仁」之體現可以不經五倫尊卑關係,「義」則不能被視為「實理」,而是「義理無定」的,「非必義理之至也」。此說與後來《大同書》的「祛九界」相呼應,也與譚嗣同「破對待」、「通」、「衝決網羅」的主張相映照。但是要如何破對待、祛故習,使為傳統社會與文化注入新生機?則康有為突出「智」的重要性。他主張人必善用其「智」,方能突破「義」之不平等規範,而促成真正的「道德的進步」,故智與仁同是康氏思想中「有定」的絕對不易最高道德,「義」與「禮」、「信」則屬「無定」領域,得增減變革之。而在肯定人皆有智、皆應平等後,康氏又進論人人皆有「自主之權」,作者謂此是康氏對於經世新潛力的掘發,亦其早期思想之精華,故作者言,康有為在十九、二十世紀所提出的全面性、建設性方案,實是能使中國從根本上富且強的唯一經世藍圖。

黃俊傑

〈從「孟子微」看康有為對中西思想的調融〉,《近世中國經世思想研討會論文集》,1984.4,頁577-605。

　　文論包括《孟子微》在內，康有為透過注釋先秦儒學經典之《禮運注》、《中庸注》、《大學注》、《論語注》等，以新精神闡釋儒學舊傳統，又以舊學問立場析論現實問題，其中《孟子微》尤為康氏欲闡發孔孟思想之「真義」於「微言大義」不明的時代，並對儒家思想進行創新轉化之代表。作者指出康氏的孟子詮釋是從政治、社會、經濟立場出發，不是從德性主體的角度來詮釋的。他重視孟學思想體系的「外在範疇」遠超過「內在範疇」，他借用西方政治觀念的民主、平等與自由，闡發孟子政治思想的「民本」核心觀念，而「漸進的改良主義」則是其中很重要的線索。書中，康氏以「授民權、開議院」說孟子之「民為貴，社稷次之，君為輕」，並以公羊三世進化說作為以「漸進的民主」詮釋孟子「民本」思想的根據，又以西方政治觀念的「平等」思想，契入孟子「道性善，言必稱堯舜」之「人皆可以為堯舜」中，藉孟子論惻隱、是非、羞惡、辭讓等四「善端」以及仁、義、禮、智等為人心所固有，以說「平等」乃孟子思想之重要觀念，更為孟子「與民同樂」加上了「平等」新義。再者，康氏又取西方的「自由」觀念和孟子的民本思想接榫，他注「桀紂之失天下也失其民也」章云：「民樂則推張與之，民欲自由則與之」，亦將「自由」觀念契入孟子思想中。不過作者也指出這是「消極的自由」，康氏未能自儒學傳統的「德性自主」中開出積極性的「自由」義。此外，在社會思想方面，康氏又取社會達爾文主義之「自然淘汰」觀念與《春秋》公羊三世進化說結合，認為由「多」演化為「一」乃人類社會進化的定理。而在他對社會達爾文主義與孟子思想的調融中，最要注意的，是他以「目的論者」的立場注解孟子「道義論者」的觀念，於是孟子學中的道德本身已非目的，而成為追求國族富強的手段。經濟思想上，則康氏重視工商業及經濟利益公平分配問題，他亦自孟子中找出「平」的觀念以與西方社會主義相比附。最後作者總論《孟子微》一書呈現了晚清經世思想的多面性與複雜性，在康有為明顯呈現政治學立場的孟子詮釋中，包含了經世思想之價值取向、治道、治法等不同面向。作者並認為康氏作為政治學的詮釋學，

說明了儒家傳統並未對維新運動造成阻礙，儒家思想並為近現代化的重要契機，則康氏所持論係屬儒家傳統與中國近現代化發展並無扞格之立場，其說不同於晚近若干學者所持論，儒家思想是傳統社會有利之意識形態而與近現代化文明不能相容之說。

汪榮祖

⑴ 專書

《康章合論》，臺北：聯經出版社，1988.5。（是著曾以〈康有為章炳麟合論〉為題，發表於《中央研究院近代史研究所集刊》第15卷上，1986.6，頁115-170）

⑵ 論文

〈「吾學卅歲已成」：康有為早年思想析論〉，《漢學研究》第12卷第2期，1994.12，頁51-62。

　　《康章合論》是作者翻譯蕭公權《康有為思想研究》以外的康有為思想研究之作。書取康、章二人合論，實則二人在性情與思想上都迥異：康氏重儀表而主樂利主義，章氏恰恰相反地蓬首垢面且幾近禁慾主義。康、章雖曾「行誼政術」相合地皆主張變法、反慈禧、擁光緒，但二人之「陳說經義，判若冰炭」，其學術殊途至為明顯，康氏欲逐步引導中國走向世界性的大同文明，章氏則欲建立具有特色的現代中國文明。不過作者反對一般研究多將康、章的學術主張和政治立場混為一談，把兩人爭執簡化為今古文經之爭，如郭湛波、顧頡剛、楊向奎、李澤厚等。作者認為今古文立場不是變法或革命的思想淵源，章氏之抨擊康有為公羊學及微言大義，非出門戶之見，是為了維護歷史、信史。章氏反對康氏利用公羊學的神祕主義尊孔、立孔教，章氏視孔子為良史而非神聖偶像，欲以諸子配孔，給予道、墨、法、佛諸家一定地位，所以他要訂孔。但作者也指出，究其實，則其皆欲使儒學從傳統中解放出來，脫離被專制君主御用的束縛，是

以作者將二人合論，也由於康、章文化觀雖然相左，但他們卻各從不同途徑對中國傳統思想的解放，起了主導性作用。而二人在對思想解放做了決定性貢獻後，卻在民國成立以後，也都被曾受他們影響的新生代知識分子視為守舊與頑固。然作者亦反對學界所慣言的，他們「早年前進，晚年落伍」之過於簡單化論述。作者意欲抉發他們面對新生代「激烈思潮」對傳統文化的徹底破壞，不得已起而維護傳統之深刻用意，實則他們並未反對新文化，他們是反對「五四式」的新文化。要之，作者強調康、章因接觸到西方思潮、近代文明以及帝國主義的衝擊而求變，在晚清之際能夠針對西方挑戰而深入批判傳統，以致突破傳統思想束縛者，必以康、章為先──從康氏《偽經考》到五四疑古，從章氏訂孔到五四打孔，康、章和五四新文化運動一代在思想上有著千絲萬縷的密切關係。他們因反對「全盤西化」之「激烈反傳統主義」，故與五四勢同讎仇地挺身成為「攔路虎」以捍衛傳統，他們乃忠於一己思想之不願意迎合時流者，否則被尊為新文化運動祖師爺的，將非陳（獨秀）、胡（適）等人，而是反傳統第一代的康、章了。劉龍心嘗撰〈評介汪著「康章合論」〉，發表於《國史館館刊》復刊第8期（1990.6），頁247-253。

　　另，〈「吾學卅歲已成」：康有為早年思想析論〉一文，則作者認同其所譯作《康有為思想研究》之言：康有為實兼具實際的改革家與嚮往烏托邦的思想家兩種角色扮演，並認為這是康氏同一世界觀的兩個不同層次，所以康氏能在不同的時間，或強調，或擱置地在變法思想與大同思想間自由往來。作者指出治國與化民是康氏一生之關切重心，而此一思想雛型，一如康氏所自言地，在其早歲時即已粗具。是文以康有為早歲撰作的《實理公法全書》、《康子內外篇》與《教學通義》三書作為探討對象，文論此時康氏的教學主張雖為「師古」、尊周公而崇《周禮》，致啟學者之疑，或謂康氏此時縱不能說是古文學家，但其尊周公、崇《周禮》思想，確占重要地位。然作者致辯到《教學通義》之「師古」並非復古，而是「善言古者，必切於今」，即師法古意以為今用之意，故康氏在尊周公

外，復標出孔子改制之說，則雖其獨尊今文以改制之意尚未明朗，而求變思想卻已昭然了。再者，康氏之接觸西學，亦一如西方啟蒙時代諸多哲學家，他們在科學衝擊下欲將哲學機械化，將哲學變成科學地表現了「知識論上的偏見」，而康氏也以實證科學之知來解答抽象知哲學問題，故《實理公法全書》中多以幾何公理來論斷人類平等、人倫關係、禮儀刑罰、教事治事等。不過作者同時指出，雖然康氏以科學原理作為實理公法，並運用到人事及人文思想上，但他卻是將之導向「定新制以宜民」而表現為要求改革心聲的，此即康氏之思想雛型。故作者結論康有為早年思想與後來發展之精神相當一致，上述三書已經表現西學影響的重要，而在貌似「保守」中已經「激烈」地帶有「用夷變夏」味道暨求變、求通、求改革圖強之維新意圖了。至其分屬不同層次與階段，但彼此並不矛盾的追求中國富強與世界大同之生平素志和理想，也在《實理公法全書》中初演大同之旨、而見大同之雛型了。

　　汪榮祖另有〈打開洪水的閘門——康有為戊戌變法的學術基礎及其影響〉（香港《二十一世紀》第45期，香港中文大學中國文化研究所，1998.2，頁27-38），論述精闢，惟未發表於臺灣學報；又有〈翻案與修正之辨：再論康有為與戊戌變法答黃彰健先生〉（《漢學研究》第11卷第2期，1993.12，頁383-390）；〈康有為保皇的意義〉（《暨大學報》第2卷第1期，1998.3，頁1-12、321-322），主要著眼於戊戌變法與政變及政治範疇，於此皆不論。

胡楚生

〈康有為《論語注》中之進化思想〉，《文史學報》第20期，1990.3。（文收《清代學術史研究續編》，臺北：學生書局，1994.12，頁131-144。）

文論康有為《論語注》雖隨文疏釋，然亦貫串著康氏基本觀念之進化思想，即他係援《春秋》三世之義，以孔子當據亂之世、今日當昇平之世、未來當太平之世，而以「三世進化」論政治之因革變更，以「因時進化」應用於經濟興革與社會思想方面。作者認為康氏《論語注》所欲抒發的要旨既在於斯，則其所疏注自不免有引申過遠、曲解正文、強經義以就己見者，是以若以是作視為《論語》確詁，誠然非是，但若視為康氏個人之思想紀錄，則為極具歷史意義之撰著。

林安梧

〈「抽象的感性」下的變革論者——以康有為為例的精神現象學式的哲學解析〉，《哲學與文化》第19卷第2期，1992.2，頁132-146。

關於康有為，作者認為與其分判其保守或激進，毋寧對他採取一種「精神現象學式」的哲學解析。該文正是藉由對康有為變革主張的「抽象的感性」分析，以作為對「精神現象學」突出強調整個歷史社會總體關連性的例證及說明。

文論康氏思想實際上停留在「抽象的感性」階段——散開、空洞而不得具現理想的狀態，其奇異的空想與幻想只有摧破的力量，並無建設的力量，但其思想躍進性與突破，在給中國近代帶來非常破壞之外，同時也蘊涵了非常建設的可能，所以不失為中國近代史上一個轉捩點的人物。作者又論康氏《新學偽經考》、《孔子改制考》、《春秋董氏學》，乃至《大同書》，都是建立在對《春秋》改制理解上所構造出來的理論，其思想體系繼承了戴震以來的「自然人性論」和常州公羊學，又吸收天演論與近代西方民主思潮，而以博愛為本懷，以自然為宗旨，以進化為途徑，以大同為目標。不過其學說已經和儒學傳統出現嚴重斷裂了，他將傳統以一種「偽形」（借喻礦石裂縫中的結晶體被雨水沖刷後，又被注入新內容物）的方式掏空，使傳統成為一個空殼子，沒有歷史的賡續性，只有懸空的抽

象理想，非但無建樹，更出現無與倫比的破壞。而當一個傳統出現嚴重的自我異化時，它將產生「自我吞噬」的情形，故作者言康有為之於中國近代史上的意義，正在欲維護傳統卻反而使他成為傳統的瓦解者。要之，康有為雖未能落實理想，但他造成了中國傳統經學權威動搖和不可思議的革命後果，導致整個中國傳統的帝皇專制權威亦與之同步動搖。

徐聖心

〈康有為禮運注中大同章之釋義與論衡〉，《中國文學研究》第7期，1993.5，頁113-127。

　　作者是文主要討論康有為《禮運注》的〈大同章〉釋義並加以析評。文論康氏的「平等」是指「群生同出於天」者，是以包括「入世界」與去國界、級界、種界、形界、家界、產界、亂界、類界、苦界等而言，其涵義則有：明公理、平等自立原則、立和約（在自立之中限制其自立自由之範圍）、人種人心之進化等。不過作者對康氏〈大同章注〉諸義頗採負面評價，認為凡我身、家國等皆不能無界，並謂〈禮運‧大同章〉之儒家立場，重在「界而能無界」，故修吾身不與他身礙，親吾親不與別家隔而有聞問……，而康氏必欲毀界始成「至公」之革命立場，則導致其「注」與「立說」之間頗有扞格。

陳炯彰

〈從儒釋耶的剖判會通論康有為的文化觀〉，《臺北師院學報》第6期，1993.6，頁385-397。

　　作者認為康有為對儒、釋、耶三教，在推崇與批判間顯露了一種欲加以混同會通的諸教融合立場，他既無所厚於佛，亦無所袒於他教，可取則取，可議則議，不偏不倚，而這則是清末知識界最早透過對儒、釋、耶三家剖判以顯現的文化觀。文中，作者以諸多例證說明康氏對於儒、釋二學

抑揚褒貶不一，未可以護持何家論。康氏係認為二教陰陽互補各有可取，無所謂優劣長短，倘能因時因地制其所宜而擇其所從，則皆有大用。至於康氏之持論「上帝之必有」，則其態度亦屬哲學研究之同情基督教宗教哲學，而不必視為擁護基督教。要之，康有為的諸教融合論說明了清末時局艱難之際，知識界對於思索文化問題具有較多考慮與選擇，代表了一種理性思考。

林正珍

〈康有為的自然觀〉，《興大歷史學報》第3期，1993.4，頁73-107。
〈論康有為援佛入儒的大同學說〉，《宗教哲學》第3卷第2期，1997.4，頁31-51。

〈康有為的自然觀〉一文，深入論述並闡發了康有為建構公羊三世說的哲學基礎。作者指出：肯定自然和社會進化發展，是近代中國哲學思想的特色，深受嚴復譯述赫胥黎《天演論》影響的康有為，則是試圖融合「演化論」和中國傳統自然觀，並建立起變遷發展的歷史哲學，將演化觀念運用到社會改革中，藉維新變法予以實現者。

文論「演化論」是五四新文化運動以前主導近代中國思想變遷的重要思潮，並對儒家整合了自然律與道德律──「天人合一」的宇宙觀造成強烈衝擊，故康有為有「知天演之自然，則天不尊」之說。科學知識對康有為的最大影響，在於天體演變說使康有為認識到「變者，天下之公理也」，並以科學的自然進化觀結合公羊學，建構一套三世進化變遷的哲學，以擺脫傳統舊學「天不變，道亦不變」束縛，而賦予政治變革主張科學基礎。因此康有為的歷史進化論係由自然演進的事實推演而來，前此中國思想家以「道」為顛撲不破的金科玉律之「禁區」，就被康有為借助科學力量衝破了。尤其重要的，康氏所主張的「變」不是治亂循環，而是立足在公羊三世說上，進化有序的「進化發展史觀」，其社會進化觀中的大

同理念，更改變了傳統以「過去」為取向的理想世界，使成為歷史向前發展的法則，故可以借為改革現狀的理論依據，是以梁啟超言「疇昔治公羊者皆言『例』，南海則言『義』。」康有為之汲取公羊之「變」，非以經學為目的，而是為要建立欲「救國」進「太平」就需「因革」與「改制」的理論基礎，其歷史進化觀和變法理論，正是藉演化論之科學外衣，以科學知識之自然進化觀，使「世界化」理想上昇為自然公理的。因此其公羊三世說不是根據真實歷史經驗而衍生，而是一種歷史哲學，是聖人所制作，其本意亦非探尋三世在歷史上的真實發展，而是以六經注我的氣概，欲取三世以為己用，所以名義上是孔聖人，實際上就是康聖人之制作，康有為欲由此逐步引導中國走向世界性的大同文明。

〈論康有為援佛入儒的大同學說〉一文，著眼於清末民初不論改革派或革命人士，包括譚嗣同、章太炎等人在內，多兼習佛學，即佛學昌盛與革命並行之特殊現象，而欲探討晚清知識群從極熱到極冷、從革命鬥士到和尚沙門之兩極滲透和互補的佛教與政治界互動關係。作者該文係藉康有為面向未來的《大同書》之大同思想，以探討晚清知識界和政治界與佛教的關係，並指出康有為立足傳統而以世界史為範圍，其大同思想主要仍以公羊學為主，但試圖開創新哲學體系，故他拓展了中國傳統大同社會理想的內涵，對佛教入世轉向也有影響。

文論康有為自早歲起，即熱中於建構一套超越地理、國家界限的社會思想體系，而據亂世→昇平世→大同世則是他認為人類進化的必然歸趨，且無中西之別。是以他由《康子內外篇》歷《實理公法》確立世界化取向，再到《大同書》之援引釋、道、耶和西學以結合儒學，完整地呈現了他的大同終極政治美景。康氏相當程度地傾向以物質解釋人的動機與情感，甚至認為道德價值與倫理原則都是人心理反應的結晶、人體發展的進化過程，其歡樂式的倫理結構，使他合理化人欲之正當性，並宣稱這是從天子到小民都一律等同的人生之道，而他正是由此引申出「天賦人權」類型之平等思想的。再者，康有為的大同說固然源自儒學，但大乘佛教也是

他的信心根源之一，不過他不同於傳統佛教徒，他未將社會朽敗與三界不安的原因全歸諸「無明」，他非以「治心」為本，而是轉向到現實層面找尋致苦之源，並力求解決之道。在康有為大同理想與救世情懷下，他對佛教的接觸與運用，實際上也是作為政治改造的一部分，是對經世致用的今文經學發揮，借為實踐儒家大同理想的憑藉之一，故他亦將佛教朝向經世與佛理方向發展。雖然康有為的佛學並非嚴格定義的「經世佛學」，梁啟超甚至說他「往往以己意進退佛說」，但佛學在其思想中確實占有位置。而康氏之結合公羊三世史觀，力陳改造社會之合理性與必然性，其於佛學的根本改造與思想性革命，也決定了他「援佛入儒」及「以己意進退佛說」的主觀隨意性。

高柏園

〈論康有為《大同書》的文化觀〉，《近現代中國文學與文化變遷論文集》，臺北：臺灣學生書局，1996.12，頁1-22。

　　該文主於探討《大同書》的文化觀，故將論述重心置於《大同書》的理論意義，而擱置其發生意義。文論受儒家性善論、進化史觀以及佛教苦觀、求樂免苦影響的康氏是著，其主要預設便是寓有價值分類並可以相對化，由三世三重而有九世、八十一世、輾轉至無量世的三世進化史觀，以及性善和求樂免苦之二元人性論，曰「普天之下，有生之徒，皆以求樂免苦而已。……立法創教，令人有樂而無苦，善之善者也。」而在快樂主義的優位性下，《大同書》突出圍繞「人的分別心」而生的種種苦，並欲藉由改造客觀制度以去苦求樂，斯即《大同書》又可以分成四個層面的破九界，即「自我定位」之去家界，「人我關係」之去形界、產界、國界、級界、種界、亂界，並有「人類進化表」之提出，以及「人和宇宙關係」之去類界、「文化中的宗教觀」之去苦界。然而作者亦指出，可以被相對化至無量世的三世說，有因區分的無限可能所導致的無限後退，以及因漸進

而過分妥協與無限拉長改良歷程的危險。另外，作者對去種種分別亦有諸多質疑，如《大同書》主要係立基在自我定位的去家界，然其最引發爭議的部分也在此 —— 去家就真有利嗎？有利就合理嗎？又，具有功利主義、權威主義的《大同書》，當別人不去家時，如何保證其權威不是暴力呢？兩種權威衝突時如何抉擇？並且無分別的渾沌將消失多元內容的豐富性，若採對現有制度的改良，難道就無法達到大同要求嗎？作者認為《大同書》雖以平等與和諧為主軸，以去差別為手段與策略，希望由此改造人類文化以達到大同世界，而其人我關係、物我關係，也都呈現出十足的現代意義，但書中仍有太多應回答而未能回答的問題，此其文化觀之根本問題所在。

鄭志明

〈康有為的宗教觀（上）、（下）〉，《鵝湖》第23卷第3、4期，1997.9、10，頁17-28、22-31。

　　該文別出學界諸多對康有為今文經學、經典注釋、進化思想、變革思想、自然觀、大同思想……的探討外，獨闢蹊徑地討論形成康氏宗教觀的深層意識結構。作者認為康氏所反映的，是中國歷史文化脈絡下，奠基於傳統人文教化土壤中，傳統社會的一種文化心理形態，即傳統教化觀下知識分子的某種深層意識發用。文論康氏對「神道」採取肯定態度，但他是以禮教來統合神道，將神道附屬在禮教之下，他以「是否合於禮教的形式」來判定正祀、淫祀，而反對淫祀形態的神道。所以作者指出康氏之提倡孔教，將孔子宗教化與至尊化，欲以孔子配天，其實是回到更古老的文化傳統中，以一種宗教意識與天神信仰來看待孔子。故作者認為梁啟超稱康有為是中國唯一的宗教家，大概就是因為康氏敢在傳統人文氣氛中復活了原始宗教精神，進以宗教的鬼神觀點撰為《論語注》，改寫孔子之人文教化理念，並大力提倡靈魂轉世說等。至於康氏所主張：儒學是一種「人

道教」的宗教，則作者以「假冒的人道」稱康氏宗教性的儒學觀，並認為康氏假冒人道的神道立場，就是他反淫祀但不反神道的心理基礎。所以作者又說康氏之主張「掃棄淫祀」，實非自鬼神理論發展而來，乃是針對世俗弊端而發。要之，康氏欲以立教主的方式誇大儒學人道精神，以抬高孔子作為中國文化精神唯一象徵的新權威核心，以復興傳統道德文明來對抗外來文化的衝擊，正是當時知識分子某些共有文化情懷的集中反映，是傳統教化觀下的知識分子在面對如潮水般湧入的西方文化時，企圖以改頭換面的方式重新發展傳統文化生機之代表。

吳冠宏

〈康有為取舊納新之解經作法的檢視 —— 以《孟子微》「桃應問曰」章注為討論基點〉，《第六屆近代中國學術研討會論文集》（桃園：中央大學，2000.3），頁15-39。

該文題曰解經作法的檢視，其內容則在檢視康氏注經得失外，同時蘊涵了康氏通過詮釋轉化，以綰合公羊學「三世」進化觀與西學政治思潮「三權分立」之主張，既消解舜重法卻負父而逃的矛盾，又闡發「平世義」的法治理想 —— 康氏一貫主張的三世又可以分成「亂世」與「平世」的「二世」模式，即其施法分為「據亂升平」和「太平」對稱，或以「據亂」和「升平太平」對稱之兩種不同情況，而《孟子微》正是康氏二分模式下用以闡發「平世之法」者。作者指出康氏區分荀子性惡說為亂世之法、孟子性善說為平世之法、告子「生之謂性」則與孔子說合，如是則康氏性論實是順告子脈絡而來，並未契合孟子，故其闡揚性善思想，主要係藉以證成「平等」精神，他之認同孟子，並非立足在性善層面，而是站在孟子能傳「太平之制」的立場。因此康氏詮解《孟子》書中的「桃應問曰」章，謂處在人人「平等」的太平世的舜，其所以必須負父而逃，正是為了成全「公義」，如此便與其論「各國律皆有議貴之條，此據亂世法

也；若平世法，則犯罪皆同」相符，所以康氏乃藉由「桃應問曰」章注，以展現一司法獨立、天下為公的太平時代。故他又以「平世」、「亂世」來區分孔學傳承，謂《春秋》為本為精，禮為末為粗，所以傳《春秋》的孟子是「平世法」，傳禮的荀子是「亂世法」，孔子則為集大成者——斯即康氏持論孟子之可貴，在於其能傳孔子「升平之說」、「民貴君輕」的平世大同之理。故作者言康氏解經實是自己立意，寓作於述，是孟子解康氏，而非康氏解孟子。文中作者並延伸論及後世學者亦有自「公（義）／私（恩）」角度來看待對該問題者，然作者另認為此涉孟子對「性（事父之孝）／命（富貴之極）」、「天爵／人爵」、「義／利」之選擇，故謂《孟子》所假設舜之「人君／人子」角色衝突，內涵孟子於「性」、「命」對揚之抉擇。

由於康有為在清末政壇的重要地位，學界以為研究對象的學術成果極多，除通論性質，如沈雲龍《康有為評傳》（臺北：傳記文學出版社，1969.10）；韋政通《中國十九世紀思想史·康有為》（臺北：東大圖書公司1991.9，頁663-711）外，對於戊戌變法與政變的論題研究亦不勝枚舉，但圄於本計畫係以臺灣之清代哲學相關研究為範圍，對於諸多非臺灣人士或非臺灣出版、非哲學研究的名家名作皆在割捨之列，包括蕭公權《康有為思想研究》（臺北：聯經出版社，1988）；房德鄰《儒學的危機與嬗變：康有為與近代儒學》（臺北：文津出版社，1992）；許冠三〈康南海的三世進化史觀〉（《近代中國思想人物論——晚清思想》，臺北：時報文化出版事業，1980.6，頁535-575），以及黃彰健《戊戌變法史研究》、汪榮祖《晚清變法思想論叢》、唐德剛《晚清七十年(3)：甲午戰爭與戊戌變法》等。此外，單篇論文亦餘論尚多，如黃彰健〈論康有為「保中國不保大清」的政治活動〉、〈康有為與保中國不保大清〉、〈論康有為進呈「孔子改制考」月日，並論康「戊戌奏稿」「請尊孔聖為國教摺」為康事隔多年

僞作〉、〈康有爲與戊戌變法——答汪榮祖先生〉（《大陸雜誌》第
36卷第12期，1968.6，頁1-29、第49卷第5期，1974.11，頁43-52、第
61卷第5期，1980.11，頁18-19、第86卷第3期，1993.3，頁1-23）；雷
慧兒〈論康有爲的集權思想〉（師大《歷史學報》第20期，1992.6，頁
95-132）；〈論康有爲三世進化說所對應的政治體制〉（《漢學研究》
第11卷第2期，1993.12，頁81-98）；孔祥吉〈改革·反改革：康有爲
與袁世凱〉（《中外雜誌》第56卷第4-6期、第57卷第1期，1994.10-
12、1995.6，頁112-119、128-134、95-100、112-119）；〈翁同龢
與康有爲的上清帝第一書〉（《漢學研究》第13卷第1期，1995.6，
頁185-196）；潘臺雄〈康有爲與梁啟超主張君主立憲的現實理由〉
（《空大行政學報》第6期，1996.11，頁209-228）；黃淑梅〈孫中
山與康有爲之大同思想——由進化觀點思考〉（《中國文化月刊》第
202期，1997.1，頁69-78）；許華峰〈「新學僞經考」的辨僞方法及
其問題〉（《第三屆近代中國學術研討會論文集》，1997.5，頁125-
146）；張成秋〈康有爲與近代中國〉（《第三屆近代中國學術研討
會論文集》，1997.5，頁147-162）；丁亞傑〈皮錫瑞、康有爲、廖平
公羊學解經方法〉（《元培學報》第6期，1999.12，頁135-167）；
陳振風〈康有爲的大同思想〉（《臺南女子技術學院學報》第19期，
2000.8，頁1-9）。另外如王汎森《古史辨運動的興起·清季今文家的
歷史解釋（上）、（下）》（臺北：允晨文化公司，1987.4），亦設有
「《新學僞經考》之成立對古文經信史性的破壞」、「《孔子改制考》
之成立對今文經及先秦諸子信史性的破壞」等節目，並皆附記於此。

　　至於學位論文，則有楊開雲《康有爲政治人格之研究》（1980
年政治大學法律所碩士論文）；柳香秀《康有爲哲學思想之研究》
（1987年中國文化大學哲學所博士論文）；安雲煥《康有爲的大同思
想》（1990年臺灣大學政治所碩士論文）；余美玲《康有爲書學研
究》（1991年中國文化大學中文所博士論文）；丁亞傑《康有爲經學

述評》（1991年中央大學中文所碩士論文）；林正珍《近代中日社會思想中的人性論──以康有爲及福澤諭吉爲中心》（1991年臺灣師大歷史所博士論文）；黃煌智《孫中山與康有爲政治人格之形成與內涵研究》（1993年臺灣師大三民主義研究所碩士論文）；趙聖俊《康有爲的政治思想》（1993年文化大學政治所碩士論文）；潘臺雄《康有爲與梁啟超的君主立憲思想（1898～1911）》（1995年政治大學政治所博士論文）；王妙如《康有爲公羊思想研究》（1995年淡江大學中文所碩士論文）；洪鎰昌《康有爲〈孟子微〉研究》（1997年中興大學中文所碩士論文）；邱白麗《由典籍的重新詮釋論知識分子與其當代政治文化的對應關係──以康有爲爲討論例示》（1999年淡江大學中文所碩士論文）；丁亞傑《清末民初公羊學研究─皮錫瑞、廖平、康有爲》（2000年東吳大學中文所博士論文）等。

8. 譚嗣同（**1865-1898**）

　　譚嗣同站在晚清傳統儒學融入現代化進程的轉折點，又身爲維新變法中康有爲的追隨者，爲拯救國家危亡而殉身的烈士，他是學者所認爲晚清時期較富於哲學氣質的思想家。站在新舊學術接軌的窗口，譚嗣同既具深厚舊學素養，又醉心於視野寬闊的西學，他既淹通群籍而受墨子兼愛、任俠、摩頂放踵利天下精神濡染，復綜合道家「一死生、齊修短」之曠放精神與反名教性格，同時也深具儒家仁愛精神、道德理想與濟世襟抱，兼亦融合了佛教性海以及超越種族的救世理想和世界主義精神，而成爲銳志革新傳統學術的舊時代人物、志士仁人。其一生之道德理想與學術信仰、終極價值，皆蘊蓄於《仁學》一書。《仁學》以衝決網羅爲其動力，而衝決網羅的「心力」則以「慈悲」願心爲出發，全書充滿了人道主義精神和反階級思想的啟蒙意識。

林瑞明

〈譚嗣同變通觀的形成與實踐〉，《史原》，1976.10，頁115-144。

　　該文在一般所熟知的譚嗣同激烈變法主張外，先論他早年實有一番從「華夏之道不可變」的保守心態轉趨變革主張的轉變歷程，再說到譚氏拈出「通」作為《仁學》第一義，並借用西方「以太」學說以為連繫萬物的基礎。而仁的精神表現於外即是「平等」，譚氏視為最高境界，所以他為了追求平等而批判傳統名教所加諸的束縛，由此而有「衝決網羅」口號，及以「仁－通－平等」衡量三綱五倫之不留餘地攻擊，並看重具有平等精神的朋友之倫。至於譚氏最引起後人討論的，是他由排滿革命走向維新變法及為戊戌變法死事，則作者論以：譚氏能自早年受父妾虐待的「綱倫之厄」超脫出來，昇華地躬行綱倫之道，蓋唯有綱倫無虧者始可言反教、反綱倫，始是「真無網羅」之境界，否則無非放浪形骸罷了，此亦譚氏所言「真無網羅，方可言衝決。」故譚氏於其所最反對的君臣一倫，正是躬親實踐了「然其能衝決，亦自無網羅」之辯證思想。是以作者謂譚氏之拒逃、殉命，絕不僅止於死君而已，而是莊嚴的死事，是對「各國變法，無不從流血而成」之殺身破家躬自實踐。

陳志勇

〈譚嗣同「仁」學之思想體系及其評價〉，《史學會刊》（臺灣師範大學），第31期，1987.6，頁28-43。

　　該文集中焦點在析論譚嗣同的仁學思想上，對於譚氏「仁」的基本理念，如仁的釋義、仁以「通」為基本精神、仁為天地萬物之源等，皆舉例詳說之，又對仁學之思想體系進行探原及分析，如「以太」、「心力」、「電」、「通」所代表的意義與界說及其關係，再就政、學、教三端，以探討其「仁」的實踐論。作者並認為譚氏雖或有反傳統言論，但那只是譚

氏的思想末端,是作為達到「仁」的理想境界之手段,故反對從「啟蒙運動家」,或將譚氏與五四時期「反傳統」人物一起聯想的看法。作者言譚氏仁學思想的核心在行仁,甚至超越了道德觀的「仁愛」,進至一形而上的圓滿境地。

張灝

《烈士精神與批判意識 —— 譚嗣同思想的分析》,臺北:聯經出版社,1988。

　　該著以強調時代脈絡的治思想史途徑,探討及溯源譚嗣同形成其思想的心路歷程,並析論其仁學主張。就譚嗣同抱「殺身滅族」決心之壯烈犧牲而言,作者強調其理想主義之形成,兼有他個人生命處境與晚清歷史處境的因素,再加上受大乘佛教、墨子、莊子、孟子等思想影響,形成他由超越心態與世界意識鎔鑄成的烈士精神。而譚氏思想中並未全面否定傳統,但主要表現為否定三綱及攻擊禮教的批判意識,則作者認為相當接近和五四極端的「反傳統主義」針鋒相對的新儒家之心態。至於對譚嗣同思想的分析,作者看重張載與王夫之氣論對他「以太」說和宇宙觀形成的影響,同時強調他在多方因素影響下逐漸開擴思想領域,形成了強烈的道德意識、宗教心靈、致用精神與變法思想,並對傳統思想的不合理因素與法令制度等皆進行反思與批判,也鎔鑄成「破生死」、「通人我」的「大我」思想,從而成為徘徊在變法與革命間的激進知識分子。要之,譚氏的仁學精神不僅表現在思想上,更體現在生命中,那是揉合墨子摩頂放踵的任俠精神、普救眾生的大乘菩薩精神,實踐了「萬物一體」、「天人合一」的渾然之全,譚嗣同的烈士精神就是「仁」的精神展現。

陳振風

〈譚嗣同仁學與西學的關係〉,《臺南家專學報》第8期,1989.5,頁1-42。

　　該文欲論譚嗣同仁學與西學的關係，但文中涵蓋面駁雜：作者先辨析譚氏「仁學」之「仁」與「學」為二義，一指任俠精神，一指格致之學，再依序析論譚氏獄中絕命詩的相關問題、各家對於譚氏「死難」的說法及其仁學思想之淵源等，最後才論其仁學與西學的關係。作者言譚氏在名教方面，反對世俗小儒之陋見；在商業方面，反對閉關絕市和海禁等政策，認同西國之重商理財、闢地通商等；在法治方面，則譚氏舉例歐、美、日以說明日新的重要，而強調變法；在學術上，則他亦讚揚西方的功利等。

王樾

(1) 專書

《譚嗣同變法思想研究 —— 從仁學的思想理則析論譚嗣同的變法理論與實踐》，臺北：學生書局，1990.8。

(2) 論文

〈晚清思想的批判意識對五四反傳統思想的影響 —— 以譚嗣同的變法思想為例〉，收在《五四精神的解咒與重塑 —— 海峽兩岸紀念五四七十年論文集》（臺北：學生書局，1992.3），頁29-97。

　　作者析論譚嗣同的思想，自其存在的悲苦與疑惑之心路歷程切入，突出其「仁一元論」的仁學基本理論及其「仁－通－日新－平等」的思想理則，以為譚氏變法思想之思維綱領，並謂譚氏之「仁一元論」不僅是一本體架構，同時也代表一種道德理想，其「以太」非僅限於純粹物質，而是兼具實體與力的概念，是一種類似傳統哲學中「氣」的觀念，是有生命、精神性的實體。此外，作者亦看重譚氏以心力衝決網羅的仁學道德理想與批判意識，認為譚氏乃以心力作為貫穿《仁學》的中心思想，針對其變法思想中的倫理革命、傳統批判及其變法策略進行分析。作者亟肯定譚嗣同對中國近代歷史由晚清走向民國的影響，如在政治思想上，他促成了晚清政治思潮拋下洋務論而積極走向變法，與康有為共同將變法論推到最高

峰。在批判三綱倫常及建立平等、自由等新倫理主張上，他與日後五四的反傳統思想也具有密切連繫，他所主張的衝決網羅及心力、日新觀念與俠風等，對日後中國青年勇於突破保守性格、打破權威崇拜而尊新崇變，也有相當影響。至於變法維新、救亡保種，則他徘徊於變法與革命間的論調和他以熱血所做的論證，更激勵了許多熱血青年走向革命，隱隱引導了由變法走向革命的新趨向。要之，譚嗣同在晚清政治與思想史上肩負救亡與啟蒙之雙重使命。

周志文

〈崇奢黜儉 —— 譚嗣同與章炳麟的一個經濟觀點〉，《淡江學報》第31期，1992.1，頁13-20。

　　該文比論譚嗣同與章太炎一個相同持論的經濟觀點 —— 崇奢黜儉。關於譚嗣同的部分，作者言譚氏既以「通」為仁的第一義，而與「通」相近的觀念是「動」，故他對於道家「主靜戒動」以及相應的「崇儉黜奢」主張深惡痛絕。蓋當時的中國正處在財富分布不均、生產不力的困境，故譚氏除對政治不滿外，也對經濟政策不滿，他主張以對於個人身家雖有弊害，但卻能夠「沾潤國人」的「崇奢黜儉」來促進社會經濟發展。不過作者也指出，譚氏該主張只是一種經觀點的提出，實則缺乏專業經濟知識，對於譬如生產技術可否改進？農工組織是否健全？政府經濟政策及財稅政策是否正確？等實際問題皆未觸及，故其說主要是表現為知識分子救國的熱誠，而不能盼它真能解決什麼問題，其價值僅停留在啟蒙意義上，社會意義大於經濟意義。

高柏園

〈譚嗣同《仁學》的理論內容與思想性格〉，《鵝湖》第21卷第5期，1995.11，頁12-26。

　　由於《仁學》一書內容上有諸多不一致處，如其前後理論及對某些哲學家理解之不一致性，而作者認為並無礙於以一完整理論展示其理論結構與思想進路，故該文主旨即欲為譚嗣同《仁學》重構一完整之結構，對於梳理《仁學》思想頗有其功。

　　該文在學界諸多探討《仁學》之發生意義，強調思想家生命特質與背景考察之外，別出心裁地意欲揭示《仁學》之理論意義，以探討譚嗣同如何用「以太」說明仁？如何批判固有倫常？其理論得失何在？故全文在總論《仁學》總綱的二十七個界說後，復分析以太與仁的種種性質，並指出《仁學》的理論結構，係先用以太之無所不在說明仁之感通無所不及。再由「不生不滅」轉至論性及性之善惡，並推出情善結論。又由此而肯定天理與人欲、道與器之相即不離，且提高器與人欲的地位，有「絀儉崇奢」之主張。再由以太之不生不滅，說明精靈、體魄之不生不滅，由破人之生死執著達到萬物一體，並以萬物一體消除人我之分而推崇墨家兼愛說，又進一步批判「禮」的對待性，以達到類似莊子的齊物觀。復自以太之不生不滅起自微生滅、微生滅始自無明，而由無明轉入佛教，再由佛教論及孔子及中國文化，進而批判君臣倫，復由國家起源說明君臣關係，以支持其變法主張之合理性。最後則以對心力之強調，使變法思想之現實關懷轉向精神之提升——是即作者對於《仁學》一書理論結構所做的展示。

　　此外，作者亦檢討《仁學》一書的思想性格，對其格義形態、綜合形態與批判形態、歷史意義與理論意義等皆有所討論。作者認為譚氏用一「以太」之物質性概念類比說明「仁」之觀念，是一不同於中國「格義佛教」的新格義學——「格義佛教」中藉以類比佛教的老莊之學，兩者在價值論與形上學之根本範疇上相近似。但以太與仁則有重大差異，其一為物質性，另一為價值性、精神性，如此則混淆了實然與應然、物質與精神之差異性，導致吾人對於傳統與現代科學兩皆誤解與失落，則雖欲維護傳統適成反動，並形成了科學主義和泛科學論之嚴重後果。不過作者也理解格義學誠然是新舊思潮過渡時期的方法與方便說。而在作者說明《仁學》

格義雖有不締處外，同時也指出是書之豐富內涵性，表現了驚人的創發性與綜合性，只是其批判性未能建立在對舊典型之如實理解上，對於中國傳統及西方思想了解有限，以致動搖其批判的合理性，亦造成《仁學》內容之若干不一致與誤解。但是儘管有上述種種缺失，作者仍然認為不應貶低《仁學》的理論意義，仍然在歷史意義之外，肯定《仁學》之理論意義及價值。

林俊宏

〈譚嗣同「仁學」思想的社會政治分析 —— 儒家思想的承繼與批判（上）、（下）〉，《孔孟月刊》第34卷第4、5期，1995.12、1996.1，頁37-46、43-48。

　　文論譚嗣同從時代劇變出發，在新舊事物交替與價值不停衝突的過程中，嘗試著融合與吸收各種可能接觸的知識、思想，試圖建構一種完整的思想體系以為救國所本。作者指出「仁」是分析譚氏思想的極重要指標，《仁學》正是透過以「通」釋「仁」，從物與物的相連性建立起「仁」的規律性意義，即強調「仁」可自物與物之間相互制約與互動的關係上得到，所以「仁」的意義在於說明宇宙萬物從分殊到統一的規律。而如此所呈現的歷史觀就不是康有為的三世進化論，而是一個充滿不斷變動的歷史觀，促使歷史進步的動力也不是簡單的直線發展，而是隨時克服物與物之間衝突的進步。以此，宇宙間的任何變易都只是一種流轉，沒有存亡，而縱有變易也只是刻不容視的微生滅，所以譚嗣同用以說「仁」的「以太」，除了是宇宙規律的本體外，也是一種變易不居的運動觀。如此則凡所有主觀性的認定與執著，都是違背宇宙運作的法則，由此而可以推論出：存在的都是可以批判的，也未必一定具有合理性（此可以視為政治批判的前提）。而人與人或人與萬物的對立性也可以破除（此可以視為社會批判的前提），故透過「以太」的本體運作，可藉宇宙變動的自然規律泯

除一切不平等與不合理。於此作者又言，譚氏對宇宙變動不居的規律與萬物相對的概念，與其相對主義的認識具有不可分割關係──從「以太」本體的運動觀及其自然總規律的萬物平等、相互連繫原則出發，則自然與社會呈現了一種「動態平衡」的永恆運動與和諧，而在時間連續的前提肯定下，自然萬物乃至社會結構因而是一個無別無間的整體。再者，譚嗣同的社會思想基本上也是從仁的規範性意涵出發，他從人性論的分析著手，進而從人格發展的面向來批判名教，再突顯個人主義與平等的觀念，並由此建構起經濟面的規劃與理想世界的描摹。故作者又論譚氏以社會思想與人性論相結合，認為從自由到人性的平等都是仁的展現，這是一種跨越儒學畛域而具有世界意義的仁觀。而他對於社會倫常的批判，主張以朋友倫代替其他諸倫，用意則在取得個人自主權的保有，對傳統的集體與宗族式社會體制有明顯的決裂，並深具個人主義色彩。其社會經濟思想則在「富」與「強」的目標追求下，要求去儉主奢，以消費促進生產，並主張「財均以流，流故平」的公天下觀念。至其對於君臣一倫的衝決與重建及其反專制與變法主張等，則不僅反對綱常名教以及政治上的父權思想，更是對其所衍生的不合理模式批判。要之，作者以一個成功的啟蒙者看待譚嗣同，並認為其整體思想是一由破到立的過程。

李增

〈譚嗣同之仁通學〉，《國立政治大學哲學學報》第3期，1996.12，頁149-173。

該文主要是梳理《仁學》之思想內涵，並論由仁而通、由通而仁之「仁通」要義。文中，作者依《仁學》思想綱領及基本架構之「以太－仁－通－學」，以論欲通必先去其塞，故「通」主要針對政之壓迫、商之閉市、教之束縛、學之箝制等禁塞不通，所以譚氏要求「通人通事」之中外通、上下通、男女內外通、人我通。通之精神則為活動、日新、變法，

係在人的關係中，以「仁」之惻隱之心愛人為感通的理想境界，融通了佛之慈悲、耶之博愛、墨之兼愛，是以通之究竟內容為平等、自由、自主之權與民主的理想社會境界。然欲達到通之四義，首要必在「通學」，故作者又論「如何通學？」並主張「萬法唯心通。」譚氏亟批判君主專制為一己之私而迫害學術文化思想，其高呼「衝決網羅」，即出於專制君權濫用威權以阻礙通政、通商、通教、通學，阻礙了國家社會富強生存之發展，故他主張欲國之富強必先「振興民智」，取消君臣上下貴賤尊卑之「對待」而平等，始能「通」。再說到通之動力，其主宰在於「心力」能以「以太」發仁、「學」以通仁，故通之精神在主動，以此譚氏反靜儉。至於通之落實，則即《仁學》之否定古制而主張變法維新以革除古舊網羅，以通學之振興民智為救亡圖存之資。

阮忠仁

〈中國近代思想史上的「格義」── 以譚嗣同《仁學》中的佛學為例〉，《嘉義師院學報》第11期，1997.11，頁363-390。

　　該文針對譚嗣同《仁學》中對於「格義」方式的運用，析論其不同類型並歸納為： 1.類比推論，如《仁學》中對《華嚴經》的「蓮華藏世界」宇宙現象構造描述，即以西方天文學的宇宙現象來格釋佛學。 2.理論的互補：如佛教以「無明」說明染汙世界的起源，和主要針對現狀探求現象原理而未能深究本體原理的科學，便在像「宇宙如何發生？」一類非經驗觀測領域的哲學思辨問題上互補。 3.理論的替代：如譚氏對《華嚴經》「蓮華藏世界」宇宙現象背後的本體 ── 性海，並未根據「法界緣起論」來論述，而是代之以「以太」、科學的機械質點哲學，使「性海」只是佛教名詞的空殼子。 4.理論相互蘊涵：譚氏對法相宗唯識思想的唯心論闡述，如其「心力」說所具有的強大功能，即並列唯識思想與西學元素在其中。 5.理論的增強：如譚氏為增強受佛教大乘菩薩輪迴救世精神影響的「永劫

輪迴的經世精神」之理論必然性，他吸收基督教及科學思想，建立一個不滅的「靈魂」說以為理論核心。作者並論「格義」在中國近代思想史上的運用，表現了知識分子的思想特質和儒家思想在中國近代變局中的困境。因儒家經世思想在近代變局之理論極限，所以譚嗣同融合了佛教、基督教與西洋科學等思想予以補充。通過「格義」，顯示當時知識分子在文化自卑心理下，對中國文化仍保有部分信心而肯定其文化效用，因此通過美化中國文化傳統以達到「保留中國文化外衣」之文化認同。

葉海煙

〈譚嗣同仁學的人學意義〉，《東吳哲學學報》第3期，1998.4，頁15-28。

　　該文以宏觀視野分析譚嗣同《仁學》，並極致推崇之意。文中，作者先以孔、孟、荀所建立的縱橫兼攝人文世界之「仁者，人也」和「仁道即治道」的仁學內涵作為背景，說明關乎仁學而有待解決的問題，包括如何對「仁」做整合通貫的一體性闡釋？如何回應現代新知識與新時代的思維模式？如何超越傳統仁學，不再拘泥於仁學客觀意義所牽引的名教匡限？接著作者論仁學之歷史觀——《仁學》欲以「會通世界聖哲之心法」救全世界眾生，則必先具備歷史觀，必須能彰明人學之意義，即其歷史側面、社會與倫理側面、世界與宇宙實存側面、人自身之側面等，其中又以「歷史側面」所寓含的時間意識、歷史意識與文化意識為首。以如是對歷史的時間性、連續性、創生性及恆定性之整合與通貫角度來看《仁學》，則作者認為譚氏由生滅現象進入時間長河，以至於日新又新之道，實際上已經超越單向的科學進化論或種性論了。作者論仁學發展至宋明以後，已經明顯出現主體主義、客觀主義的分化與對立了，清代學術在深明主體主義弊病後，則多攙入客觀主義的成分，故譚氏除一秉公羊由亂而治的歷史進化論，更多關切社會倫理之重建問題。不過《仁學》在以「衝決網羅」高張

並整合了客觀意識與實踐意識之際，一方面固然肯定文化與社會的客觀存在，但另方面亦以個人的自由意志試圖自我實現、自我超越，故作者言譚氏不是一個單向思維的客觀論者。又因有見於君主亡政統、偽學亂學統，並導致孔教之亡，故《仁學》又亟論學、政、教之環環相扣，並將學、政皆歸諸於教，即譚氏對社會倫理終極理想的孔教，所以作者說譚嗣同仁學觀實可以稱為「仁教」。然而作者更強調的是，在譚氏強調「仁通」，並用以太與電對「仁」的物質意義（實存義意）解釋而呈現了仁學的宇宙觀後，他並未由宇宙論走向形上學，而是走向具有實踐意圖的實踐哲學，試圖超越存有與認知二分的哲學難題。故作者借成中英合「仁學」與「人學」之言為論，謂譚氏仁學之人學觀，以仁學貫通了傳統人學由主體出發，進而走入世界與歷史的一貫性思考，並對人的根源性、終極性與歷史性，皆以通貫一切的普遍性原理加以統貫。如此則凡人的文化、人的社會及人之所以為人的意義與境況，都可以在譚氏之立教立學、變法推政的行動與策略中得到照應。是故譚嗣同仁學已將仁的發展歷程帶到一更高的階段，試圖以整合吾人生活各個範疇的理論方式超越時代困境。

陳福濱

〈《仁學》中的教育哲學思想〉，《哲學與文化》第25卷第11期，1998.11，頁1008-1017轉1094。

　　該文題為教育哲學思想，實則內容乃以《仁學》為本，涵蓋討論譚嗣同有關教育哲學的人性論、知識論、倫理道德、文化思想之觀點等內容。文論譚氏「以太即性」的人性論，「仁」存在「以太」中、「天理」存在「人欲」中，既沒有和「以太」超脫對立的「仁」，也沒有和「人欲」超脫對立的「天理」與「善惡」，故性善情亦善，他即以此「天理人欲皆善」的觀點，批判宋明儒者的理欲觀，而主張「智慧生於仁」。知識論上，則譚氏雖然承認感覺是知識的出發點，但在探究主觀認識能否反映

客觀外物時，他強調感官「不足恃」而轉入重「悟」的「學貴心悟」，走入「頓悟」的神祕之知，將人的認識納進宗教領域，視「心」、「識」為「靈魂」，而以靈魂和智慧去尋求絕對的真理。在倫理道德上，他以人人平等的觀點和衝決網羅的精神批判綱常名教，並以「仁以通為第一義」，提倡男女平等、反對歧視婦女、批判不自主婚姻，又建立起朋友之倫的新社會倫理觀，要求團體互動、互惠。在文化思想上，譚氏既受西方衝擊、也受傳統衝擊，他的變法主張不是要枝枝節節模仿西法，是要統籌全局，故而力圖實現中國傳統文化的轉化與中西文化的綜合，以達到重建中華文化目的。是即其以心挽劫、社會啟蒙和以身殉道的價值與意義。

鄭志明

〈譚嗣同的宗教觀〉，《鵝湖》第26卷第2期，2000.8，頁1-13。

　　該文關注譚嗣同變法理論背後的人生體驗與宗教感情，認為《仁學》一書在尊新崇變的政治關懷外，還涉及人類生命的存在感受。文論譚氏在宗教觀上以「靈魂」為核心而走向宗教的綜合會通之路：其「靈魂」觀來自其「以太」與「仁」的本體論，即「靈魂」等同於「以太」，是一精神性本體，是由本體的不生不滅發展出來 —— 他將「以太」的「不生不滅」現象稱為「微生滅」。他以「以太中自有微生滅」，說明「不生不滅」的本體在宇宙萬有中不停地變化與發展，產生了作用的「微生滅」，故「不生不滅」與「微生滅」互為一體。由是，生滅中的「我」是不可執著，「我在生中」與「我在滅中」之有量的「我」是短暫的生滅現象，在死生流轉中根本沒有「我」，真正的我是突破生死對待，是體會無量之靈魂，進入到不生不滅的證悟本體境界。所以其宗教觀即自化解「我」的工夫入手，以「身為不死之物」來會通各個宗教之靈魂說。他認為各大宗教都「專言仁」，世俗的教名與教義都是藉以「顯仁之用」，實則一切教化都通向超越的本體境界，即平等，故不可以在形式上「妄生分別」。他不是

以義理的形式來會通宗教,是以主觀的本體感情,是要以仁學第一義的「通」來打破一切對待,以達到「以太」的宗教境界,即「尊靈魂」的生命境界。以此他說「三世一時」,謂「三世」輪迴的微生滅是要回到「一時」本體的不生不滅。他認為生命是不斷的死生流轉,其意義就在「忽一逢」的偶然性能夠超越「空」與「色」的執著,而化偶然為永恆。所以譚氏的宗教不只是概念的認知,同時也是生命的實踐,而跨越任何形式的靈魂即是從「不生不滅」到「微生滅」的動態完成者。

　　除上述述評之著作外,另有通論性質如:韋政通《中國十九世紀思想史‧譚嗣同》(臺北:東大圖書公司,1991.9,頁713-767);《中國哲學思想批判‧譚嗣同的思想》(臺北:水牛出版社,1988.3,頁212-222);張錫勤《中國近代思想史‧譚嗣同的思想》(臺北:萬卷樓圖書公司,1993‧3,頁307-346)……,以及其他見諸學報期刊的單篇論文,如左舜生〈譚嗣同評傳(上)、(中)、(下)〉(《藝文誌》第19-21期,1967.4-6,頁4-11、22-27、19-21);陳敬之〈譚嗣同的性行、志節、思想和學術〉(《湖南文獻》第4卷第1期,1976.1,頁20-27);鄔昆如〈譚嗣同哲學體系與淵源問題〉(湖南文獻》第22卷第4期,1994.10,頁38-43);黃彰健〈論譚嗣同獄中詩——與孔祥吉先生商榷〉(《大陸雜誌》第90卷第2期,1995.2,頁1-5);李國祁〈譚嗣同的兩性認知〉(《近代中國婦女史研究》第5期,臺北:中央研究院近史所,1997.8,頁3-16);曾春海〈從譚嗣同的仁學展望理想的父教〉(《國立政治大學哲學學報》第4期,1997.12,頁143-157);汪榮祖〈譚嗣同獄中詩透露的戊戌史事〉(歷史月刊》第154期,2000.11,頁28-31)……。學位論文則有蕭人英《譚嗣同的生平與思想》(1974年臺灣師大歷史所碩士論文);林載爵《譚嗣同評傳》(1975年東海大學歷史所碩士論文);張家珍《譚嗣同「仁學」思想研究》(1980年臺灣大學哲學研究所碩士論文);邱榮舉《譚嗣同的政治思想》

（1980年臺灣大學政治所碩士論文）；安慶安《譚嗣同仁學思想之研究》（1997年政治作戰學校政治研究所碩士論文）；謝貴文《譚嗣同仁學思想研究》（1999年中山大學中文所碩士論文）；郭爵源《譚嗣同思想研究》（2000年中國文化大學中研所碩士論文）等。

　　此外，臺灣學界以譚嗣同爲對象的研討會論文集，計有：《譚嗣同先生學術研討會論文集》（鄔昆如等編，臺北：中華仁學會，1995.2），所收錄篇章如：傅佩榮〈孔子的仁與譚嗣同的仁之比較〉、鄔昆如〈譚嗣同《仁學》中的文化哲學研究〉、曾春海〈試論譚嗣同《仁學》的平等觀念〉、陳福濱〈譚嗣同與晚清思想的轉化及其變革〉、沈清松〈譚嗣同「仁」概念的哲學解析〉、何保中〈孔子成仁之道與譚嗣同詮「仁」方式的商榷〉……；《瀏陽算學社創建百周年暨譚嗣同先生誕辰一百三十周年學術研討會論文集》（鄔昆如等編，臺北：中華仁學會，1995.9），所收錄篇章如：鄔昆如〈解讀譚嗣同仁學的「三教合一」精義〉、何保中〈「仁」與「道通爲一」—— 論譚嗣同的「以太」與莊子的「氣」間之差異〉、袁信愛〈譚嗣同之仁學的人學反思〉、陳俊輝〈《仁學》論「新」〉、曾春海〈譚嗣同「仁學」的朋友倫理〉……；《海峽兩岸譚嗣同思想學術研討會論文集》（鄔昆如等編，臺北：中華仁學會，1997.10），所收錄篇章如：陳福濱〈《仁學》中社會倫理與政治問題的歷史反思〉、林立樹〈仁學中之女男平等〉、袁信愛〈仁學與心靈自覺〉、劉蘋華〈譚嗣同實踐《仁學》的宗教向度〉……；《先烈譚嗣同先生殉難一百周年 —— 譚嗣同暨戊戌維新國際學術研討會論文集》（鄔昆如等編，臺北：中華仁學會，1998.10），所收錄篇章如：李增〈譚嗣同以太之形上學解析〉、劉至誠〈墨子思想的實踐者 —— 譚嗣同〉、袁信愛〈仁學與人的自我建構〉、黃筱慧〈仁學與女性主義之主體性詮釋〉……；《仁學百年 —— 譚嗣同的仁學回顧與展望》（輔仁大學編，臺北：輔仁大學出版社，1999.8），所收錄篇章如：葉海煙〈「仁」義的發展脈絡〉、袁信愛〈仁

學與人的自我建構〉……等，茲不一一列舉及述評。

9.章太炎（**1869-1936**）

　　深具經世思想的章太炎，為著名古文家俞樾的弟子，而在晚清諸子學興盛中，俞樾《諸子平議》和章太炎《齊物論釋》，也都是晚清諸子學的代表作，惟俞樾一生大致守住儒家傳統，章太炎則翻出傳統天地，跨出開創性的一步。章氏以古文經學頡頏於晚清流行的今文經學，復以看重荀子、韓非子的法治思想以及〈訂孔〉篇，挑戰儒家長期的人治與德治思想，對峙康有為之欲立孔教為國教。但其與康有為雖然存在今古文之爭，他在甲午戰後同情康梁的變法維新立場，又與守舊派葉德輝、蘇輿等人之藉攻擊今文以攻擊政黨明顯不同。不過在庚子拳亂暴露了清廷腐敗無知的真面目後，其革命思想覺醒而轉趨排滿，並撰作〈駁康有為論革命書〉，對康氏保皇、反對革命及《新學偽經考》等皆加以批駁，使康氏結舌。然因其文中對於光緒帝有諸多醜詆指斥，至謂「載湉小丑，未辨菽麥」，造成清廷震恐，致有蘇報案之禍，上海蘇報館被禁，章太炎和撰《革命軍》的鄒容並皆繫獄。章氏出獄後即赴日本東京主編同盟會刊物《民報》，繼續撰文抨擊保皇立憲、宣揚革命排滿以及個人主義、虛無主義等。當時排滿的《民報》和梁啟超保皇的《新民叢報》曾進行長期論爭，是革命黨最成功的宣傳品。儘管後來又發生劉師培投效清吏，章氏也態度動搖及反對孫中山等事，章氏的書生論政救國路線，確曾在清末破保皇、傳播革命思想和民族思想等革命事業上，對革命黨有過重要影響，對孫中山的革命事業也有翊贊之功，而其文化救世主張、個體自性強調和「五無之境」的虛無主義，也都寓有濃厚人文關懷及對近代資本主義工業文明弊病的深刻反思。

張玉法

〈章炳麟〉，收在張玉法等：《章炳麟・歐陽竟無・梁啟超・馬一浮》，臺北：臺灣商務印書館，1978.6，頁5-58。

作者言章太炎既不是新時代的保守者，也不是舊時代的急進者，他欲以佛學、西學來印證國學，尤精於國學與佛學。他的國學淵博，係得力於戴、段、二王與俞樾等人嚴格的治學方法。文中，作者針對章氏之學術成就與思想貢獻，分論其 1.哲學思想：章氏以唯識論為出發，對於理論與實際、現象與本質、真理與謬誤、時間與空間、因果關係等哲學問題皆有所討論。 2.宗教思想：章氏欲以宗教增進國民道德，故以佛教為手段，道德哲學為目的。 3.民族思想：他以反滿為光復主義，此其所謂復仇主義。 4.政治思想：他以個人主義為起點、無政府主義為終點，他認為一切法則都是對個人自主的束縛，所以提倡「五無論」之無政府、無聚落、無人類、無眾生、無世界。但為了減少內憂外患，則國雖不當設而不可無，是以主張共和政體，但認為共和雖稍勝專制，實亦無足寶貴，並反對代議政治。 5.社會思想：他認同平均地權、土地國有，主張地主宜廢，農需自耕。 6.進化思想：他雖主張「五無論」，但亦認為此五者無一可免，所以肯定人類社會的競爭與創新，惟又指出善惡並進，進化未必帶來幸福。 7.經世史學觀。作者言章氏性格落拓，思想亦不甚謹嚴，如其政治與社會思想往往為臨時觸發，既未條理一貫，又多個人懸思，而他雖然贊許西方民主思想，卻對西方民主制度懷疑，但他所設計的一套民主制度又缺乏民主精神，不過作者也說，惟其治學不因成規，故常能有所創見。

朱浤源

〈民報中的章太炎〉，《大陸雜誌》，第68卷第2期，1984.2，頁14-43。

　　該文採取廣義哲學的定義，以哲學的途徑展開對章太炎在主筆《民報》時的文字完整性與連貫性之討論及批判。文中涉及對章氏宇宙論、本體論、知識論、人性論、方法論、人文社會科學與哲學等六大門類之思想考察，「人文社會科學與哲學」並涵蓋其民族觀、文化觀、社會觀、人生觀、地理觀、歷史觀、道德觀、政治觀、經濟觀、法律觀、宗教觀、教育觀等內容，包羅極其廣泛。章氏《民報》所論主要在於整理國故和闡發佛學，其中道德以行革命、文化國粹主義和排滿民族主義，是他人文社會思想的三大主幹。他談宗教，有〈無神論〉、〈人無我論〉；談種族感情，有〈中華民國解〉、〈定復仇之是非〉；倡導虛無、無政府理念，有〈五無論〉、〈四惑論〉、〈無政府主義序〉；反對議會制度，有〈代議然否論〉；強調道德重要性，有〈革命之道德〉，又採用佛教唯識因明之辯論方式，作者謂予人步調雜亂感而與同盟會宗旨及《民報》的革命性主義有所差異——他未若其他同盟會主流派人士之以凌厲手法直攻清廷與維新派要害，減損了《民報》的攻擊性，分散了攻擊焦點，破壞明白指向革命的一致性，編輯方針上頗與初期《民報》不同。作者又論章氏的思想核心，在哲學觀上係以唯識與個體論為重鎮；人文社會思想則以不滿現狀、且要改變現狀之不平者為重點；政治理論仍以個體論為主動源，次及於平等、無政府，目的仍在於改變現狀，故作者總論平等是其目的，唯識是其理論工具，可以化約稱為「為求其平所作個體主義式唯識辯證法」。然作者亦指出其於西方思想與制度認識有限，如其論總統制、選舉制度、三權分立、個人主義等均極淺陋而扭曲變形，未孚同盟會總理孫中山之原意。其哲學中復充滿規範性認知與經驗性認知的矛盾現象，未能明白分辨規範與經驗、應然與實然，經常以本身的認知與經驗作為憑藉，從個體主義出發從事於唯識式之批判，如在闡揚佛教而非倡導革命。不過作者也說明章氏係以持論稍平的政治態度，作為另一種挽救中華民族命運的手法，他以雜揉、調和中華文化和印度佛教文化的方式，批判信手拈來的西方文化之鱗爪，雖不頂高明，但他呼籲東方文化的優越性絕不低於西方文化，故以深

遂而迂迴的宣揚佛教取徑來重新探討中華文化，彰顯透過宗教以提高國人道德才是求根本的救國良策——故作者從囿於深厚國學基礎，又陷入佛學理論的古典型中國知識分子來看章太炎。

陸寶千

〈章太炎在晚清之經世思想〉，《近世中國經世思想研討會論文集》（臺北：中研院近史所），1984.4，頁645-660。
〈章炳麟之儒學觀〉，《中央研究院近代史研究所集刊》第17期，1988.12，頁119-139。
〈章炳麟之道家觀〉，《中央研究院近代史研究所集刊》第19期，1990.6，頁253-278。
〈章太炎之論墨學〉，《中央研究院近代史研究所集刊》第20期，1991.6，頁201-210。
〈章太炎對西方文化之抉擇〉，《中央研究院近代史研究所集刊》第21期，1992.6，頁621-639。

　　作者論文之特殊風格，在其行文多典奧文言，復經常通篇一論，雖亦間有設立綱目者，但多數篇章需讀者自行梳理。作者論章太炎之墨學，肯定其能逾訓詁之垣而說以義理，並能闡明墨子哲學之尚賢尚同、節用節葬、非樂非命、尊天事鬼與兼愛非攻，乃針對不同之政治現象立論，非理論之闡述，是章氏之能異乎以政治、經濟、論理學等分類說墨者。又，章氏取徑於印度因明以說墨辯名理之學，在方法上亦能啟導後人，至於孟子譏墨「無父」之說，則章氏攝墨歸儒地釋以「乾坤父母」之說，使墨說有本而儒學門庭廣大，是皆章氏之有功墨學者。

　　作者論章氏之經世思想，則主要就其強烈的民族主義言，但是對於章氏援荀韓法治及以佛解儒，作者多有不愜，故言章氏對於儒家重要經典和主要人物之論述，「皆非常異議」，以「朦朧於洙泗風景」評價章氏，並

認為「炳麟所見之儒家，非儒家之真。炳麟之不解儒家，由不解道德心靈故。……以沉溺樸學故。」作者站在傳統道德學角度，所論固是，但學術必出於道德心靈一途，或預設樸學無以知道德心靈，則未免成見。此外，作者論章氏之道家觀，也在詳細舉例章氏以佛解老解莊外，評論以「涉獵多而確解少」。作者認為莊子乃一家言，以唯識解莊，可，以華嚴解莊，亦可，然唯識家屬妄心系，華嚴家乃真常心系，本不相容，章氏何能置諸一室？故作者又結以章氏隨手取釋氏名相比附老莊，「蓋由於樸學之積習使然。至於因此而於工夫、境界，無所體會。」則作者之於樸學偏見不為不深，對章氏存在感受之客觀環境及其思想理想亦未能相應理解。再說到章氏之於西方文化抉擇，作者論以章氏有取、有斥、有評、有創：所取者，在進化論及社會學，以建構其民族主義之理論；所斥者，由哲學以斥基督教一神論之不能成立；所評者，指若干西方社會學家之理論不合中國歷史之真相；所創者，據佛家唯識論以倡俱分進化論，引進化論於價值世界也。惟於此，作者所論仍有待商榷者：章氏早期確曾受進化論影響，但他後來強烈批判西方中心論，他對當時風行的歷史進化進步思想頗持異見，而欲在西方自恃的世界公理之外，為中國另外找尋出路。則作者雖亦述及章氏的批判理論，但說以章氏所取者在進化論及「引進化論於價值世界」，似可斟酌。

莊宏誼

〈章炳麟的佛學思想〉，《中國佛教》第29卷第3期，1985.3，頁21-28。
〈章炳麟的宗教觀〉，《中國歷史學會史學集刊》第17期，1985.5，頁283-300。

作者指出章太炎有關佛教的言論多作於清末，民國後鮮少有論著，故謂其提倡佛教係緣自道德與革命因素。至於章氏之佛學思想要義，主要有：1.三性之說：章氏深受法相唯識論影響，其宗教論亦建立在徧計所執

自性、依他起自性、圓成實自性等三性之上。 2.依自不依他：中國文化傳統特別強調人的自尊自力，章氏亦主張依自不依他，以此，他不取淨土宗以念佛憑藉他力往生淨土，和密宗以持呪憑藉他力成佛，以為皆不合革命道德要求國人自貴其心、不依他力之素養。 3.無神論：相應於其「依自不依他」信念，章氏是徹底的無神論者，蓋法相、華嚴和禪宗的修行，都是無神且不需要有神存在的，淨土宗和密宗則相信有神存在，故章氏亟加以抨擊。 4.大小乘之辨：章氏反對以語文不同及時間先後來指責大乘非佛說，亦反對以利他、自利之教義不同區別大小乘；他認為其別在於對外道的態度，大乘者持誦佛經皆依義不依文、依法不依人，故不墨守《阿含經》，小乘則執著於佛親口之言，對於非佛說者，不論其為正法否皆仇視之。至於章氏在佛教外的宗教觀，則他反對康有為欲立孔教之說，他強調應自人文精神角度、而非宗教角度看孔子。對於基督教，他也持反對態度，除反對其教義外，也自受壓迫民族的立場反對之。故作者總結章氏提倡佛教，係由於法相宗「萬法唯心」能破除富貴利祿之心，禪宗「自貴其心」能養成勇猛無畏之心，華嚴「普渡眾生」能生大悲心而有助於革命。綜觀其佛學認識與取捨，皆以革命家的立場倡論佛教救國說，實則佛之設教乃應機說法，隨眾生根器而對症下藥，淨土與密宗雖依靠他力，卻不應在方法上是此非彼而加以非議，故章氏可謂為革命的宗教觀，而不是追求宗教理想世界的實現。

王汎森

(1) 專書
《章太炎的思想及其對儒學傳統的衝擊》，臺北：時報文化出版事業，1985.5。

(2) 論文
〈清末的歷史記憶與國家建構──以章太炎為例〉，《思與言》第34卷第3期，1996.9，頁1-18。

　　《章太炎的思想及其對儒學傳統的衝擊》係作者之碩士論文出版，是著對於章太炎受乾嘉學統、晚清諸子學興起、嚴復思想影響與佛學洗禮的思想背景，及其思想內容——包涵排滿和反帝國主義的民族思想，和涵蓋「俱分進化論」、「五無」、「四惑」、反代議政治、極端平民思想、齊物思想等在內的社會政治思想，以至於他對儒學傳統的衝擊與影響等，皆有極全面之探討。書中之突出見解，如論《齊物論釋》標示著章氏思想變遷「迴真向俗」之絕大轉折：他從「齊物」領悟到應容許物物各自保有己道，凡持一己標準以要求人或限制人，皆是執著，所以包括他自己曾以「唯識」作為唯一標準，而抹煞其他學術思想，也是一種「魯莽滅裂」之舉。自後他逐轉向認為凡「外能利物，內以遣憂」之學說，皆有存在價值，皆應予以尊重，故對於過去他所批評的程朱陸王之儔、基督教等，也都能持新的態度，減少門戶之見，同時亦不再堅持高蹈虛無思想，可謂章氏思想的最後定論。又如指出章氏之「訂孔」、詆孔以及將六經「歷史文獻化」，掃除了六經的神祕色彩，使六經的神聖性發生根本動搖，對其弟子錢玄同和胡適、魯迅、傅斯年、顧頡剛等新文化健將皆有其影響或思想關聯。

　　〈清末的歷史記憶與國家建構〉一文，則作者關注晚清學者將兩百多年未被質疑的「國」與「大清國」之統一體予以分裂，並且突出由章太炎所領導的國粹運動，以及漢族歷史記憶，尤其是明清之交的記憶之復返，對當時「革命」與「君憲」論爭及最後革命派勝利的影響。文論在國粹運動中，清儒中對於人性抱持自然觀點的新哲學，如戴震等主張欲當即理以及強調實踐實行的經世之學，和明清之交被清廷壓抑的南明史等，在章氏等人有意「以國粹激勵種性」下獲得提倡，柳亞子便曾說他「積極蒐集南明故事，以增強自己的反清意識。」而當時尤其被反覆強調的是能保存漢民族歷史記憶的小學和歷史二端，以其為「中國獨有之學，非共同之學」，在此一背景下，章氏為大部分漢學考訂找到了現實政治的意義。章氏在晚清革命時期所寫的許多宣揚種族思想、重塑傳統的文字，所向披靡

地對倒滿運動有無比貢獻，革命成功後，他又積極重建明清之交的滿漢衝突歷史。作者復提及明末清初有很多考論「深衣」的著作，而許多漢儒也都要求深衣下葬，以示對清朝章服的拒斥，章氏家族亦皆然。而章氏在決定反清後，不僅書為〈解薙髮〉且率先斷髮易服，不願再著戎狄之服。要之，作者強調被壓抑歷史的復返、被壓抑潛流的再現，在清季凝聚成一股歷史記憶，對當時知識分子將「國」與「朝廷」分離以及宣揚趕走滿人的正當性，具有重要作用，也某種程度地影響了他們不願接受在滿清皇帝下的政治變革，而走向革命之途。

胡楚生

〈章太炎「釋戴篇」申論〉，《幼獅學誌》第19卷第2期，1986.10。（收入氏著：《清代學術史研究》，臺北：學生書局，1988.2，頁151-170。）

　　作者指出學界論及表章戴震義理者多推梁啟超、胡適，實則章太炎討論戴學早於二氏，有〈釋戴篇〉之作。章氏論戴之重心有如下三端：1.戴震理欲觀之立異於程朱，主要緣自範疇不盡相同。2.戴震「以理殺人」之說主要針對清帝而發，並非一般論者所見針對宋儒立說。3.戴震義理雖託名孟子，實則根源上溯荀子之心傳，作者於文中並羅列眾多例證以闡明章說，是文可謂代章氏而作。惟對於章氏及作者所論，或可加以商榷：蓋章氏抱持鮮明之種族主義，目標在於推翻清廷，而戴震整體義理系統則在「發狂打破宋儒家中《太極圖》」，章氏稱其針對清帝而發，恐有借戴為己張軍之嫌。另外章氏和康有為的古今文之爭，康氏援孟而有《孟子微》之作，章氏則好商韓法治而喜《荀子》、《韓非子》。至於戴震《孟子字義疏證》，則他雖然肯定氣性，但堅持性善立場，故於荀子性惡說之價值外在，再三批判其「不知理義為性」，則章氏說戴震為荀子心傳，恐亦未孚戴氏自詡《孟子》解人之意。是以學界多稱梁、胡而不稱章氏說戴，或應另有思想因素。

汪榮祖

《康章合論》，臺北：聯經出版社，1988.5。
《章太炎研究》，臺北：李敖出版社，1991.6。

　　作者對晚清思想素有深研，《康章合論》已見於前述康有為之部，其中有關章太炎的部分，則作者論以章氏在庚子拳亂後，從原來的變法支持者走向與康有為殊途的革命排滿，固由於清末一連串經驗事實所致，實也由於重視歷史激發了他的民族主義，使他認識到「文化的特殊性格」，並由此產生「文化多元論」而反對異文化間的移植或模仿，更反對西方中心的普遍真理，以此對立於康有為之論「人類公理」，故他欲辨不能以「主觀的真理」作為「客觀的真理」來束縛人。此外，章氏之主張保存國粹，也非出於文化保守主義的情結，或難以扔掉文化與感情包袱。蓋章氏批判並揭除經學的神祕與神聖性格，拒絕儒學的獨尊與正統地位而以諸子配孔，此其思想體系欲「求是」地「轉俗成真」，然後在實際問題上則「致用」地「迴真向俗」。他有意要探索出解決中國實際問題的思想趨向，主張中國不必以「不類遠西為恥」，要以「不類方更為榮」，故作者強調西化派與章氏間的水火不容，並非單純的中西之爭，而是彼此文化觀點的根本歧異。

　　至於《章太炎研究》，則作者有意採取較不嚴肅的散文筆調書寫，以廣閱讀。全書分立三十一專題，從章太炎故居、生平，到其與嚴復和康有為、孫中山、黎元洪、蔣中正等人之思想比較、過從交涉等，再到其文化觀、史學、經學、語言文字學等種種學術及思想要義、語錄，涵蓋章太炎重要思想及行誼事蹟。書論如比較章、嚴思想，謂章氏從一開始的傾心嚴復，深受嚴譯達爾文主義及西方文明是「天地間的公共之理」影響，而認同變法維新，到後來（1906年）在《民報》上另外提出「俱分進化論」，針對「公理」說加以挑戰，認為其非客觀真理，只是主觀學說，因為進化的終極未必是「盡美醇善之區」，以道德言，善惡俱進化，以生計

言，亦苦樂皆進化，對反之雙方並進如影隨形，而攸關智識之直進，故「曩時之善惡為小，而今之善惡為大；曩時之苦樂為小，而今之苦樂為大。」衡諸今日，文明日進而環境汙染亦日進，武器殺人更「伏屍百萬，喋血千里」，確可為證。又論章氏排滿，亦針對嚴復之反對排滿進行駁斥，作者言他係將民族主義解釋為「復我主權」之近代民族主義，並非宗法社會下狹隘的的種族主義，是章氏思想成熟後之與嚴復截然異趣。不過就此而言，有諸多學者到底認為章氏是種族主義，或狹隘的民族主義。

董金裕

〈章太炎的「格物」說〉，《孔孟月刊》第27卷第10期，1989.6，頁8-13。

該文闡述並析論章太炎對漢、魏、宋、明、清各朝之鄭玄、傅玄、司馬光、朱熹、王守仁、王艮、顏元、惠士奇等八家的「格物」說之討論及批判。文論章氏認為鄭玄注以「來事」、陽明說以「正物」，二家「於道最卓」，但因果相倒反，故「非本記文旨」。至於王艮以「物有本末」說格物、「知所先後」說致知，而修身為「本」，格物即「知本」，「立本」為「安身」，章氏言如此則格物、致知、修身各目「於文為重沓」，「於義無所取」。另，顏元以「物」為鄉三物、格物即親手格習其事，章氏言失於「退」，惠士奇以「度」釋「格」，謂絜矩猶格物，然絜矩之道乃針對「平天下在治其國」言，故章氏謂其失於「進」。又，司馬光說以「格拒」，有消極避世意味，故章氏曰「近於枯槁」，至於傅玄之「清議」說，蓋以魏晉清談好月旦人物言，朱熹之「窮理」說則欲以道問學達到尊德性，章氏皆謂去道遠。章氏在述評各家之後，並謂以格物即「來物」，但格物、致知、誠意三者是言吾人與外物接觸而自然產生的真實感受、好惡之情，並無工夫意義在。然於此，作者亦商榷其說而意有不然，謂《大學》言「必」誠其意，豈可謂誠意無工夫意義？惟對於章氏所評，

則作者認為大抵有據，且有極中肯綮者。

李偉泰

〈論章太炎的文化觀〉，《臺大文史哲學報》第38期，1990.12，頁 1-16。

　　該文通過章太炎「轉俗成真」的「真」和「迴真向俗」的「俗」，說明章氏學說中為了求是而發的議論，是「真」的層次，而落到現實致用的問題，則其言論與作法自是不同，此屬於「俗」的層次，二者應該分別來看。文論章氏對待西學的態度一直是相當開放的，但是他反對自賤家珍，故又極力提倡國粹，而章氏認為歷史正是國粹的主要內容，足以喚起民族自覺心，所以他將國粹淪亡看得比亡國更可怕，並認為辛亥革命成功的原動力，就是潛藏胸中的反清復明思想，因此其提倡國粹，是為了保全種性（或說愛國心、民族自覺心、民族主義等）── 在這種形勢下，章氏所做的種種議論大半屬於「俗」的層次。至於章氏自評《齊物論釋》「可謂一字千金」、「千六百年末有等匹」者，是就「求是」而言，認為理當如此，即他站在齊物立場對文化問題所發的議論屬於「真」的層次。在《齊物論釋》中，章氏開宗明義地將齊物釋為「一往平等之談」，謂必須完全撥去是非之心，泯除優劣、文野之見，故世間並無正處、正味、正色之絕對公理與標準，而其更早的〈無政府主義序〉、〈四惑論〉便也已經運用此一齊物觀念了。但是要泯除是非、文野之見，終究只是一種理想，當落到現實的致用層次時，自又不同，故此一層次他用宗教來發起信心，以華嚴、法相二宗改良中國的宗教，並用國粹來激勵種性，以增進愛國熱腸。

王樾

〈章太炎《齊物論釋》之分析 ── 章氏以佛解莊詮釋理路之探討〉，《淡江史學》第6卷，1994.6，頁201-217。

　　作者著眼於《齊物論釋》是章太炎自我評價最高的學術著作之一，其與章氏成學歷程相驗，正是「始則轉俗成真，終乃迴真向俗」或「以分析名相始、排遣名相終」的真俗交攝、圓融不二階段代表作。《齊物論釋》反映了章氏會通佛莊思想以濟世、經世的關懷，其貢獻不僅在於章氏通過創造性詮釋，賦予中國傳統哲學中「平等觀」以一合於新時代要求的解釋，更在於提供了一個如何會通中國傳統哲學的研究方法。文論章氏是在蘇報案囚繫上海的極端困頓生命處境與清末客觀環境的存在感受中，經過生死血淚、凌虐煎熬而契悟了菩薩利益眾生，頭目腦髓皆可施捨的大悲願力，遂翻成學術的開闊新氣象。他在逐步創造自身思想體系的同時，深刻體悟到應將宗教情操、學術文化與政治改革、社會實踐相結合，故依唯識學而建立起一己之思想體系。他依唯識宗「萬法唯識」的認識本體世界「三自性」，強調「敬歸圓成實性，隨順依他起性，排遣遍計所執性」的思維方式，以能離遍計所執自性、如實了知依他起性之空性，即以「（我、法）二空」圓滿成就諸法實性之「轉識成智」方式會通佛莊——欲顯圓成實性必先破我、法二執，即莊子之「喪我」，無「有物、有封、有是有非」，爾後「名相可空」，故章氏曰「能證無我，而世間始有平等之大慈。」而儘管唯識「有宗」與般若「空宗」對立，但也繼承了空宗的中道理論，故接著可以進入雙遣二邊不離二邊的「中道」，即莊子「和之天倪休乎天鈞」之兩行之道的圓融，此也即是「即空即有」，說空不遣有，說有不失空之真俗不二。故作者引方東美、牟宗三之論「有無對反」以及郭象注莊「詭辭為用」的「跡冥圓」，以說明佛莊共同的思維理路。儘管《齊物論釋》涉及的佛莊會通如何可能？學界歷來存在不少爭論，但作者本文採取方法論的進路，以「雙遣二邊不離二邊」的中道，或「相反相成對立而統一」之思維理路模式說明章氏之會通佛莊。全文主要突出章氏之詮釋進路與思辨方法，而不必涉及佛莊思想的各自具體內涵，故能別開蹊徑。

岑溢成

〈章太炎與清代今文學〉，《近代中國文學與思想集刊》（中央大學），壹號，1995.6頁198-209。

　　作者強調在晚清今古文經學之爭中，章太炎無疑是古文經的關鍵與代表人物，但其思想不斷變化發展，必須通盤掌握其於今文經之整體態度及其思想歷程，始能相應理解。文中，作者析論1902年以前，自章氏早期的《春秋左傳讀》可知他對孔子地位和《春秋》性質，大體接受孔子為素王及以《春秋》改制之今文學根本立場，他和今文家的不同，只在維護《左傳》而肯定《左傳》傳經，此時尚未形成今古文對等的爭論。逮及《訄書》重印本增補〈訂孔〉篇，則章氏對孔子和《春秋》價值出現轉變，他否定孔子託古改制且以《春秋》為史，他從文化維護者的角度肯定孔子，但未自《六經》角度確定孔子的地位，而這對今文經也只有消極的批評作用，並且未肯定孔子地位與《春秋》價值，則古文經亦將自失立場，所以此時也尚未有對等爭論，比較對等的爭論要到後期的《春秋左傳疑義答問》才形成。此時章氏補充〈訂孔〉之說，謂《春秋》乃孔子據魯史舊文加以筆削治定而成，是以其中確有微言大義，但因據魯史為底本，記事與評價皆受侷限，需賴《左傳》補充之。至此，《左傳》始因記事與評價皆能補充《春秋》而獲積極性提高地位，章氏才形成足以和今文經相頡頏的古文經立場。故作者總結章氏並未全盤否定今文經學，他只是反對今文學過於極端的立場——他並不否認《春秋》寓有孔子的「微言大義」，但不能接受處處都是「微言大義」的極端說法；他不否認《春秋》是孔子所作，但不能接受託古改制的偏激立場；他沒有否定《公羊》的意義，他只是肯定和強調《左傳》的地位與價值。

王遠義

〈獨立蒼茫：辛亥革命前章太炎的激進思想及其烏托邦與反烏托邦性質〉，《章太炎與近代中國學術研討會論文集》（善同文教基金會編，臺北：里仁書局，1999.6），頁221-260。

　　作者肯定章太炎是二十世紀中國思想界第一個對歷史進化進步問題與資本主義問題，提出深刻質疑、批判而富於原創性的思想家 —— 法相佛學被改造引入其世界觀與知行論，並表現出強烈反西方中心論、反歷史進步信念、反現代化理論、反世界史一元發展、反鉅形公理論、反齊頭平等觀……等思想見解，是為本世紀極少數中國思想家而可與西方思想交流對話，並對之非難、反省批判者。文中，作者主要梳理章氏之「俱分進化論」、「五無論」、齊物觀等重要思想的形成次序及思想理路，以闡明章氏思想的一貫性與一貫之旨，非如絕大多數學者所評所見之矛盾衝突。文論章氏的俱分進化觀，意欲打破西方中心論式的進化史觀，抨擊文明進化所產生的善惡苦樂不能在客觀上證明文野差異具有主客優劣的意義，在理論上提供一種捨資本主義大道不由，也許還存在其他較佳途徑的可能，並憑藉為駁斥康有為、梁啟超、嚴復等人提倡君憲制，特別是康有為「大同三世」說的理論。「五無論」則是章氏提出一個沒有社會衝突，沒有不仁、不平等根源的圓滿終極世界，以作為國人應付或逃離俱分進化的相應世界觀，然後反襯出當下人類世界的不圓滿性，期於人們因「五無」的覺醒而獲得轉變或超越。它既是一種世界、也是一種境界，可歸為一種虛無主義，一種意欲改造這個世界的消極悲觀烏托邦心態或思想。再說到章氏的齊物思想，他反對以虛矯的公理（或社會法則）去壓制人的個性，以致忽略了個體的獨特性、差別性與多樣性。他批判當時中西方思想界迷信物質文明，妄加區別文明、野蠻，故對於普遍性大原則或普世主義，或據此建立的任何學說思想，皆持懷疑甚或否定態度。他強調世間法不過「平等」二字，認同老莊摒除善惡是非的世間法，但在面臨選擇走資本主義

或社會主義道路時，他只好傾向後者，惟此終究不是中國人的圓滿歸宿之境。同樣地，主編《民報》時，他雖然同意無政府主義，但觀察中國內外形勢，考量現實，仍主張應先設立新政府，再謀無政府之期，故謂中國當下應先發揚愛國主義以建設國家，先發揚民族主義而暫緩無政府主義——此即章氏之由排滿→（中華）民族→（共和）國家→社會主義→無政府主義，逐級提出在中國達到「五無」前的途程與行徑。作者總結章氏思想主要係針對資本主義問題、歷史進化進步問題而發，他反對西方中心論將現代性敘述普世化為世界邏輯的偏頗史觀。他認為晚起步的發展中國家不論就道德、社會形態或國際關係言，都不必要，也不適合、不可能追隨西方發展模式，包括資本主義和社會主義——他的思想中存在著五無的烏托邦世界以及反西方烏托邦兩重特性。

丘為君

〈批判的漢學與漢學的批判：章太炎對考據學的反省及對戴震漢學的闡釋〉，《清華學報》第29卷第3期，1999.9，頁321-364。

　　文論具有深厚傳統儒學根基又深具批判意識，並且是系譜學上戴震傳人（戴震→王念孫、王引之→俞樾→章太炎）的思想家章太炎，他對戴震的態度是兩極的：既肯定戴震在考證學方面能夠建立起系統知識論的貢獻，又以大乘佛教與道家同情者的立場，反對戴震之批判釋道思想。就章氏對漢學的批判式反省言，他批判鑽研「彝器款識」而與學問大體無涉的專家和侈言《公羊》經說者兩類漢學末流，反之，他肯定清代考據學「明故訓」、「甄度制」、「使三禮辨秩」、「群經文曲大通」之學術貢獻，並自該角度肯定戴震能建立起「貫通」群經的訓詁通則，讚許戴震對於考證學的系統知識建構，使考證學不是破碎性的知識，但是論及戴學的思想細密處，則章氏頗與之衝突。蓋就章氏對「國學」的內部言，他站在樸學立場，「尊漢貶宋」地認為漢學優於宋學。就他對「國學」的外部言，則

他終身末改「儒不如釋」的定見和以佛解讀「國學」的風格——從「儒不如釋」和「宋不如漢」的二重成見出發，他發展出歷史批判而非哲學批判的「揚王斥朱」、「朱不如王」儒學觀，依「反佛派／親佛派」為判，認為朱學排佛的歷史流弊大於王學；從「儒不如釋」和「外儒內佛」的思想特徵言，則他無法認同戴震崇尚自然主義世界觀而拒斥宗教的反佛、反道思想。作者並言正是在此一思想衝突下，日後發揚戴學的工作，弔詭地落到曾與古文經學不相水火、而具有今文經學背景的梁啟超身上。

　　除上述眾作外，學界還有諸多通論章太炎思想或其他議題的，如吳蔚若〈章太炎之民族主義史學〉（《大陸雜誌》，第13卷第6期，1956.9，頁5-8）；陳大絡〈章太炎的政治思想與學說〉（《藝文誌》第106-123期，1974.7-1975.12）；黃公偉〈國學大師章炳麟的古文學〉（《中國近代學術思想變遷史——近代改變中國思想的歷史證言》，臺北：幼獅文化事業公司，1976.5，頁120-137）；林尹〈章炳麟之生平及其學術文章〉（《孔孟月刊》第14卷第11期，1976.7，頁16-23）；張玉法〈章炳麟先生的學術成就〉（《中華文化復興月刊》第11卷第2期，1978.2，頁68-72）；錢穆〈太炎論學述〉（《中央研究院成立五十週年紀念論文集》，1978.6，收入《中國學術思想史論叢（八）》，臺北：東大圖書公司，頁392-407）；羅光〈章炳麟的哲學思想〉（《哲學與文化》第12卷第3期，1985.3，頁2-17）；陳木杉〈略論章太炎之民族主義史學（上）、（下）〉（《共黨問題研究》第11卷第7-8期，1985.7-8，頁32-69、31-38）；陳炯彰〈清末民初佛學思想復興運動研究取樣：以康有為譚嗣同及章太炎為中心的探討〉（《國立中山大學學報》第4期，1987.6，頁227-258）；高明〈章太炎先生之學術成就〉（《孔孟學報》第58期，1989.9，頁309-317）；黃錦鋐〈章太炎先生的齊物論釋〉（《國文學報》第20期，1991.6，頁39-45）；董平〈章太炎思想簡論〉（《中國文化月刊》第146期，

1991.12，頁28-52）；張錫勤〈章太炎的思想〉（《中國近代思想史》，臺北：萬卷樓圖書公司，1993.3，頁546-584）；方光華〈論章太炎史學思想演變的三個階段〉（《哲學與文化》第20卷第4期，1993.4，頁410-419）；胡自逢〈太炎先生左氏學〉（《第三屆近代中國學術研討會論文集》，1997.5，頁1-22）；李朝津〈論清末學術中經學與史學的交替──章太炎民族史學的形成〉（《思與言》第36卷第1期，1998.3，頁1-37）……等。學位論文則有李淑智《章炳麟與辛亥革命》（1974年文化大學歷史所碩士論文）；曾豔雄《章太炎在中國革命報刊地位之研究》（1979年文化大學哲研所碩士論文）；王汎森《章太炎的思想之研究》（1982年臺灣大學歷史所碩士論文）；孫嘉鴻《晚清章太炎、陳天華、秋瑾革命文學之研究》（1984年政治大學中研所碩士論文）；蘇美文《章太炎〈齊物論釋〉之研究》（1992年淡江大學中文所碩士論文）；黃錦樹《章太炎語言之學的知識（精神）譜系》（1993年淡江大學中研所碩士論文）；周傳瑛《章太炎及其史學精神研究》（1996年高雄師範大學國文系碩士論文）；張至淵《論章太炎對儒學的批判》（1996年中山大學中文系碩士論文）；張中雲《整理國故運動之研究：以章太炎、胡適、顧頡剛為例》（1996年東吳大學中文系碩士論文）；陳梅香《章太炎語言文字學研究》（1997年中山大學中文系博士論文）等。

10. 梁啟超（1873-1929）

　　梁啟超一生波瀾壯闊，政、學方面皆有突出表現，除眾知的追隨康有為變法維新外，他還曾輔袁、倒袁、輔段、擔任進步黨領袖、辦報、講學、著述，是清季民初傑出的啟蒙思想家、宣傳家與學者。他「筆鋒常帶感情」地欲開民智、新民德，曾在《新民叢報》倡論君憲而與革命立場的《民報》激烈論戰，民國以後，他又組黨以推動政黨政治。他在清代和先秦思想史領域皆有為人稱道的佳績，著作眾多。然而在當時以

「革命」為主流的流行觀點下，他反對流血的政治革命和外力干涉，主張從事社會改良與政治改革的漸進式改良主義——墨子刻（Thomas A. Metzger）稱為「調適類型」，而非「轉化類型」者，被認為不合時宜，並未得到時人之認同與支持。

　　學界對梁啟超的思想研究，在自由主義方面，除蕭公權、黃克武等認為他比較接近英國傳統的自由主義，是環繞個人人格的發展外，其他多強調其思想中的國家主義特質，如由張灝《梁啟超與中國思想的過渡（1890-1907）》（*Liang Ch'i-ch'ao and Intellectual Transition in China*，1890-1907）所代表的，認為梁氏雖醉心西方民主，但他更關心國家利益，他的思想核心是比個人更重要的「群」，他其實不了解以個人為基礎的自由主義——該說相應於史華茲論嚴復將民主與國家的集體價值（富強）結合，不是西方之以個人自由為基礎，也與西方漢學主流認為中國文化具有集體主義和權威主義的特點相符。至於梁啟超與中國傳統的連繫，則繼李文森（Joseph R. Levenson）在《梁啟超與中國近代思想》（*Liang Ch'i-ch'ao and the Mind of Modern China*）中提出被稱為斷層式「文化認同論」，強調歷史與價值撕裂的「理智上疏離中國文化傳統，而感情上仍與傳統連繫」之後，學界迭有不同論見——或謂梁氏在智性上並未完全否定傳統價值，或謂他仍深受中國傳統影響，以及其所關懷者是政治層面，並非文化層面，他對文化只是一種實用性目的，非感情與價值。而梁氏出於「吾心愛國如焚，需飲冰止之」之「流質易變」，固然導致許多觀念反覆善變、前後矛盾，不僅他自己曾感迷惘，也頗受學者質疑。惟其於清季民初之思想影響，從胡適《四十自述》言：「我個人受了梁先生無窮的恩惠。現在追思起，有兩點最分明，第一是他的『新民說』」，便可以窺見一斑。

張朋園

(1) 專書

《梁啟超與清季革命》，臺北：中央研究院近代史研究所，1964.5。

(2) 論文

〈社會達爾文主義與現代化——嚴復、梁啟超的進化觀〉，《陶希聖先生八秩榮慶論文集》，臺北：食貨出版社，1979.12，頁187-230。

〈梁啟超的兩性觀：論傳統對知識分子的約束〉，《近代中國婦女史研究》第2期，1994.6，頁51-64。

作者對梁啟超素有深研，他將梁啟超一生分為成長時期、推翻專制運動時期與維護民國時期，並撰《梁啟超與清季革命》、《梁啟超與民國政治》（臺北：食貨出版社，1978），加以分論，惟本研究僅及清代哲學，故不論後者。作者之《梁啟超與清季革命》一書，主要論梁啟超早期的思想及政治運動，包括戊戌前的求變思想及活動，和流亡前期的革命思想及革命運動從事、其與孫中山先生的合離關係、其在庚子自立軍之役中的奔走策劃，以及其在流亡後期言論轉趨溫和的立憲運動、其與革命黨的論戰暨影響革命的言論等。作者肯定梁氏啟蒙運動與激進思想之價值所在，並認為即使他轉趨溫和後的思想仍具有影響力，是以全書主要欲檢討梁氏對清季革命的影響及得失。書論皆以梁啟超在報紙雜誌所發表的初刊著作作為主要引用材料，對於時人之作間亦有所採用。

作者論梁啟超的求變思想，即其接受中西文化的過程，包涵了中國傳統文化的春秋三世之義，以及西洋文化的民權、自由、進化等思想基礎，並謂其在戊戌之前，便已是少數知識分子中倡導民權的啟蒙思想與鼓吹革命、隱言族類之「先時人物」了，此其不同於康有為。至於流亡日本前期的革命言論，則梁氏藉《清議報》和《新民叢報》廣為流布新民、破壞與革命思想，主張排滿以興民權、破壞以建民國。自其新民說一出，革命思想深植人心，他亦與中山先生始合終離——中山先生是直接的倒滿者，

主張鳴鼓而攻之，梁啟超則是間接的倒滿者，主張以勤王為號，加上康梁的師生關係，亦使他們不能徹底合作。但是光緒二十九年後的流亡日本後期，梁啟超言論卻判若兩人地轉為反對革命、排斥共和，此其所以被歸為維新派（前此則宜視為革命派）。對此，作者釋以康梁關係、與革命黨不睦、感情轉變，以及得黃遵憲之教而「避革命之名，行革命之實」等因素（作者嘗另撰〈黃遵憲的政治思想及其對梁啟超的影響〉，《中央研究院近代史研究所集刊》第1期，1969.8，頁217-237），並謂此時梁啟超指導立憲運動，一面策進國內運動，一面以言論配合，異曲同工地引導了革命激潮，故其於辛亥革命及革命成功，有其影響。此外，作者又述立憲論與革命論激戰的影響：梁啟超主張政治改革與社會改良主義，不主張流血的民族革命，故他與革命黨汪精衛等針對排滿的民族主義，以及「民主政體／君主立憲（開明專制為預備）」、「社會革命（土地國有、土地分配、單一稅制）／社會經濟改良」等問題展開駁論。而儘管《民報》聲勢似在《新民叢報》之上，但梁啟超論見雖與之相異，他經常指摘清廷罪狀，亦間接促成了清政權之覆亡，革命黨受其影響，論見也更趨明晰縝密以減少錯誤。故作者亟強調梁啟超以言論起家，一生創報不下十數，其於近代中國的啟蒙運動、思想解放、民國催生，皆有深遠影響。

　　是以蕭公權為該著撰序，稱作者所欲達到的檢討梁氏「對於清季革命的影響及其得失」之目的已經十足達成，不過對於作者有關梁氏與革命運動暫合終離的解釋，則蕭公權提出不同的看法。其謂梁氏的民權思想和《民報》的民權主義有別，革命論的《民報》立場接近法國盧梭，以檢束個人自由，以伸張國家自由為宗旨；梁氏則反對「民之父母」的政治觀，欲經過「開民智」、「新民德」，以使個人得到最高人格發展，比較接近英國傳統自由主義之限制政府權力以發展個人能力——然而自由主義的民權政治需在憲政已成的國家始能實現，故梁氏之民主態度在清季民初並不合時宜。以此，蕭公權認為梁啟超與革命運動之終歸分離，有其「不慊於當時革命家之所為」的思想因素在，也因此梁啟超在民國以後雖效忠共

和政府，投身政黨政治，並反對袁世凱洪憲帝制和康有為、張勳的宣統復辟，但卻始終不肯與革命黨及中國國民黨合流。

　　至於〈社會達爾文主義與現代化——嚴復、梁啟超的進化觀〉，是在嚴復引進斯賓塞的「適者生存」說作為富強理論的根據，梁啟超又引以為改革動力的背景下，作者欲探討社會進化論（社會達爾文主義）何以既是西方帝國主義、殖民主義向外擴張的動力，同時又是中國追求現代化以自救的動力？文中關於嚴復思想，於此不論，梁啟超部分，則作者強調他早年師從康有為的「三世之義」，流亡日本後受日人加藤弘之及其所譯伯倫知理（Johann K. Bluntschli）的國權政治論影響，而改持社會進化論——加藤早年力持「天賦人權」，後來走向進化論並改持強權論，認為民智需要經過開化培育始能賦予參政權——梁氏正是以此駁斥革命論的民主立場，並放棄三世之義而改持進化論作為救國論的動力，且由激進的革命態度轉為溫和漸進的君主立憲運動，作者言這是前著論及梁氏言論轉變所應該增補的因素。又，有關個人與國家的關係，作者傾向認同史華茲論嚴復的進化論係以「富強」為目的，而認為梁啟超強調建立民族國家的手段亦是去私愛而為公愛，他們的思想並皆寓有民主、自由、平等的想法，只是因受時代思潮限制而未能提出詳密計畫。至於嚴、梁二人對社會進化論的傳播，作者認為從文字的量與體裁言，梁氏無疑堪稱傳播進化論的大功臣，但是進化論在中國雖有正面的激起救國主義作用，卻也造成了個人主義氾濫、民主政治無預期成長、軍閥危害等負面影響。

　　另，〈梁啟超的兩性觀〉，則作者先自梁氏的婦女觀談起，文論梁氏在戊戌變法時期，包括女學和不纏足運動的婦女改革運動，便已是他早年推動維新運動的突出論點了，曾經掀起全國性響應。梁氏並曾有「一夫一妻制」構想，亦曾躬親奉行，拒絕了愛慕他而他亦甚有好感的女子為妾。不過作者也舉例梁啟超的真實事蹟，說明他雖曾一度走出傳統，但不旋踵便又走回傳統兩性觀地納妾、痛責徐志摩婚變，並主導兒女之婚姻。故作者結以：作為一個思想家，梁氏當之無愧；談女性解放，梁氏扮演先驅角

色；至於戀愛、結婚、離婚的兩性關係，則他便遜色了 —— 作者據此而論，如梁啟超等高層知識分子對於傳統倫理文化的價值觀，隨著年齡漸增而愈難突破，不知不覺遂又轉向保守地退回傳統了。

黃進興

〈梁啟超的終極關懷〉，《史學評論》第2期，臺北：華世出版社，1980.7，頁85-100。

　　該文意欲探索梁啟超善變表相背後的終極關懷。作者指出表面上梁氏確曾自反滿轉為助康有為變法，自認同革命、破壞與民主轉為鼓吹開明專制，又自君主立憲轉為擁護共和。然而造成這些表面矛盾行為的真正原因，是梁氏內在關懷裡有一些更基本的東西，他的一生都在追尋任何可能的方法以解除列強對多難祖國的侵凌 —— 作為政治實體的中國，而非文化價值，才是他一生政治事業始終一致的終極關懷。作者認為對梁氏而言，「中國」所顯現的政治意義遠過於文化意義，是以凡如他結合社會達爾文主義和民族主義、倡論「保國」比「保教」和「保種」重要，以及他在判定民主不是救中國的實際而有效工具後，即加以拋棄地說「嗚呼！共和共和，吾愛汝也，然不如愛祖國。……吾與汝長別矣！」並轉從事於君憲運動，而當他的恩師康有為1917年欲行復辟時，他則擁護共和地與之決裂。即其提倡宗教，也由於相信宗教可以復興中國，是把宗教當作一種精神動員的方法，企圖藉宗教信仰為現代國家誘導，催引出潛在的政治力量。晚年他退出政治舞臺轉從事教育，亦因他認為必須從根本來救中國，要之，一切行為皆出其「愛國如焚，需飲冰止之。」故作者言梁氏對一切理論運用都只是視為工具，並非目的，積極的愛國主義常迫使他與先前的持論觀點相矛盾，他是滿懷熱情的知識分子，而非機會主義或自利的政客。

雷慧兒

《梁啟超的治國之道——人才主義的理想與實踐》，臺北：東大圖書公司，1989.6。

作者指出梁啟超的政治主張，因時勢境遇之不同而有所變化，有過渡時期的手段和最終理想的不同，而其所發表的議論，絕大部分是為過渡時期中國的因應之道而發。他主張將改革所需的政治權力賦予少數擁有新知的優秀分子，強調少數優秀分子的主觀意識可以改變客觀環境，故作者稱梁氏為「人才主義」或「賢人政治」主張者。作者認為梁氏一生皆奉行人才主義，雖曾倡導民權，但他認為應由「民之秀者」先實行之，並未觸及尋常百姓。儒家的精英主義在梁氏心目中仍占有舉足輕重的地位，平等主義則還是一個遙不可及的理想。作者又論梁氏自清季以來的人才主義實踐過程，先後曾歷君主立憲、開明專制、政黨政治等政治制度，以及戊戌新政、輔佐袁段、庚子自立軍和護國軍起義之革命、進步黨領袖、以辦報和講學等言論傳播事業培養政治人才等不同階段作為，但他與下層社會群眾始終沒有發生直接連繫，其漸進改良主義也因未能符合清末的排滿革命、民初的中國統一戰爭之時代思潮和時代需求，而難於成功。

何信全

〈儒學與自由主義——梁啟超的詮釋進路〉，《第三屆中國近代文化問題學術研討會論文集——中國近代文化的解構與重建（康有為、梁啟超）》，臺北：陳百年先生學術基金會、國立政治大學文學院，1990.5，頁63-78。

該文主要探究梁啟超思想兩大支柱的儒學與自由主義之詮釋進路。文論影響梁氏最重要的儒學思想，是康有為強調因時求變的「三世漸進」說，即就時間而言，無量世皆循序逐漸演化，要各得其宜而不應躐等躁

進，梁氏之漸進改良主義即由此定調。至其自由主義，則他深受社會達爾文主義影響，並採取德哲伯倫知理（Johann K. Bluntschli）的國家有機體說：「國也者，非徒聚人民之謂也，非徒有府庫制度之謂也，亦有其意志焉，亦有其行動焉。」故梁氏亦持國家是在「立國心」推動之下所摶成的有機整體，全體國民即等同於國家，國家必賴國民活動之精神以充之，故「欲維新我國，當先維新我民。」以此別於盧梭主張國家是由個別國民基於契約之合意所構成。所以梁氏論群己關係，不是群己對立，而是從群己一體的基點出發，視群體為一有機體——他便是由此一進路詮釋西方自由主義，認為利己心與愛他心是一而非二，故批判逐樂享利的個人自由主張。他以內在的積極自由界定個人自由，強調「自除心中之奴隸」，反對做古人、世俗、境遇、情慾等之奴隸，要真正做自己的主人。作者認為梁氏此一切入點之自由主義，深受儒學架構觀念影響，形成了儒學與自由主義之「唯心哲學向度下的匯合」，即以孟子到陸王心學的觀點與西方積極自由脈絡下的自由主義相匯合。作者並總結儘管梁氏思想看似多變，實則自始至終未嘗離開唯心（idealistic）哲學的脈絡，他是以儒家孟學的唯心哲學體系涵攝自由主義，並據以批判性地引介自由主義觀點，故其漸進改良主義雖然接近英國傳統自由主義。但他詮釋自由主義的脈絡並不是英國式，而是歐陸式的，其乖違西方自由主義以個人自由為核心的觀點，正是緣自儒學根源——其心學而非公羊學的儒學詮釋核心。

宋文明

《梁啟超的思想》，臺北：水牛出版社，1991.3。

　　作者強調梁啟超是我國清末民初一位最具影響力的啟蒙運動者，肯定其在近代史上所代表的改革與進步傳統，並認為此一傳統愈到後來愈顯出其重要性與時代意義。書中盡量包羅了梁氏各個面向的思想主張，有梁氏出自英雄崇拜，而專門書寫古今中外愛國救國、愛人救世的志士與烈士

之傳記文學，以及包括梁氏論儒家仁政思想、天命觀、中庸主義在內的「梁啟超看儒家思想」。作者認為梁氏既不完全是一個傳統主義者，也不完全是一個批判主義者，而是科學的研究者態度。此外，還涵蓋了層面廣闊的梁啟超之道德觀、歷史哲學、方法論、進步主義、「新民」理想、經濟思想、人性論等，書末並附錄有梁氏論譚嗣同、《左傳》、《論語》、《史記》的論點及作者析論。書論如：梁氏道德觀持論「社會需要決定道德」、「社會共同利益決定道德」的倫理相對主義，此其進步主義或改革派的思想。梁氏的歷史哲學，其初頗強調人類自由意志的作用，後來則相信歷史發展中的某種因果律和環境條件的影響，最後對於人類自由意志與環境條件限制、創造與因果律、時勢與人物，採取一種兩相折衷的態度，故其完整歷史哲學是一種重視心與物——人類自由意志與環境條件及某種因果律互為作用的兩元論。又，梁氏之「新民」理想，是以盎格魯撒遜人為目標的救國主義，其政治思想亦屬典型的英美派思想，乃以民主科學為基準，以達爾文物競天擇說為最後之動力。再者，梁氏經濟思想重視生產與分配，對干涉與競爭採就事論事立場，對公有與私有問題，在理論上並不反對公有，但是強調需有健全的政治組織與人才條件作為基礎，故其於所謂社會主義有某種程度的支持。再說到人性論，梁氏持有善有惡、能善能惡，而習可以奪性，所以人性可以累積成長與改造充實的觀點。至於梁氏的方法論，則作者說以係採歸納法、辯證法與因果律三者兼行並重。作者並結以梁氏是一熱烈的愛國主義者，也是梁氏所自言的：一位世界公民，一位世界主義和國際主義者。

黃克武

(1) 專書

《一個被放棄的選擇：梁啟超調適思想之研究》，臺北：中央研究院近代史研究所，1994.2。

⑵ 論文

〈梁啟超的學術思想：以墨子學為中心之分析〉，《中央研究院近代史研究所集刊》第26期，1996.12，頁41-90。

〈梁啟超與康德〉，《中央研究院近代史研究所集刊》第30期，1998.12，頁101-145。

　　作者對梁啟超有專精之研究，所著《一個被放棄的選擇：梁啟超調適思想之研究》為其代表作，其〈導論〉部分對於學界諸多研究成果並有詳盡之析論。是著主要以梁啟超的《新民說》作為基本史料──《新民說》反映了當時某些知識分子的價值觀念，其影響力無遠弗屆。《新民說》之出發點，是中國在帝國主義侵略之劣勢下，梁啟超思索社會達爾文主義的「優勝劣敗」、「適者生存」等觀念，而提出了競爭世界中成功的鐵律：「動」之精神，因此主張中國需要「新民」，但「新民」並不只是西化，是要提升包括公德與私德的「民德」以及「民智」、「民力」。書中，作者依其師墨子刻（Thomas A. Metzger）所提出的「轉化」與「調適」說以為分析架構，認為革命派傾向「轉化類型」，主張以高遠的理想徹底改造現實世界。改革派傾向「調適類型」，以為不能忽略現實，主張小規模的局部調整或階段性的漸進改革，梁啟超正是代表。作者反對如張灝、黃崇智、劉紀曜等之以梁氏為重群體而輕個人，把梁氏的民主思想和集體主義、權威主義結合在一起。作者認為梁氏雖非西方意義下的個人主義者，但也絕不是所謂集體主義或權威主義者，他強調的是「非彌爾主義式的個人主義」，這種個人自由仍以保障個人為基礎，但同時以為個人與群體具有密不可分的關係，因此有時強調以保障群體價值作為保障個人自由的方法，作者的立場接近蕭公權所言，梁氏強調使個人人格得到最高發展。另外，作者也強調梁氏思想仍深受中國傳統影響，其所主張「新學輸入，古義調和」，與「中體西用」及五四反傳統思想皆不相同，是一種強調「繼往開來」精神，並認為傳統價值和現代價值可以結合的觀點。所以作者對

於學界將梁啟超視為「五四運動以後科學主義、反傳統思想與集體主義之先驅,而缺乏西方自由主義的基本觀念」的說法,欲有所辨正。書中,作者除析論《新民說》外,還例舉代表「轉化」思想的譚嗣同《仁學》,對比突顯梁啟超「調適」思想的特色,並對梁氏和譚嗣同、孫中山的思想進行一些比較性討論。作者認為雖然「調適類型」的思想在以「革命」為正統、追求以一套完整的思想體系來改造中國、希望「打破一切再重新開始」的當時,並不受歡迎,其與「轉化類型」相比,直是一個被放棄的選擇——只有在政治、社會安定的狀況下,調適思想才比較能夠受到肯定。但是作者欲修正學界對梁啟超思想膚淺、駁雜的流行觀點,故而論證了梁啟超思想深刻地提出了一些重要觀點,如反對以一套完整的思想體系從事於文化改革,主張溫和漸進改革,以及以傳統為基礎以追求進步等,在今日看來仍是合理且具有歷史叡智的,故作者言梁啟超允稱為二十世紀偉大的思想家。對於該著,潘光哲曾有述評:〈新書評介:《一個被放棄的選擇:梁啟超調適思想之研究》〉,刊載於《近代中國史研究通訊》(臺北:中研院近史所,第18期,1994.9,頁168-176)。

　　〈梁啟超的學術思想:以墨子學為中心之分析〉一文是〈梁啟超先生的學術思想:以墨子文學為中心之分析〉之修訂稿。洎清中葉以迄於二十世紀初,墨學頗受到重視,先是在評論上,汪中從儒學角度肯定墨子之思想價值;孫詒讓《墨子閒詁》則整理訛誤、疏理文字,使《墨子》可以被解讀,但是有關邏輯討論的墨辯部分,則需至梁啟超、胡適才出現突破性進展。故該文旨在析論梁啟超1904年在《新民叢報》上的〈子墨子學說〉、〈墨子之論理學〉,以及1920年的《墨經校釋》、《墨子學案》及《先秦政治思想史》的墨子部分,探討梁氏在這兩個階段的墨學看法差異及其受到影響的因素,以對梁啟超的墨學內涵及演變為一分析。作者指出《新民叢報》時期的梁氏墨學研究,欲為現代中國提供一根植於傳統且符合西方學說的理論基礎。至1920年代,則其墨學已不再有那麼強的民族主義色彩,而是傾向於說明中國文化應有的特質與傳統根源。惟其中始

終一以貫之的思想特點，有：1.強調群己並重，而個人在此關係中有根本價值。2.精神生活與物質生活應調和。3.肯定宗教價值。故作者言儘管梁啟超的思想變化多端，卻前後一致地皆奠基於宗教、道德、政治與知識論等原則上，並且他是首度詳細從義理層面將墨子學說做系統分類整理、評論，並闡述其現實意義者。

　　作者論以《新民叢報》時期的梁氏前階段墨學研究，融通儒、墨、佛與西學，目的在於廓清傳統中國流行的錯誤觀念，欲以墨子精神解決中國社會的「民德」問題。梁啟超認為儒家思想境界雖然超過墨家，但兩者皆有缺陷，墨家是不圓滿中的圓滿者，儒家是圓滿中的不圓滿者，故對於君子宜如佛家用實法，對小人則要用權法，以禍福報應之說來勸善，「兼取祥不祥之義而調和之」。他欲藉墨家從兼愛、明鬼觀念而生出的「輕生死」、「忍苦痛」精神，以藥國人過度重視利己卻忽略利群的缺點，此亦其《新民說》中強調的公德心與國家思想。故梁氏之政治理念，皆環繞反專制、限制君權與推崇民主，並高倡國家主義，他認為墨子之結合宗教與政治，不是國家主義，而是世界主義、社會主義，亦同於儒家之「大同」理想。至於1920年後的梁氏墨學，則他受到胡適墨學影響，亦突出墨辯之論理學與印度、西方邏輯之類似性，並稱以「世界最古名學書之一」，其論墨的中心議題，則強調中國的文化特質與傳統根源。此時他仍然肯定墨子的「非命」、反對其「非樂」，強調精神與物質的配合，但對於宗教、科學、人生的關係，則他肯定佛教，而不再認同墨子以天志、明鬼之福善禍淫引導中人以下之為善，並批評以「迷信」。他也批評墨子過度重視群體、平等而忽略個人自由，並反對專制與共產主義式的集體主義。對於梁氏前後的墨學重心轉變，作者認為時代因素與思潮是重要原因，其後期已不再如前期面對清末國家危機之需要強調為國捐軀了。另外，作者復論梁氏對墨學的「迷信」批判，對於五四後知識分子挾科學優勢以批判宗教，或亦有所影響。而作者在肯定梁啟超思想深刻性之餘，也指其墨學研究似有太強的民族主義色彩，以致影響判斷，如論墨辯成書早於西哲阿理

士多德，便有爭議性，而他欲突顯墨子之「非命」，將儒家的「天命」解釋成為「命定」，也是不當詮釋。

　　另，〈梁啟超與康德〉一文，作者措意於梁啟超可能是中國近代史上第一位以中文介紹康德思想的學者，故欲探討梁啟超依賴日人中江兆民所翻譯康德思想的《理學沿革史》而撰為〈近世第一大哲康德之學說〉，是否有所加工、誤會或扭曲？以及梁氏如何評價康德思想等問題。作者認為梁氏譯介其實有高度的選擇性：他對於康德的哲學方法與文藝理念皆缺乏興趣，對其神學僅點到為止，他所特別關心的，只是其倫理學說與政治理念。文論梁啟超以經世為出發，卻其實缺乏西方數學、物理學、神學、傳統形上學等學問基礎，其將康德思想與本土觀念相會通，又將康德的真我比附於佛教的真如說、陽明的良知說和譚嗣同《仁學》中的思想，卻忽略其差異性，顯見其於康德思想之浮泛認識。他又自佛學角度批評康德思想之不足，說康德未能了解「小我」與「大我」的連繫及由此而生的普渡眾生義，實則反映出他與康德之認識論差距。要之，作者謂梁啟超混雜了佛家、儒家等思想因素，呈現出各種理念交雜、互釋的現象，表現了梁啟超思想中的西洋、日本與中國思想因素「非均衡地相互嵌合著」，他只是選擇性地翻譯他所感興趣而又看得懂的部分，並未掌握中江譯文的整體脈絡，而梁氏自己也曾坦言，所譯「終覺不能信達」。另外，作者亦指出，梁氏譯介頗受當時日本哲學界影響，欲進行東西對話以建立自身之學術，而其與中國思想界康德哲學後來受到唐君毅、牟宗三等現代新儒家的大力尊崇，也有連繫性。

劉紀曜

〈梁啟超的自由理念〉，《師大歷史學報》第23期，1995.6，頁263-287。

　　作者言嚴復雖然已先將自由概念引進中國了，但其文字古樸難懂，

流傳不廣，梁啟超則以「筆鋒常帶感情」的淺顯文字，使之廣為流布，因而在某種程度上影響了中國一代知識分子之思想成長。文中，作者論梁氏的自由理念，先是指國家之強權地位言，表現了對中國任由列強侵凌的弱勢地位之激憤，欲以自由為名，激勵國人自救自強。繼之則以自由對比國人長期受三綱、古人壓制的奴隸性言，欲求國人之思想與精神自由，即自由之德。後來他又認識到自治是自由的前提，法律則是自由的規範與保障，所以自由是一種權利，也是一種義務，即「人之資格」，其觀念以為法律、道德與自由既同質且一致，因此自由的終極意義與價值不在個人的「分別相」，而在含攝所有個人而無分別相的本性統一體，作者即稱之以「形而上或本體上的整體論者」。由是作者認為梁啟超對西方「法律下的自由」之真正涵義有所誤解，也尚未具備和「公共領域」相對的「私人領域」或個人隱私觀念。又，1903年梁啟超遊歷美國後，因見美國華人社會之凌亂現象，認為自由不能賦予無能自治之人，故深信當時「文明程度」不夠的中國社會，「只能受專制不能享自由」，並謂「中國今日所最缺點而最急需者，在有機之統一與有力之秩序，而自由平等直其次耳。」對此，作者批判以「專制的鍛鍊無法使一群奴隸變成自由人，那中國人也就永遠不具享受自由的資格。」並指出梁啟超自由理念的困境，正在他堅持統一與秩序的優先性，甚至不惜專制強取，所以「開明專制」成為他主張的救中國新藥方。作者又謂梁氏主要是受大乘佛教本體論的「無我」影響，以超越個人又涵攝個人的更高更具本體性的世界、國家或人類、宇宙的存在，作為比個人更具終極性的價值與目的之承載者，個人只是作為更高的整體之一部分才有意義，個人本身不具獨立意義。然而當自由成為一種強制性的義務與責任，自由很容易就變成武斷的權威與教條，追求自由的結果反而變成專制武斷的統治。作者析論此一方面固然由於中國社會向無自由，亦無自由觀念與自由傳統，但同時也由於梁啟超談論自由，期待能作為一種引導出自治與法治的道德力量，使中國步上軌道，導致他害怕自由如不能作為道德力量，反而變成一種野蠻力量，將使中國更脫序而混

亂，故他對自由亦抱持某種程度的疑慮與恐懼。除該文外，作者並撰有博士論文：《梁啟超與儒家傳統》（1985年臺師大歷史研究所）。

王俊中

〈救國、宗教抑哲學？──梁啟超早年的佛學觀及其轉折〉，《中國歷史學會史學集刊》第31期，1999.6，頁93-116。

　　文論梁啟超的佛教觀，在1898年以前係持傳統宗教觀，且受康有為及晚清革新派等師友影響，偏重作為規戒生活、修練心性的資藉。而他雖然不似康氏欲毀淫祠以尊孔教，但也曾經提出設立孔廟以解決華工教化問題的建議。出亡日本後，由於日本佛教發展的影響，則他對於宗教和建立現代國家關係有了不同看法──他從作為「群治」的憑藉宗教角度，認為孔教主於實行，不主於信仰，基督教則「非有甚深微妙」，兩皆不足。且佛教不似他教欲人「不知而強信」，其信仰端賴「智」與「悟」，故他從早年「宗教國家化」的角度，欲以佛教作為支撐現代國家背後所需的智性的哲學、「新民」的宗教力量，是以積極鼓吹佛教是「智信而非迷信」、「入世而非厭世」、「兼善而非獨善」、「自力而非他力」等特質。不過作者也認為梁氏的佛教興趣，主要是放在使國家進步的實用性目的來考量，並不能因晚清革新派士人喜好佛學，而樂觀地高估佛教在清末民初之存在危機即能解除。惟其於佛教之鼓吹，確實有助於佛教團體在動盪時局中免於受到太多破壞，避免了許多因新學而引發的毀教浪潮，從而促進了民初佛教之復興運動。

　　學界對梁啟超的研究極多，除上述外，在通論方面，如黎建球《中國百位哲學家》（臺北：東大圖書公司，1978.4）；胡平生等著《章炳麟・歐陽竟無・梁啟超・馬一浮》（《中國歷代思想家》叢書，臺北：臺灣商務印書館，1978.6）；韋政通《中國十九世紀思想史》（臺

北：東大圖書公司，1991）；張錫勤《中國近代思想史》（臺北：萬
卷樓圖書公司，1993）；鍾叔何《走向世界──近代中國知識分子接
觸東西洋文化的前驅者》（臺北：百川書局，1989）……等，也都設
有專章介紹。他文尚有：丘為君〈梁啟超的戴震研究──動機、方法與
意義〉（《東海學報》第35期，1994.7，頁61-85），著眼於二十世紀
由梁啟超和胡適所掀起的第一個戴震研究高峰，故作者探討從1920到
1929的梁啟超生命最後九年裡，作為啟蒙思想家的他，不但完成大量
純學術研究，並投入戴震思想研究，其思想史意義為何？惟該文所涉
1923-1924的梁氏密集研究戴震時期，已入於民國，故於此附記之。另
外如：李家祺〈梁啟超與中國傳記學〉（《東方雜誌》第3卷第2期，
1969.8，頁88-90）；汪榮祖〈梁啟超新史學試論〉（《中央研究院近
代史研究所集刊》第2集，頁227-236，1971.6）；羅光〈梁啟超的歷史
哲學思想〉（《哲學與文化》第9卷第3期，1982.3，頁40-42）；張錫
勤〈論梁啟超的歷史觀〉（《中國哲學史研究》，總第32期，1988.7，
頁99-106）；林德政〈梁啟超對傳統史學的態度及其新史主張〉（《成
大歷史學報》第16期，1990.3，頁229-256）；張堂錡〈戊戌之後──
梁啟超、黃遵憲的生命同調與思想歧路〉（《第三屆中國近代文化問
題學術研討會論文集──中國近代文化的解構與重建》，臺北：陳百
年先生學術基金會、國立政治大學文學院，1990.5，頁1-18）；王永
輝〈梁啟超進化史觀之探討──從「三世之義」到「社會達爾文主
義」〉（《社會科教育學刊》第1期，1991.11，頁39-49）；朱班遠
〈孫中山、梁啟超之友敵演變與論戰始末〉（《社會文化學報》第1
期，1994.5，頁105-124）；車行健〈梁啟超「浙東學派」說檢討〉
（《王靜芝先生八秩壽慶論文集》，臺北：輔仁大學中文系，1995.6，
頁639-664）；吳銘能〈梁啟超對國學的新解──兼談梁氏肯定中國文
化價值的心路歷程〉（《鵝湖》第21卷第6期，1995.12，頁49-56）；
〈梁啟超清代學術史研究述評〉（《第二屆國際清代學術研討會論文

集》，1999，頁121-165）；許慧琦〈梁啟超與胡適的女性論述及其比較初探〉（《清華學報》第27卷第4期，1997.12，頁423-458）；岑溢成〈梁啟超清代經學史觀析論〉（中央大學《第四屆近代中國學術研討會論文集》，1998.3，頁33-42）；陳昱伶〈不惜以今日之我攻昨日之我——梁啟超史學之研究〉（《中興史學》第4期，1998.1，頁77-98）；詹海雲〈論梁啟超清代學術的研究〉（「第二屆暨第六屆國際清代學術研討會」，1999，文收《清代學術論叢》第3輯，臺北：文津出版社，2002，頁389-420）；呂世昌〈民族主義與梁啟超政治思想〉（臺灣師大《三民主義學報》第21期，2000.9，頁197-218）⋯⋯並皆附記於此。

　　另外，學位論文如韓華《梁啟超思想由文化主義轉到國家主義之探討》（1976年文化大學歷史所碩士論文）；蔡協族《梁啟超教育思想之演進與發展之研究》（1976年政治大學教研所碩士論文）；王心美《梁啟超思想之演進與轉變》（1980年東海大學歷史所碩士論文）；廖卓成《梁啟超的傳記學》（1986年臺灣大學中研所碩士論文）；林明德《梁啟超與晚清文學運動》（1988年政治大學中研所博士論文）；朴成蘭《梁啟超新民叢報體風格之研究》（1988年臺灣師大國研所碩士論文）；吳銘能《梁啟超的古書辨偽學》（1989年臺灣師範大學中研所碩士論文）；樊中原《孫中山與梁啟超民族主義之比較研究》（1991年政治大學三民主義研究所博士論文）；陳祥美《梁啟超生命夢想的形成與發展：一種心理傳記學研究》（1993年輔仁大學應用心理系碩士論文）；崔香順《梁啟超（1873～1929）教育思想與其轉變因素之剖析》（1994年政治大學教育所博士論文）；潘臺雄《康有為與梁啟超的君主立憲思想（1898～1911）》（1995年政治大學政治所博士論文）；李哲浩《梁啟超與近代中國政治思想：民權與君憲思想為探討的中心》（1995年文化大學中山學術研究所博士論文）；杜惠雯《梁啟超的人物評鑑》（1995年淡江大學中文所碩士論文）；

張哲魁《梁啟超的民族思想與國家觀念之研究》（1995年東海大學政治所碩士論文）；張智清《梁啟超與時務報、時務學堂》（1996年臺灣大學中文所碩士論文）；許松源《梁啟超對歷史的理解及其思考方式》（1997年清華大學歷史所碩士論文）；張錫輝《文化危機與詮釋傳統——論梁啟超、胡適對清代學術思想的詮釋與意義》（2000年臺灣師大國研所博士論文）等。

Note

Note

Note

國家圖書館出版品預行編目資料

臺灣地區近五十年來哲學學門之「清代哲學」
重要研究成果／張麗珠著. ――初版.――臺
北市：五南, 2021.03
　面；　公分
ISBN 978-957-763-973-8(平裝)

1.學術思想　2.清代哲學　3.文集

112.707　　　　　　　　　109004127

1W1D五南當代學術叢刊053

臺灣地區近五十年來哲學學門之「清代哲學」重要研究成果

作　　者 ― 張麗珠

發 行 人 ― 楊榮川

總 經 理 ― 楊士清

總 編 輯 ― 楊秀麗

副總編輯 ― 黃惠娟

責任編輯 ― 范郡庭

校　　對 ― 周雪伶

封面設計 ― 王麗娟

出 版 者 ― 五南圖書出版股份有限公司

地　　址：106台北市大安區和平東路二段339號4樓

電　　話：(02)2705-5066　傳　真：(02)2706-6100

網　　址：http://www.wunan.com.tw

電子郵件：wunan@wunan.com.tw

劃撥帳號：19628053

戶　　名：五南圖書出版股份有限公司

法律顧問　林勝安律師事務所 林勝安律師

出版日期　2021年3月初版一刷

定　　價　新臺幣400元

經典永恆‧名著常在

五十週年的獻禮——經典名著文庫

五南，五十年了，半個世紀，人生旅程的一大半，走過來了。

思索著，邁向百年的未來歷程，能為知識界、文化學術界作些什麼？

在速食文化的生態下，有什麼值得讓人雋永品味的？

歷代經典‧當今名著，經過時間的洗禮，千錘百鍊，流傳至今，光芒耀人；

不僅使我們能領悟前人的智慧，同時也增深加廣我們思考的深度與視野。

我們決心投入巨資，有計畫的系統梳選，成立「經典名著文庫」，

希望收入古今中外思想性的、充滿睿智與獨見的經典、名著。

這是一項理想性的、永續性的巨大出版工程。

不在意讀者的眾寡，只考慮它的學術價值，力求完整展現先哲思想的軌跡；

為知識界開啟一片智慧之窗，營造一座百花綻放的世界文明公園，

任君遨遊、取菁吸蜜、嘉惠學子！